活在民國也不錯

一本非典型民國百態史！

林懷青 著

目錄

第一章

住。

住。在民國（一）：那些偉人凡人都要面對的生活大小事

公務員魯迅買房記 010
憤青毛澤東和他的幸福生活 016
胡適——租個房子也不錯 019
司徒雷登——六萬大洋買下未名湖 022
公務員魯迅二次買房記 025
老北京城的氣味和聲音 030
胡適的私家車 035
民國人怎麼穿衣服？ 038
民國人的髮型 047
退休公務員魯迅上海租房記 052
保定——民國小城裡的生活 055
民國的「釘子戶」 063

第二章

住。

住。在民國（二）：那些名流們從「會館」到「公館」的奮鬥記

紹興會館的「虐貓」人 068
績溪會館的高考考生 070
湖廣會館——給宋教仁兩記耳光 073
最美麗的監獄——宋子文公館 077
汪精衛公館——館如其人 079
溥儀——從皇宮到公館 080
段祺瑞公館——高品質公館裡的低品質生活 083
奉天大帥府——令人哭笑不得的張公館建案 085

第三章

富。

富。在民國：那些有錢也改變不了的命運

到底誰是民國首富 090

盧作孚——正能量最強的富豪 093
藝人的財富 098
張學良——集首富和頭號落魄富豪於一身 100
孫傳芳、張宗昌——下場最悲慘的富豪 102
吳佩孚——死要面子的落魄富豪 109

第四章 吃。

吃。在民國：那些一口咬下的人間百態

貴族和冷燒餅 118
史上最美味的大學餐廳 121
在民國上飯館 126
填鴨和烤鴨 130
在民國吃小吃 133
民國老饕的三種境界 136
齊如山和民初大廚的「風采」 143
魯迅和竹筍 145
胡適與酒和徽州鍋的故事 147
孫中山——用「建國方略」發揚豬血 150

第五章 樂。

樂。在民國：那些紅紅火火的大明星與演藝圈

民初的流行歌曲 156
「實驗」京劇和史上最早的「裸體替身」 161
梅蘭芳和神壇上的「梅蘭芳」 164
史達林看京劇 169
命運多舛的第五名旦 175
娛樂明星「霍元甲」是如何練成的 177
阮玲玉——生如夏花，逝如秋葉 183
民國時期「怕老婆」群相 189
民國的「鬼故事」 193
民國的「百家講壇」 199
新文化運動——一場娛樂化的革命 203
天津——民國時期的娛樂城 208
相聲名家馬三立的拜師儀式 213

第六章

愛。

愛。在民國（二）：那些愛在心裡口難開的事

郭沫若和胡適——一吻生波瀾 220
一場撼動民國的同性戀命案 227
冰心的「同性戀演講」 233
民國的妓女和嫖客 240
一個香吻五十元 252
聞一多與「紅色保腎丸」 253
郁達夫——性的苦悶 255
裸模風波 258
《性史》——一本人人喊打又人人愛看的書 263

第七章

愛。

愛。在民國（二）：那些年，民國人談過的戀愛

民國美女有多美——林徽因、張愛玲與蕭紅 270
七十年前的一場選美 281
胡蝶——非典型美女的典型生活 286
民國「四大美男」情史 293
孫中山不為人知的日本妻子 302
「姨太太」是一種文化 305
「集體婚禮」上的伴娘大戰 309
徐志摩究竟為誰而死？ 312
胡適——民國頭號證婚人 315
吳宓——一場永遠談不完的戀愛 323
錢鍾書和楊絳——戀愛可以這麼精緻 328

第一章

住。在民國（一）：

那些偉人凡人都要面對的生活大小事

※公務員魯迅買房記
※憤青毛澤東和他的幸福生活
※胡適——租個房子也不錯
※司徒雷登——六萬大洋買下未名湖
※公務員魯迅二次買房記
※老北京城的氣味和聲音
※胡適的私家車
※民國人怎麼穿衣服？
※民國人的髮型
※退休公務員魯迅上海租房記
※保定——民國小城裡的生活
※民國的「釘子戶」

公務員魯迅買房記

一九一九年實在無法讓人安心自適。這一年，中華民國教育部公務員周樹人忙壞了，倒不是因為這年京城發生了一個叫「五四運動」的運動，也不是因為他經常要以「魯迅」的身份替《新青年》寫稿，而是因為這一年他已經三十九歲，不再是一個可以什麼都不管不顧的毛頭小伙子，他已經下定決心要在北京置產了。

周樹人是個十九世紀的八〇後——他生於一八八一年。跟現在許多「八〇」後一樣，混得不好也不壞。周樹人的官位不大，已經在教育部當了七年公務員，但也只是混了個科長級的「僉事」而已，就連這個工作都是他拜託老鄉蔡元培謀來的。

對於當時普遍富有的浙江人來說，到北京來當個公務員似乎沒有多大出息，不過，如果你看到周公務員的薪資單，就會明白他為什麼一定要把這個工作弄到手：他每個月的薪水是三百大洋。請注意，這是真正的大洋——三百枚敲起來有清脆響聲的大銀元。如果你不知道一枚大洋值多少錢，那你可以到北京的潘家園，或者你所在城市的古董市場詢個價，眼光銳利的古物販子會告訴你一枚「袁大頭」現在最便宜也要兩千五百元[1]，這樣一來，周樹人的每月工資相當於我寫這本書時的七十五萬元。更重要的是，周樹人手上那三百大洋的購買力可不是現在的七十五萬元新台幣可

公務員周樹人每月的薪水是三百塊這樣的銀幣——「袁大頭」。

袁大頭

袁大頭背面

比擬的，現在這筆錢在北京的二環內（周樹人時代的北京城範圍）還買不了一個獨立套房的廁所，而周樹人的三百大洋已經能買下一個相當不錯的四合院，還能挑三揀四的買：地段要好，要清淨——這是周樹人對房屋仲介提出的要求。

如果你仍然搞不清楚三百大洋到底能幹什麼，我們這裡為您訪問到當時和周樹人同住北京城的一個老外——美國人狄登麥。狄登麥是一個好奇心強烈的老外，因為他的好奇和專業精神，讓我們知道一九一九年的中國北京究竟是什麼樣子。魯迅買房這一年，狄登麥剛好調查了北京的物價和一般人的消費水準，對於一個北京的五口之家來說，只要一百大洋，就足夠他們還算體面地生活一年：

「有了一百圓生活費，食物雖粗而劣，總可以充飢；房雖不精緻，總可以避風雨；此外每年還可以做兩套新衣裳，買一點煤，免除到路上撿柴；更可以結餘五圓當做零用錢。拿了這五圓可以在年節買一點肉吃，間或喝喝茶，若家裡沒有病人，不需醫藥費，或者還能去附近山上進香拜拜。」

我們將這樣的生活水準乘上三十六倍，就能明白魯迅過的是什麼日子。對於一個每月都有三百大洋進帳的人來說，買房和買白菜的區別並不大，也許最大的區別是買房需要一個仲介，而買白菜不需要。公務員周樹人當然也找了一個仲介，不得不找仲介的原因是老北京根本沒有新建案可買！因為當時根本還沒有「建商」這種角色。

好吧，周樹人開始了跟著仲介到處看房的生活。在《魯迅日記》裡，我們可以看到周公務員這位身材削瘦的小個子四處奔忙的身影。請不要忘記，這一切和轟轟烈烈的「五四運動」是同時進行的：

1本書現代幣值以新台幣為準。

二月二十七日晴。上午往林魯生家，同去看屋二處。
三月一日晴。上午往銘伯先生寓。午後同林魯生看屋數處。
八日曇。午後邀張協和看屋。夜雨雪。
十一日晴。午後同林魯生看屋。
十四日晴。午後看屋。下午復出，且邀協和俱。
十九日晴。午同朱孝荃、張協和至廣寧伯街看屋後在協和家午飯。
五月二十九日晴。下午與徐吉軒至蔣街口看屋。晚錢玄同來。

周樹人看了很多間房子，但沒有一間讓他滿意，原因是這些房子都不夠大。要知道，他買房可不是為了自己，而是為了自己名下那一大幫需要他養的人——這個團隊分三個體系：

老娘體系：周樹人母親魯老太太，周樹人髮妻朱安（這是老太太給兒子的「禮物」，對周樹人來說，她與其說是自己的附屬物，還不如說是老太太的附屬物）。

二弟體系：二弟周作人，二弟媳羽太信子，姪子周豐一，姪女靜子、和子，周作人內弟羽太重久（這個比較搞笑，娶個媳婦還要幫忙養媳婦的弟弟，後來又加入更多娘家的人）。

三弟體系：三弟周建人，三弟媳羽太芳子，姪子豐二、豐三，姪女鞠子。

伺候這一大幫人自然還需要僕人、保母、廚師、司機、保全等一整套人馬，一個普通的四合院怎麼住得下呢？終於，一個三進的大院子，八道彎衚衕十一號院入了周公務員的法眼。

「十一」這個數字就像兩個人前後站在一起，冥冥中似乎預示著周樹人、周作人兄弟當時的親密，但「十一」又像兩條平行線，又預示著兄弟後來的分道揚鑣。

周公務員辦事犀利，看中這間房子後三下五除二就將它買了下來：

七月十日小雨。上午寄羅志希信。午後晴。約徐吉軒往八道灣看屋。

七月二十三日晴。午後擬買八道灣羅姓屋，同原主赴警察總廳報告。

八月十八日晴。午後往市政公所驗契。

十九日晴。上午往浙江興業銀行取泉[2]。買羅氏屋成，晚在廣和居收契並先付見泉[3]一千七百五十元，又中保泉[4]一百七十五元。

從這些天的日記可以看出，那時候買房的手續也是一道也不能少，任何時代的政府都一樣，對房地產交易控制相當有一套。不過，終於找到大房子的喜悅壓過了他辦手續的煩惱，這房子有三進院落，足夠他那些姪子姪女們玩耍，更有三十多間房，哪怕周作人再來多少個小舅子都夠住。

2「泉」為古人對錢幣的稱呼。
3見泉：現錢。
4中保泉：仲介保證金。

北京八道灣衚衕十一號院大門。

房子很快成交了。雖然每月有三百大洋進帳，精明的周公務員還是做了小小的抵押借貸，房價一共是三千五百元，他以公務員的身份到浙江興業銀行貸款五百元，加上變賣老家舊房子的錢，自己幾乎沒付多少錢就買下了這棟大房子。在這項皆大歡喜的生意中，仲介可能是最高興的：他沒花多大力氣就淨賺一百七十五大洋，如果他願意來到現在的北京市，這筆錢足夠讓他買下一間兩房一廳的房子了。

買完房的周公務員就像每個剛買房子的年輕人一樣，興奮得很，他三天兩頭往新房子跑，一是要監督工人修繕，另一方面，單是看看房子就能讓他很有成就感，這種成就感跟他以「魯迅」身份寫出《狂人日記》時是完全不同的。畢竟，一間能讓全家人快樂的大房子比那些虛幻的思想啟蒙來得更堅實：

十日晴。休假。上午往八道彎視修理房屋。

十九日晴。星期休息。上午同重君、二弟、二弟婦及豐、謐、蒙乘馬車同遊農事試驗場，至下午歸，並順道視八道彎宅。

二十三日晴。下午往八道彎宅。

十一月一日晴。下午往八道彎宅。

七日曇，風，午晴。下午往八道彎宅。

十日曇。午後往八道彎。晚小雨。夜劉半農來。

十二日雲。上午往八道彎。

讓周樹人有些始料未及的是，裝修房子竟然比買房子還麻煩。為了替新房子裝設下水道，工人、鄰居、看熱鬧不怕事大的掮客等等，都想趁機撈一筆。對這些有理或無理的要求，周公務員一概拿錢擺平。在文化論戰中他是多凶悍的人啊，但在生活中他基本上是一個息事寧人的老好人：

十三日晴。在八道彎宅置水道，付工值銀八十元一角。水管經陳姓宅，被索去假道之費三十元，又居間者索去五元。

十四日晴。午後往八道彎宅，置水道已成。付木工泉五十。晚潘企莘來。夜風。收拾書籍入箱。

房子裝修終於大功告成了，一共花了他六百多大洋。拿到錢的各色人等一定都在暗自偷笑。不過，這只是周公務員兩個月的工資，是他弟弟周作人即將在北京大學領到的一個多月的工資而已，花了也就花了。這時候已經是十一月，寒風已經奔襲到北京，周樹人收拾著自己的書和在琉璃廠買來的各種小文物開始搬家了。

二十一日晴。上午與二弟眷屬俱移入八道彎宅。二十二日晴。上午寄晨報館信。午後往留黎廠買嵩顯寺及南石窟寺碑陰各一枚，佛經殘石四枚，共券五元。往陳順龍牙醫生寓，屬拔去一齒，與泉二。過觀音寺街買物。夜風甚大。

生活就是這樣平靜。馬上就要四十歲的周樹人，同時也是已經聲名卓著的魯迅，像往常一樣繼續著他的幸福生活：寫信，買書，拔牙，購物，晚上聽好朋友錢玄同報告街上運動的進行狀況。哪管夜裡寒風刺骨，也不怕政治的高樓上山雨欲來。從現代人的角度看去，活在民國是不是也不錯呢？

憤青毛澤東和他的幸福生活

也許你會說：公務員周樹人能住上大房子有什麼稀奇的？大部分民國時期的人還不是一副窮酸魯蛇樣嗎？這話倒也沒什麼不對，在任何時代，魯蛇的數量總是很龐大的。但是，看看民國魯蛇們的生活，你會發現民國魯蛇可不是一般的魯蛇。

一九一九年的北京城裡，還發生了另一件不起眼的事情：二十六歲的湖南小伙子毛澤東到北京城好長一段時間了，但還沒找到工作，他未來的岳父——北京大學楊昌濟教授相當著急，就托自己的好友北京大學圖書館長李大釗幫忙，李大釗也很給面子，就地取材，讓毛澤東當了北京大學圖書館的「助理圖書管理員」，每月薪水是八塊大洋。和教育部科長周樹人的三百大洋比起來，毛澤東的薪水低多了，但也足夠他在北京活下去。

師範學校畢業生、一百八十公分的大個子毛澤東主要工作是在報刊閱覽室登記讀者姓名。到過圖書館的人都知道，這種工作一般是由年輕女子或中年阿姨來擔任的，再不行也是中年阿伯來擔任。我們無從得知毛澤東喜不喜歡這份工作，但在北京這已經是份不錯的工作了。毛澤東成了北京大學的「教職員」，和所有教職員一樣，他有一項高於學生的待遇：座椅上多一層軟墊。這種形式上的差別不知道有沒有讓毛澤東的自尊多了一絲安慰，但是地球人都知道，毛澤東離開北京大學後就再也沒回來過，即使他成為開國領袖後也是如此。

按照現在的標準，臨時工毛澤東是一個標準的「魯蛇」。八塊大洋的月薪讓他不得不和七個同學合租一間屋子，這確實太擠了，擠得能讓人一輩子難以忘懷，直到延安時期，他還向美國記者斯諾抱怨過這件事：

我自己在北京的生活是十分困苦的。我住在一個叫三眼井的地方，和另外七個人合住一個小房間，我們全體擠在炕上，連呼吸的地方都沒有。每逢我翻身都得預先警告身旁的人。不過在公園和故宮的宮址，我看到了北國的早春；在堅冰還蓋著北海的時候，我看到了怒放的梅花。北京的樹木引起了我無窮的欣賞。

這樣的住宿條件，頗有點「膠囊公寓」的味道。但是，擁擠在土炕上的年輕人們顯然沒有現代魯蛇們的無奈和空虛，反倒是時時充滿了抑制不住的快樂，這是因為：民國魯蛇們雖然困苦，但他們有一個莫大的共同福利，那就是他們可以隨時推開任何一個名人的院門，進去和他平等地討論問題，學習他想學的東西。剛剛和哥哥搬進八道彎豪宅的周作人就接待過毛澤東：

《周作人日記》一九二〇年四月七日：毛澤東君來訪。

這時的周作人是北京大學教授，是年輕人的偶像，但這個偶像的大門是朝粉絲們敞開的，誰願意來誰來，只不過來的人都要被周作人在日記上留下名字。歷史告訴我們這是一個好習慣，因為可以防止將來哪位粉絲發跡了以後不認帳。

毛澤東當然還推開過其他偶像的大門，比如周作人的同事胡適：

北京吉安所左巷八號院，毛澤東曾經和七個同學一起合租其中一間屋子。

《胡適日記》

一九二〇年一月十五日：毛澤東來談湖南事。

這一年胡適不過二十九歲，比自己的粉絲毛澤東只年長二歲。但命運就是命運，他們此時是赤裸裸的偶像與粉絲關係。當然，在這個奇異的時代中，身著光鮮西裝、薪資豐厚的胡適們從來不會瞧不起只有一身舊長衫、睡覺連枕頭都沒有的同輩粉絲們。也許只有這樣的時代，只有胡適、周作人這樣的偶像，才能讓魯蛇毛澤東真正迅速成長為領袖毛澤東。

毛澤東在北京大學圖書館當助理管理員沒多長時間就不幹了，倒不是因為工資只有八塊大洋，而是因為他在北京已經接受了當時最高級的思想啟蒙，他要趕快回到湖南去，做他理想中的事。

當毛澤東再次回到北京的時候，已經是西元一九四九年，他已經不是當年那個魯蛇憤青，而是開國領袖。可嘆的是，當年的周作人還住在哥哥買下的八道彎豪宅，但此時他的身份是前漢奸和刑滿釋放者，為了自保，他搜腸刮肚尋找自己和共產黨的所有聯繫。當然，他的日記救了他，日記裡那句簡單的「毛澤東君來訪」讓他心花怒放，彷彿救命稻草一樣被他緊緊抓住，這一抓就是二十年，讓他在新生的國家延續了二十年的生命。

一九四九年後的周作人，靠著哥哥魯迅以及開國領袖前偶像的身份苟延性命。

胡適——租個房子也不錯

毛澤東拜訪胡適時，胡適正住在北京緞庫衚衕八號院。這本是給皇帝儲存綢緞的地方。胡適一來北京，就選了北京城核心區的一角作為居所。他和其他很多朋友一樣，從沒想過要在北京買房，究其原因，買房並沒有租房划算，尤其是他這樣行蹤不定的大教授。

從天安門廣場稍稍往北一走就來到了緞庫衚衕，胡適在這裡租房子的原因是此處離北京大學近。租金當然很高：二十元大洋。身為北京大學教授，胡適自然能負擔這個費用，因為北京大學不久前已經答應他的月薪是兩百六十塊大洋——稍遜於資深公務員魯迅，但仍是人人羨慕的高薪。不過，也許是多年來當窮學生的習慣一直沒改過來，胡適思考再三還是找人合租了這個四合院。這是一個不大不小的標準四合院：有門房、廂房、正房十餘間。因為大門隨時對粉絲們敞開，這裡門庭若市，每天都有朋友來這裡坐坐。

年輕的毛澤東在踏進緞庫衚衕八號院的大門前，已經見過胡適許多次了。作為一個身在北京的人，只要他願意，隨時可以去旁聽北京大學以及各個大學的課，更不要說毛澤東這個北大的「教職員」了。胡適在長談之後顯然很喜歡毛澤東這個編制外的學生，

緞庫衚衕八號，毛澤東多次到這裡拜訪胡適。只不過多年以後，毛澤東已經不願再提起這件事。

他很快就把這個「小兄弟」和他辦的雜誌《湘江評論》介紹給北京知識界，從此以後，「毛澤東」三個字正式進入了中國歷史的篇章之中。

毛澤東顯然也很感激胡適的「幫忙」，離開北京後，他還念念不忘緞庫衚衕的這個小院子和他的主人，他在長沙的寓所寄了一封明信片向胡適問安。

這是一張耐人尋味的明信片。熟悉毛澤東書法的人需要睜大眼睛才能看出後來毛體草書的些許風格。在老師面前，毛澤東完全沒有瀟灑張揚的氣勢，字體寫得完全就是一個畢恭畢敬的小學生。就用語風格來說，也似乎猶猶豫豫，想要寫成胡適提倡的白話文，又不由自主地寫成了半文不白的文言文，那種在老師面前緊張膽怯的心態表露無遺：

適之先生：

在滬上一信，達到了麼？我前天返湘。湘自張去，氣象一新，教育界頗有蓬勃之象。將來湖南有多點須借重先生，俟時機到，當詳細奉商，暫不多贅。此致教安。

不過，毛澤東寫這封明信片時還不知道，老師胡適其實又搬家了，這次搬到了鐘鼓衚衕十四號，但沒過多久又搬到了陟山門

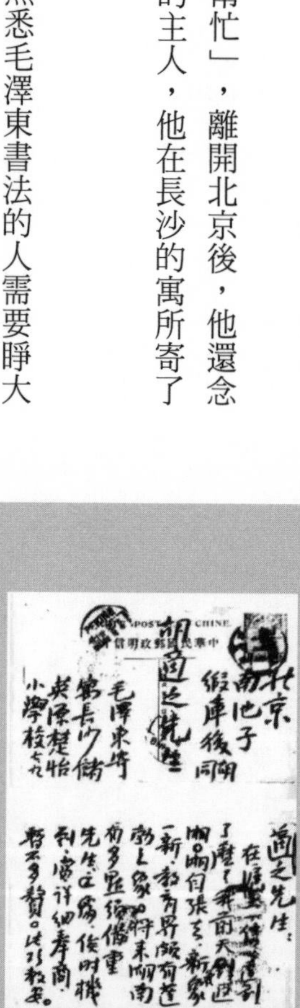

毛澤東寫給胡適的明信片。

街六號，還沒結束，直到搬到米糧庫衚衕四號之後，胡適才算安頓下來，之所以這樣頻繁搬家，主要是因為胡適的客人越來越多，他的家也成了北京城乃至中國的思想中心，越來越需要更大的房子來承擔越來越大的任務。和胡適同時搬家的還有中華民國中央政府——因為北伐成功，北洋政府瓦解，北京也被政治性地改成了「北平」，中央政府回到南京。中央政府遷走為胡適等人帶來的福音就是房租和房價降低了，與此同時，社會的安定也讓胡適這些大教授們的薪資翻了一倍，一度達到頂峰的六百元大洋！有了這筆錢，胡適自然可以一再將自己的房子變大，讓它和自己的社交能力相符合。

房子變大了，但胡適的行事風格可沒改，他的大門仍然對所有人敞開。他的朋友兼學生梁實秋曾不無驚奇地回憶老師的風格：

無論誰，學生、共產青年、安福餘孽、同鄉商客、強盜乞丐都進得去，也都可以滿意歸來。

胡適堅持著這種開放的風格，這份執著已近似於宗教儀式。事實上，胡適自己也將這種特殊的「下午茶」稱為「禮拜」，這種「禮拜」不是崇拜耶穌基督，而是崇拜平等的精神。胡適的學生羅爾綱回憶胡適一天的生活時說：

早晨七時起床，七時四十分去北京大學上班。中午回家吃午餐。下午一時四十分去中華教育文化基金董事會上班。晚餐在外面吃，晚十一時回家。到家即入書房，至次晨二時才睡覺。他每晚睡五個小時，午餐後睡一小時。這是每天的生活。星期天不同，上午八時到十二時在家中客廳做禮拜。他的禮拜不是向耶穌祈禱，而是接見那些要見他的不認識的人。凡見過的不再見。他是不分品類，一視同仁，有耶穌的作風，稱為做禮拜，是有取義的。禮拜天下午在家工作，不接見人，但傅斯年卻是例外，經常在這個時候來傾談。禮拜天晚餐同樣是在外面吃，也是到了夜十一時才回家。胡適每天下午是六時下班，到十一時共五小時。他在什麼地方晚餐，晚上和什麼人聚會，我沒有打聽過，但有一點卻是清楚的，這五個小時，是胡適一天最快樂的時候，他交際在此，娛樂在此。他不打麻將，不跳舞，不看電影，不聽京戲，他做什麼娛樂呢？他喜歡傾談，那他的娛樂就是傾談吧。

這是一個多麼奇異的社會！因為有了胡適，有了向世界敞開大門的民國名人們，中華民國顯得那麼迷人，對於年輕人來說，生在這樣的社會是幸運的，這種幸運不是物質的富足，而是精神的自由和解放。沒有比自由帶來的快樂更讓人嚮往了。

當然，從現實的意義上說，胡適這種社交風格也是給他自己迅速累積名聲的最佳手段——不到一年的時間，北京城裡的流行語已經變成了「我的朋友胡適之」了。這是傳播學最早的成功案例。鬧到後來，一些聚會竟然需要戲謔地禁止再說「我的朋友胡適之」這樣的話了。

司徒雷登——六萬大洋買下未名湖

一九一九年，當全中國的精英向北京匯聚的時候，一個美國人也來了，他叫司徒雷登。現在大多數中國人知道這個名字是從毛澤東那篇《別了，司徒雷登》開始的，他的形象永遠和「送別」聯繫在一起，但實際上，他的「來」比他的「走」要有趣得多。

司徒雷登是一個在中國出生的美國人，小時候咿呀學語學的就是中國的杭州話，但當他以四十三歲的年紀從美國回來時，幾乎將漢語忘得一乾二淨，不過這並不妨礙他迅速和中國的各色人等建立親密的關係——因為他掌握了中國人「好面子」的社交關鍵。

司徒雷登之所以要到北京來，是因為北京兩個小的基督教教會學校正在為「面子」問題爭得不可開交。這兩個學校，一個是衛理公會辦的「匯文大學」，一個是長老會的「北通州協和大學」。這兩所「大學」雖然頂著「大學」的名頭，實際上卻是小得可憐的神學院，因為都快要辦不下去了，才決定聯合起來成立新大學，司徒雷登就是這所大學請來的新校長。

兩所學校的爭論焦點是合併之後名稱為何。雙方都堅持自己原來的名字，互不相讓，而且都堅持新校址要離自己的學校不遠。司徒雷登被這種中國式的「面子」問題弄得啼笑皆非，這場茶壺裡的風暴幾乎無法收場，更讓他覺得好笑的是，這兩所學校想的折衷方案竟然是將學校命名為「北京大學」。但司徒雷登告訴他的教會同事們，一九一七年後，「北京大學」再也不是一個誰都有資格叫的名字，因為蔡元培、胡適的「北京大學」已經是北京城裡，乃至中國最好的大學，那個名字已經無可替代了。

爭來爭去，人們決定新大學的名字為「燕京大學」。這是一個富有詩意和古意的名字，同時也稍稍能滿足不能叫「北京大學」的遺憾。

學校有了名字，司徒雷登就要選個地方來建這個學校。他騎著毛驢或自行車，一次又一次在北京的城裡城外尋找，但結果讓他相當失望，一九一九年時，北京城裡已經沒有大片的土地可供他使用，而北京城外，到處是達官貴人們幾百年間置下的墳地，買下任何一塊地都會涉及遷墳問題。哪怕美國人有辦法提出一個讓他們很動心的價錢，頑固的中國人只要聽到遷墳都會暴跳如雷。

但是，機會還是來了。有一天，失望的司徒雷登受邀參加清華大學的一個聚會，當朋友們知道他的煩惱時，馬上建議他買下清華大學對面的一大塊地，這塊地曾經是清朝大貪官和珅的花園，如今屬於陝西督軍陳樹藩。

司徒雷登看了看這塊地，頓時決定不惜一切代價買下來：這裡風光優美，緊鄰頤和園、西山，而且交通便利，如果在此設立大學，將會是全世界最優美的大學校園。他當機立斷，到陝西找這塊地當時的主人陳樹藩。要知道，當時北京到西安的交通極為不便，要用到火車、汽車、木船、騾子等當時所有的交通工具，然而為了買下園子，作為傳教士的司徒雷登是不懼這些艱辛的。

陳樹藩是靠投機革命起家的前清朝軍械官，他沒想到美國教會竟然對北京城外那片幾乎是沒用的荒地動了心，於是熱情接待司徒雷登一行人。這是一個既能賺錢又能賺面子的好機會，陳樹藩先是以六萬大洋將園子賣給了司徒雷登，然後馬上宣布把其中的三分之一捐給未來的燕京大學。這個精明的舉動為陳樹藩贏得了司徒雷登的友誼，他下台後，司徒雷登仍然經常去這位前地主家探望。

六萬大洋是多少錢？大約相當於現在一億五千萬，雖然不是一個小數目，但仍是一個划算到極點的好買賣——只要想一想現在的北京大學，那美麗的未名湖、博雅塔，這塊地早已經是無價之寶了。

司徒雷登滿意地得到了心目中的絕佳地點，接下來就是蓋房子了。他要求燕京大學所有建築都需具備中國傳統風格，就連自來水塔都建成了佛塔的形狀，取名「博雅塔」。這一切和周圍的建築是那麼協調，讓人以為這個美麗的校園好像是古早之前便存在於此。

就這樣，燕京大學以無比優雅的姿態在北京亮相，並在司徒雷

燕京大學未名湖與建築群，這裡於一九五七年成為北京大學的新校址。

陝西督軍陳樹藩，未名湖曾經的主人。

登的經營下成為中國最有名的大學之一。讓人慨嘆的是，一九五七年，原址在北京城內的北京大學與燕京大學合併，成立新的北京大學，北京大學也遷到了燕京大學的校址，成為現在世人熟悉的模樣，冥冥之中似乎暗合了當初兩個教會學校的原意——因為他們本來就想讓自己的學校叫做「北京大學」，結果以這樣的方式實現了。

公務員魯迅二次買房記

公務員和思想家這兩種身份在任何時代都很難同時存在於一個人身上，更何況是公務員周樹人和思想家魯迅。對於北洋政府的種種逆行，魯迅經常仗義執言乃至挺身而出，終於引來了教育部上司的嫉恨，總想找機會開除他，但有趣的是，北洋政府大官們的任期實在都太短了，在教育部中，沒有哪一個教育部長比公務員周樹人還資深，經常是還沒等教育部長開除周樹人，自己就先被解職了，而周樹人和教育部的同事相處得都極好，一有風吹草動，都站出來維護他，這讓教育部長們也無可奈何。

其實，就連教育部本身往往都自身難保——雖是政府部門，但經常發不出薪水，以至於教育部自己也經常向別的部門鬧罷工、討薪水，這在中國的官場是前所未有之事。

與思想上的苦悶相比，家庭的破裂對魯迅的打擊更為巨大。作為周家的長兄，他和二弟媳在財政權上的矛盾終於徹底爆發了，這直接導致了周氏兄弟——周樹人和周作人的失和，說是「失和」，其實是「大打出手」。

翻開魯迅的日記，兄弟二人在失和前還一如往常地開心大採購了一回：

《魯迅日記》：
七月一日晴。星期休息。晚風。無事。
二日晴。無事。
三日曇。休假。寄三弟信。與二弟至東安市場，又至東交民巷書店，又至山本照相館買雲岡石窟佛像寫真十四枚，又正定木佛像寫真三枚，共泉六元八角。下午伏園來，並持交錫馬一匹，是春台之所贈。

東安市場是北京城最頂級的商品交易場所，吃、喝、玩、樂都能找到最好的。周氏兄弟到此自然不是為了玩樂，而是為了買書，這幾乎是他們唯一的娛樂，也是共同的娛樂。這時候魯迅還不知道家庭風暴已經暗暗醞釀當中。

《魯迅日記》：
九日曇。勞頓，休息。無事。
十八日曇。午得久巽信。晚微雨。
十九日曇。上午啟孟自持信來，後邀欲問之，不至。下午雨。

兩兄弟才大採購後不久，變故陡生，日記裡不稱「二弟」而改稱「啟孟」即是警訊。周作人拿來的那封信的內容是：

魯迅先生：
我昨日才知道，但過去的事不必再說了。我不是基督徒，卻幸而尚能擔受得起，也不想責難，大家都是可憐的人間，我以前的薔薇的夢原來都是虛幻，現在所見的或者才是真的人生。我想訂正我的思想，重新進入新的生活。以後請不要再到後邊院子裡來，沒有別的話。願你安心，自重。

七月十八日，作人。

周作人放下這封信就走了。這封信讓後代讀者們看得不知所云，實際上魯迅也不明白弟弟為什麼寫這封信，所以才「邀欲問之，不至」。但是，決裂就這樣產生了，魯迅只有搬走，離開這個自己親手買下的大宅子才能解決問題，說走就走，馬上叫仲介看房子搬家：

《魯迅日記》：

二十六日晴。上午往磚塔衚衕看屋。下午收拾書籍入箱。

二十九日晴。星期休息。終日收書冊入箱，夜畢。雨。

兄弟既已失和，分手就要趕快。周作人原本想讓大哥「不要到後邊院子裡來了」，但魯迅怎麼可能繼續忍下這口怨氣？看好房子後迅速搬走了。

《周作人日記》：

八月二日：下午L夫婦移住磚塔衚衕。

「L夫婦」當然就是魯迅夫婦。這時候的周作人不要說「大哥」，連「魯迅」這兩個字都不願寫了。仇恨可謂大到讓人咬牙切齒了。周作人自然是不願魯迅徹底搬走的，因為在一起住的話還能讓自己的媳婦繼續掌握財政大權。魯迅執意要走，於是又深化了這份仇恨。

《魯迅日記》：

八月二日：雨，午後霧。下午攜婦遷居磚塔衚衕六十一號。

磚塔衚衕新居是匆忙之間租下來的，其實十分不適合居住，魯迅只好繼續找仲介看房子：

《魯迅日記》：

二十日小雨。午後與李姓者往四近看屋。下午大雨。

二十一日晴。上午收二月分奉泉四元。午後母親往八道彎宅。

二十二日晴。上午得三弟信並泉十五元。下午與秦姓者往西城看屋兩處。晚伏園持《吶喊》二十冊來。

三十一日晴。上午母親往新街口八道彎宅去。下午同楊仲和看屋三處，皆不當意。

九月一日曇。上午崔月川來引至街西看屋。

十三日曇。上午和孫來。下午同李慎齋往宣武門附近看屋。

二十日曇。下午潘企莘來，同至西直門內訪林月波君看屋。

二十四日曇。欲買前桃園屋，約李慎齋同訪林月波，以議寫契次序不合而散，回至南草廠又看屋兩處。下午訪齊壽山，還以泉二百。咳嗽，似中寒。

看來看去，終究沒有滿意的。主要原因是魯迅的老母也不堪忍受二兒媳，願意和魯迅同住，而母親住慣了自己的房子，對租房已沒有太大興趣。魯迅四處奔波看房，與各色人等交涉，急火攻心，肺病再次復發。好在找來找去，命運之神終於讓他找到了合意的房子——阜成門內三條二十一號。這是一個小小的四合院，但足夠魯迅夫婦和老母居住。房子的價錢是八百元大洋，雖然仍是不貴，但魯迅財政吃緊，得向朋友借錢才能順利買下。

《魯迅日記》：

三十日晴。午後楊仲和、李慎齋來，同至阜成門內三條衚衕看屋，因買定第廿一號門牌舊屋六間，議價八百，當點裝修並丈量訖，付定泉十元。

魯迅買的這間房子說是「房子」，其實跟一片廢墟差不多，魯迅買下後花了五個月重建，等於是買地蓋房了。這間房子是他在北京最後的居所，也是老母和朱安夫人終老之處。我們現在還能看到原貌的也是這間房子，如今它是魯迅博物館的一部分。而周作人佔據的八道灣豪宅如今已經被人逐漸忘卻，還有拆遷之虞。

魯迅搬走後，本來兄弟兩個可以相安無事了，但這場爭鬥竟然以激烈的打鬥收場。搬家幾個月後，魯迅回到八道灣豪宅去取自己的東西，氣惱的周作人夫妻衝進來大打出手：

《魯迅日記》：

下午往八道灣宅取書及什器，比進西廂，啟孟及其妻突出罵詈毆打，又以電話招重久及張鳳舉、徐耀辰來，其妻向之述我罪狀，多穢語，凡捏造未圓處，則啟孟救正之。然後取書、器而出。

魯迅在北京的最後一個住所——阜成門內宮門口三條。今為魯迅博物館一部分。

本來幸福的家庭生活就這樣以相當不體面的方式結束了。魯迅多年積累的書籍文物大多沒有取出來，成了周作人的財產。

公務員魯迅對於第二次買房完全沒有開心的想法。事實上他在新居所沒住多久就又再一次搬家了——這次則是永遠地逃離北京了，在新的城市，他不再是教育部公務員，而是純粹的思想家魯迅。

老北京城的氣味和聲音

如果你沒聞到過一個城市的氣味，沒聽到過它街頭巷尾的聲音，你對它就永遠是陌生的。歷史之所以越來越陌生，最主要的原因就是人們再也無法用感官去直接感受它，無法聞它、聽它、吃它。

我們對民國生活的了解總是停留在發黃而模糊的黑白照片中，時間久了就會產生一種幻覺：以為那個時代連陽光都比現在的刺眼，那時的人們都心事重重，面對鏡頭時都是一副苦瓜臉。其實，這當然是我們的偏見。

如果我們夠用心，其實能慢慢發現歷史的黑暗中那些能讓我們的皮膚、嗅覺和聽覺興奮起來的生活細節——這是最真的歷史，鼻孔和耳孔中的歷史。

當魯迅、毛澤東、胡適等人敲開現代歷史的大門時，這個國家還沒有做好迎接新生活方式的萬全準備。北京城，這個年邁的故都，用一副破舊面容麻木地看待各種光怪陸離的政治變幻。

這是一個顏色相當黯淡的城市：除了金黃色的皇宮之外，一個個年久失修的四合院擁擠在一起，大街小巷黃土飛揚，只因缺乏現代城市所應有的一切市政設備：道路，排水管，廁所，垃圾場等等。所有生活問題都需要聰明的中國人用原始方式解決——解決方法就是讓垃圾、廢水甚至糞便直接撒到街道上。正因為如此，民國的北京城總是瀰漫著一股臭味，這股臭味是世界上資格最老的臭味之一，因為其中有幾縷臭味來自明朝就開始堆積的垃圾，知識精英們的啟蒙運動就是在這股臭味中進行的。

當然，臭味並不總是無處不在，就像人不會總是心情不好一樣。老北京的空氣中，也經常瀰漫著井水和玉泉山泉水特有的清新氣味。

每天天還沒亮，賣水人的手推車就出現在大街小巷了。他們清一色是山東人，壟斷了北京城所有的甜水井，全城的飲用水都需要他們一車車送到住戶的水缸裡。他們是一群永遠沉默寡言的人——這不是性格使然，而是職業道德的一部分，因為他們每天都到家家戶戶的內宅去，只有「目不斜視、口不多言」才能將侵犯顧客隱私的可能降至最低，而且，無論天氣有多炎熱，他們都是衣裝整潔，絕不赤膊，只有這樣才能不招惹是非——這同樣是職業道德的一部分。

送水車的吱呀聲、倒水桶的嘩啦聲喚醒了整個城市，一股清新的水氣開始在衚衕裡瀰漫。賣水人每送完一家水，都在那家的牆外做記號，這些記號是只有這個行業的人才懂的暗語。在民初的城市裡，每個行業都有自己的暗語，這是阻止外來人進入此一行業的方法。每個行業都不會試圖弄明白別人的暗語，大家各自守著歷經千百年的祕密，相安無事。

城市醒來之後，洋車夫便開始忙碌了。之所以叫「洋車」，是因為起初這東西是從日本傳到中國來的。雖然是舶來品，但天生就切合中國國情——底層中國人需要一種純粹靠力氣就能掙錢的行業。

洋車上都掛著銅鈴鐺，走起來一路亂響，既有交通信號的作用，又提高了主顧的威風。洋車的收費講究「城門見城門三里，收費一角」，個別城門之間收費三角，換算成現在的購買力，大約是兩百五十元起跳，比現在的計程車貴多了。當然，洋車夫們幾乎都不稀罕跑短程，他們最喜歡跑的線路是從城裡到海淀——這是一條熱門路線，因為住在城裡的大學教授們每天都要坐車到城外的清華大學、燕京大學

老北京賣水的人

民國的洋車夫和女乘客

上課，車夫得到豐厚報償的同時，到了目的地還能把車一放，跟著教授去聽課。

拉洋車是北京城最危險的行業之一，因為疲憊的車夫很容易一下子就撲倒在地，再也起不來。經常坐洋車去上班的魯迅就因為一次這樣的「疲勞駕駛」事故摔斷了門牙。那是一九二三年三月的一天，教育部公務員周樹人到孔廟參加祭孔儀式，這件事說起來有些滑稽，因為公務員周樹人骨子裡就是強烈反對舊禮教的啟蒙思想家魯迅。

《魯迅日記》：

二十五日晴。星期日。黎明往孔廟執事，歸途墜車落二齒。

這只是一起普通的交通事故，但因為當事人有魯迅，很快就變成了政治事件，魯迅只好出來澄清：

魯迅《從鬍鬚到牙齒》：

袁世凱也如一切儒者一樣，最主張尊孔。做了離奇的古衣冠，盛行祭孔的時候，大概是要做皇帝以前的一兩年。自此以來，相承不廢，但也因秉政者的變換，儀式上，尤其是行禮之狀有些不同：大概自以為維新者出則西裝而鞠躬，尊古者興則古裝而頓首。我曾經是教育部的僉事，因為「區區」，所以還不入鞠躬或頓首之列的；但屆春秋二祭，仍不免要被派去做執事。執事者，將所謂「帛」或「爵」遞給鞠躬或頓首之諸公的聽差之謂也。民國十一年秋，我「執事」後坐車回寓去，既是北京，又是秋，又是清早，天氣很冷，所以我穿著厚外套，帶了手套的手是插在衣袋裡的。那車夫，我相信他是因為瞌睡，胡塗，決非章士釗黨；但他卻在中途用了所謂「非常處分」，以「迅雷不及掩耳之手段」，自己跌倒了，並將我從車上摔出。我手在袋裡，來不及抵按，結果便自然只好和地母接吻，以門牙為犧牲了。於是無門牙而講書者半年，補好於十二年之夏，所以現在使朋其君一見放心，釋然回去的兩個，其實卻是假的。

連大名鼎鼎的魯迅都出過交通事故，洋車的出事率可真夠高的。不過，出事之後還能拿門牙講出這麼多趣味來的，恐怕除了魯迅再無第二人了。

北京城的下午往往無比喧鬧，尤其是前門大街一帶，這裡的戲園子要趕在天黑之前把戲演完。和現代的文藝演出通常在晚上不同，民國時期北京城的戲園子要在白天將所有的戲份表演完畢，晚上是禁止點燈唱戲的。

禁止晚上點燈演出的做法顯然讓人難以接受，因為所有「壓軸」和「大腕」的戲都是最後出場，往往天已經黑了但大角還沒出場。著名的京劇泰斗譚鑫培出道多時，但還有很多老觀眾對他的相貌沒什麼印象，因為譚鑫培的戲總是黑燈瞎火地唱，戲迷們真的是「聽戲」而非「看戲」了。聰明的中國人又想到了好辦法——不讓我們點燈嗎？好，那我點火把總可以了吧？在譚鑫培的戲開始後，戲園子老闆有時點起幾只火把照明。不過火把自然堅持不了多長時間，而且火把燃燒時產生的刺鼻氣味讓戲迷很難有心情繼續聽戲，再加上有消防上的危險，只好又廢除了。

所以，最好的辦法還是盡量在白天把所有的戲演完。聽戲的人反正都是一些有閒的人，不太在乎究竟是白天還是晚上表演。

北京的戲園子十分嘈雜，因為演出的基本上都是京劇——與清朝時流行的崑曲相比，京劇的伴奏樂器要多很多，演員聲腔也要複雜而高，所以總是給外行人很吵鬧的感覺。為了這些吵鬧的聲音，京劇大師梅蘭芳有一次在請外國人看戲的時候，特意把表演劇目換成了崑曲，以免嚇著外國人。

車聲、叫賣聲、唱戲聲，這些是民初北京人耳膜主要接收到的聲音。與其他城市不大相同的是，因為北京城是首都，有很多「大帥」一天到晚惦記著到這裡來主政，戰爭是這座城市的常客。長則幾年，短則幾個月，不同顏色服裝的士兵們就要跑步進城一次，宣示新總統或新大帥的來臨。各位大老粗軍閥們雖然蠻橫，但還是十分敬畏北京城——大部分戰鬥都盡量在城外完成，城內居民對戰爭的直接感受就是城外一陣密集的槍聲和炮聲，然後就是士兵們的跑步聲，再然後就是報童們叫喊「號外」的吵鬧聲，然後一切又歸於沉寂。

胡適的私家車

魯迅、胡適這些大學者們是洋車的常客，坐出租車久了難免就想自己買輛車，這和現代人總是將「買房買車」的理想混雜在一塊的情況相當類似，不過，民國人買車首選的是「洋車」，這種車自然是不能由自己擔任司機。

剛剛買下豪宅的魯迅從沒想過要再去買輛車，一個重要的理由是他沒錢了——自從進了豪宅，全家人的財政權都掌握在二弟媳羽太信子手上，魯迅的薪資雖然高，但必須如數上繳給弟媳，自己只能留下一點抽紙菸的錢。更令他惱火的是，這位二弟媳的消費標準甚至超過了北京城所有的大教授們——大教授們還只是拿洋車代步，二弟媳竟不管大事小情，全都以汽車解決，魯迅看著自己坐洋車拿回來的錢一轉眼就被弟媳用汽車運走，心中甚是悽然。這種情況下，

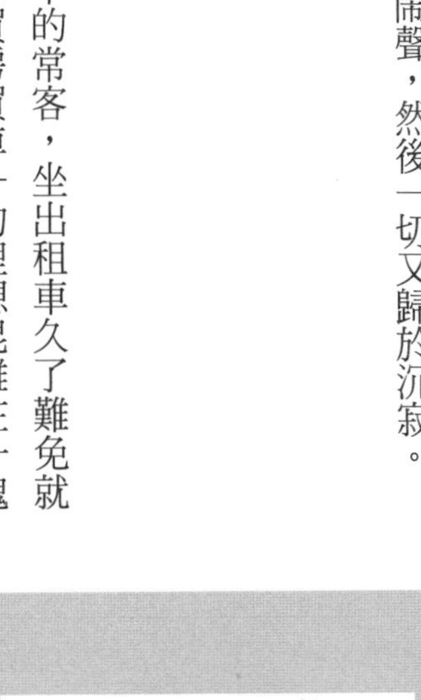

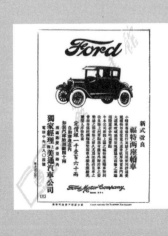

民國的汽車廣告

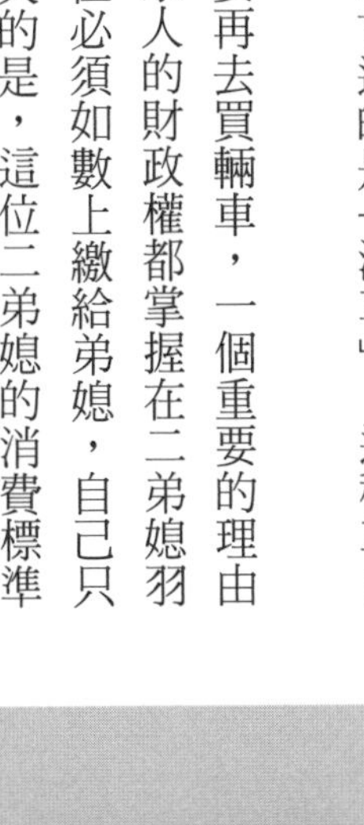
胡適和江冬秀

魯迅還有什麼力氣思考幫自己買輛車的事情呢？

在民國買一輛汽車需要多少錢呢？一則民國時期上海的汽車廣告可以告訴我們。前頁圖圖是福特汽車的廣告，這是當時全世界最流行的品牌。上面明白寫著定價「銀一千一百六十兩」。按現在的銀價算，相當於兩百多萬元，跟魯迅的八道彎豪宅相比自然便宜許多，但也足以讓已經失去財政權的魯迅望而卻步。當然，更重要的是，民初時期，汽車並非必備之物，尤其是當汽油和司機都無比缺乏的時期，汽車往往就是個如同玩具般的擺設。

與魯迅相比，胡適的家庭負擔也不算小，但好在財政權完全掌握在自己手裡——確切地說，是掌握在雖然大字不識卻極為精明的小腳太太江冬秀手裡。

胡適購入私家車了，是洋車，而且是二手的。本來胡適是不需要買車的，但他的性格讓他不得不買了車，因為他幾乎從不拒絕朋友的請求。

胡適的朋友唐先生因為要出國，於是請求胡適接收自己那輛洋車，胡適二話不說便答應下來，說實在的，雖然他是洋車的高級租戶，但已經有些厭倦了租車生涯，每月租車需要十八元大洋，車夫工資又要十九元大洋，如果能把這筆錢省下來，肯定能讓太太心花怒放。

唐先生出價四十五元大洋，換算後約是現在的十萬多元，以胡適的收入，買這個東西確實是小意思，唐先生本來以為按照商業慣例胡適會討價還價一番，所以故意將車價抬高許多，沒想到胡適夫婦兩人痛痛快快把錢付了，這讓唐先生大為窘迫，但有便宜不佔也不是中國人的性格，唐先生還是默不作聲地將車交割出去。

胡適夫婦靜等著屬於自己的私家車拉到家裡來，可是，夫婦兩人最後等來的卻是一輛真正的「老爺車」，因為這輛車根本不是被拉過來的，而是被兩個人抬過來，有如真正的大老爺一般。這輛車使用過度，早已經進入「病入膏肓」的階段了。胡適望著這輛比自己架子還大的洋車，有些哭笑不得，只好又花了二十一點八五元大修了一番。

坐在價值六十六點八五元的私家洋車上，胡適應該過了一陣子愜意的日子，這可能是這位留美博士和北京大學教授第一次高額消費——富裕後，胡適將大部分錢財都用來買書了，而且多是珍本善本，可嘆的是，這些書累積到十萬多冊之後胡適就慌忙離開北京了，後來成了現在北京大學圖書館的一部分。

擁有私家車的喜悅或許沒能持續多久，因為這輛老爺車很快便開始發脾氣了：在一次出城的路上，私家洋車大爆其胎，害得胡適有好長一段時間又得重新以自己的雙腳通勤，江冬秀心疼丈夫，狠下心又買了一輛新車，那輛老爺舊車在車夫的攛掇下再次變賣，價格是讓人有些心酸的十三元。

民國的文化名人們幾乎每個人都有一個關於洋車的故事，因此也都有一些關於洋車的文字，或許是他們的生活中有很多時間是與洋車夫相處的緣故。胡適最初提倡寫白話詩的時候就以《人力車夫》為題小試身手：

胡適：《人力車夫》

「車子！車子！」車來如飛。

客看車夫，忽然心中酸悲。

上海街頭的黃包車。北京人跟人力車叫「洋車」，而上海人卻叫「黃包車」，因為它們是政府承認的正式公共交通工具，車身必須塗上黃色，因而得名。

客問車夫：「今年幾歲？拉車拉了多少時？」
車夫答客：「今年十六，拉過三年車了，你老別多疑。」
客告車夫：「你年紀太小，我不能坐你車，我坐你車，我心中慘淒。」
車夫告客：「我半日沒有生意，又寒又飢，
你老的好心腸，飽不了我的餓肚皮，
我年紀小拉車，警察還不管，你老又是誰？」
客人點頭上車，說：「拉到內務部西。」

後來，胡適的名氣越來越大，社會活動越來越多，洋車再也無法符合他的身份地位，這時他終於買了一輛汽車。但胡適自己很少提到坐汽車的事，彷彿他從來就沒有過汽車一樣，也許是汽車雖好，終究沒有人力車的那番情調吧？

民國人怎麼穿衣服？

一九一二年元旦，中華民國成立，臨時大總統孫中山決定頒布一批新法律。在他看來，有許多事情迫在眉睫，其中一個就是民國之後老百姓應該穿什麼衣服。

中國古代社會，衣服是重要的政治規制，嚴格規定了什麼人應該穿什麼款式和顏色的衣服，稍有違犯就是大逆不道。滿族統治中原後，號令全國人都改穿滿式服裝、蓄辮子，不知道多少人因此喪命。革命黨既然革命成功，當然要報這個仇，所以馬上就宣布了新的合法服裝樣式。不過，這個合法服裝並不是恢復到「反清復明」的人希望的明朝服裝，而是西裝。

規定內容十分詳細：

男子禮服分為大禮服、常禮服兩種。其中大禮服分晝用、夜用兩種：晝用大禮服為西式大氅式；夜用大禮服類似燕尾服，但後襬呈圓形，褲用西式長褲。常禮服也分兩種：一為西式，一為袍褂式，均為黑色，衣料採用國產絲、毛織品或棉、麻織品。女子禮服則只有一款：上用長與膝齊的對襟長衫，下用長裙；衫裙均加繡飾。穿著禮服出席喪禮時，男子要在左腕纏上黑紗，女子則在胸前綴以黑紗結。

這個服制條例的問題在於太過激進，突然規定全國人民要穿「假洋鬼子」的服裝，當然令人難以適應。更重要的是，衣服既然成為政治的一部分，那就免不了要用政治實力說話，孫中山的臨時政府沒過多久就讓位給袁世凱的北京政府，連財政軍務等大事尚且不能控制，更別說衣服了。

但是，西裝經臨時政府提倡，畢竟取得了法定地位，慢慢地也體現在人民身上。舊勢力和新勢力的鬥爭一日不停，衣服款式的競爭也一日不會休止，我們經常可以見到身穿不同服飾的民國人士合

長衫和西裝

照的情景。

西裝到底適不適合中國人穿呢？魯迅給出了一個奇妙的解釋：

造化賦給我們的腰和脖子，本是可以彎曲的，彎腰曲背，在中國是一種常態，逆來尚須順受，順來自然更當順受了。所以我們是最能研究人體，順其自然而用之的人民。脖子最細，發明了砍頭；膝關節能彎，發明了下跪；臀部多肉，又不致命，就發明了打屁股。違反自然的洋服，自然漸漸的沒落了。

這自然是用衣服來說明中國人的劣根性。然而魯迅只是不明說提倡大家穿長袍馬褂罷了，實際上，魯迅本人就是一個長袍愛好者，除了年輕時穿過幾天西裝外，大部分時間都是一襲長袍，頂多是冬天棉料、夏天單衣而已。

一九二九年蔣介石掌權後，也許是基於他本人的愛好，也許是中國人終究還是回到了保守的習慣，中華民國的《服制條例》又改回舊樣式：

第一條：男子禮服

男子禮服依左列之規定：

一、褂：式如第一圖，齊領對襟，長至腹，袖長至手脈，左右及後下端開，質用絲麻棉毛織品，色黑，鈕扣五。

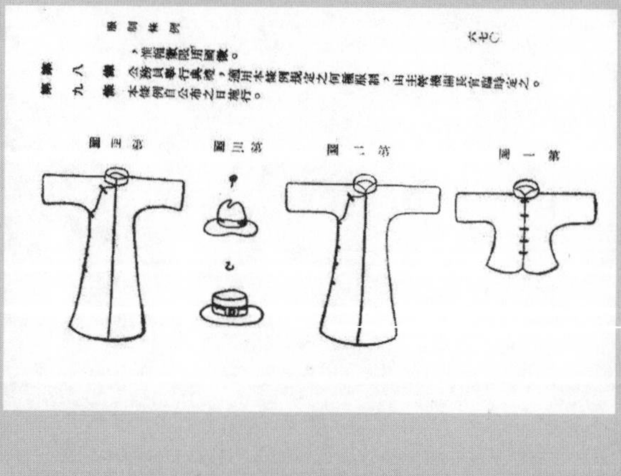

民國服裝長袍

二、袍：式如第二圖，齊領前襟右掩，長至踝上二寸，袖與褂袖齊，左右下端開，質用絲麻棉毛織品，色藍，鈕扣六。

三、帽：冬式如第三圖之甲，凹頂軟胎下沿略形橢圓，質用絲毛織品，色黑。夏式如第三圖之乙，平頂硬胎下沿略形橢圓，質用草帽緶，色白。

四、鞋：質用絲棉毛織品或革，色黑。

第二條：女子禮服

女子禮服，依左列甲乙二種之規定：

甲種

一、衣：式如第四圖，齊領，前襟右掩，長至膝與踝之中點，與褲下端齊，袖長過肘，與手脈之中點，質用絲麻棉毛織品，色藍，鈕扣六。

二、鞋：質用絲棉毛織品或革，色黑。

乙種

一、衣：式如第五圖，齊領，前襟右掩長過腰袖長過肘與手脈之中點，左右下端開，質用絲麻棉毛織品，色藍，鈕扣五。

二、裙：長及踝，質用絲麻，棉毛織品，色黑。

三、鞋：質用絲棉毛織品或革，色黑。

第三條：因國際關係服用之禮服

男女因國際關係服用禮服時，得採用國際間通用禮服。

諷刺之處在於，提倡西裝，也發明過中山裝的孫中山去世時，既沒穿西裝也沒穿中山裝，而是以舊式長袍入殮。是否是蔣介石的保守政治思想在作怪？我們已經不得而知了。

在蔣介石的時代，大多數有權勢之人都穿舊長袍，年輕留學生和買辦階級以及大學洋教授們才喜歡穿西裝，所以穿長袍有一種「老太爺」的感覺。蔣介石正是利用這一點耍了自己的副總統李宗仁一把。

一九四八年，南京國民政府舉行了一次全國大選，總統候選人只有一個蔣介石，無人反對，副總統候選人卻很多，其中最有實力當選的是李宗仁。蔣介石本來反對李宗仁這個異己參選，但無奈李宗仁耐心操作媒體輿論，最終竟然當選，這讓蔣介石相當不悅，他沒有正當手段報復李宗仁，於是動了點心眼，想在就職典禮上讓李宗仁出點糗，這個心眼就動在了衣服上：

《李宗仁回憶錄》

按政府公布，總統與副總統就職日期是五月二十日。我照例遣隨員請侍從室轉向蔣先生請示關於就職典禮時的服裝問題。蔣先生說應穿西裝大禮服。我聽了頗為懷疑，因為西式大禮服在我國民政府慶典中並不常用，蔣先生尤其是喜歡提倡民族精神的人，何以這次決定用西服呢？但他既已決定了，我也只有照辦。乃賫夜找上海有名的西服店趕製一套高冠硬領的燕

蔣介石、李宗仁就職典禮上的服飾。

重慶談判時蔣介石和毛澤東合影。

尾服。孰知就職前夕，侍從室又傳出蔣先生的手諭說，用軍常服。我當然只有遵照。

五月二十日是南京市一個隆重的節日，各機關、學校一律放假，各通衢大道上懸燈結彩，爆竹喧天。總統府內尤其金碧輝煌。參加典禮的文武官員數百人皆著禮服，鮮明整齊。各國使節及其眷屬也均著最華貴莊嚴的大禮服，釵光鬢影與燕尾高冠相互輝映。這是國民政府成立後第一任正副總統的就職典禮，也確是全民歡慶，氣象萬千。在這種氣氛中，我深感到穿軍便服與環境有欠調和。

孰知當禮炮二十一響，贊禮官恭請正副總統就位時，我忽然發現蔣先生並未穿軍常服，而是長袍馬褂，旁若無人地站在台上。我穿一身軍便服佇立其後，相形之下，頗欠莊嚴。我當時心頭一怔，感覺到蔣先生是有意使我難堪。但再一思索，我立刻挺胸昂視，豁然若釋。因為蔣先生以一國元首之尊，在這種小地方，他的肚量都不能放寬，其為人如何也可想見了。觀禮人員中，誰不清楚蔣先生的作風？大家既然明瞭，這尷尬的場面與其說使我難堪，毋寧說使他自己難堪罷了。將來史家秉筆直書，勢將使蔣先生本人在歷史上多其難堪的一筆而已。

精明的蔣介石將中國人在服裝上的心理研究得一清二楚，起初他想讓李宗仁穿西裝禮服，自己穿長袍，無疑是想樹立自己的「民族」形象。但突然轉念一想，讓李宗仁穿西裝，會讓美國人對李宗仁更親切，不利於自己爭取美國援助，於是緊急下令讓李宗仁穿軍常服。最後出來的效果是，兩人一站，李宗仁在蔣介石後面，很像是一個替老太爺保駕的馬弁，這無形中讓李宗仁的威風減損許多。李宗仁感到氣惱的地方就在於此。

蔣介石在衣服上讓李宗仁難堪了一回，但也並非總是如此小氣，在國共重慶談判時，他有意穿了中山裝，以便和毛澤東的衣著一致，頗能顯現出他對於和談的「誠意」。中山裝是孫中山發明的，但一直沒取得法定服裝地位，不過就國民黨和共產黨來說是衣著上的最大公約數，雙方十分有默契地穿著孫中

民國女子舊服裝和新服裝之比較。

山設計的服裝，顯現出高度政治智慧。

政治檯面上的這些「衣服風波」對社會大眾穿衣風潮的影響仍然十分有限。在民國末年，西方傳來的時裝熱潮開始洗滌人們的穿衣習慣，各種各樣時髦的衣服開始在中國人身上現身，甚至包括泳裝，也能夠公然在廣告中出現。

引領時尚風潮的永遠是那些愛美的女子們。北京和上海的女學生們革命得最徹底，她們改良的學生服很快就讓女子原本的旗袍看上去顯得老土，逼得旗袍不得不也跟著改良以適應新的審美觀。

旗袍本來是滿洲旗人日常裝束，雖然比漢族的寬大衣服要緊束些，但仍然像一個大直口袋，將女性的身體曲線盡量遮掩住。民初女子們很快就將這種老旗袍做了調整，成為現代人十分熟悉的那種短袖、緊身、突出身體曲線的改良旗袍樣式。現在看到的民初題材電視劇中，中產階級的男人往往穿西裝或長袍，女子往往穿改良式旗袍，的確反映了當時的社會現狀。

上面說的都是平常穿的衣服和平常的禮服，在一些特別的場合，如婚禮、祭祀儀式中，禮服自然也要顯出特別來才好。民初婦女的嫁衣顯然受到了當時西方婚紗的影響，出現了白色、鏤空、蓬鬆的式樣，這在中國舊式的嫁衣中本來是相當忌諱的，尤其是白色，只有喪事才用，但在女子愛美風尚的衝擊下，這些舊習慣很輕易地就被打破了。

蔣介石和宋美齡的結婚照便呈現了當時服裝的樣貌，幾乎從不穿西裝的蔣介石以西裝示人，而宋美齡的婚紗也相當有特色，以現代的審美觀來看，她的婚紗太像戲台上的花木蘭裝束了，不過在當時必然是十分具有革命性的裝扮。

也許是對中國和美國的婚紗都不滿意，林徽因在美國和梁思成結婚時決定自己設計婚紗。林徽因在

蔣介石和宋美齡的結婚照。

梁思成與林徽因結婚照

美國主修美術，婚紗設計自然難不倒她，但可惜的是，她這套婚紗基本上以現代人的角度來看，必定會認為是失敗作——它簡直比宋美齡的婚紗更像戲裝，尤其是頭飾，太過傳統，這在林徽因一生的美術設計中大概是明顯的缺憾。不過，應該指出的是自己設計婚紗這件事本身很重要，遠遠超過了婚紗的樣式的重要性。試想，在三、四〇年代的中國，有幾個女孩子敢自己設計自己的婚紗呢？

婚紗改良務必求新，祭祀禮服在設計上則務必復古。中華民國成立後，祭天祭孔儀式一時之間並未廢除，但服裝總要有些許改良，不過改良的方向是務必讓式樣更復古就是了。這次由朱啟衿擔任祭祀服裝設計人，他將禮服設計得更貼近清代過去漢族的服飾，值得玩味的是，後來朱啟衿創辦了中國營造學社，梁思成和林徽因即此學社主要成員。

然而祭祀服裝太過復古，不僅激進的革命家，就連普通老百姓都覺得有些太過封建，民國大總統袁世凱穿著祭祀禮服出現在天壇祭天的場景，成了人們最厭惡的景象。

民國人的髮型

髮型與政治息息相關，在中國是確切無疑的。清朝入關後，要求全體中國人留辮子，違者殺頭，這樣一來，千萬個中國人為了保護自己的髮型而丟了命。幾乎沒人想過為什麼要留辮子，其實，留辮子是人類的一個大發明，對於游牧和狩獵民族來說，將亂糟糟的頭髮梳成辮子有其便利性，可以防止腦袋被異物勾住以致喪命，但對於向來以農耕為主的漢族人來說，留辮子簡直就是累贅。

當辮子這種累贅髮型終於根植於中國人內心時，辛亥革命來了。

革命黨革命成功後，第一件大事就是要中國人剪掉辮子。這時的中國人早忘了當年為了不留辮子而喪命的往事，面對革命黨明晃晃的剪刀時，很多人竟然嚇得自殺了。

對於剪辮子態度最積極的有兩種人：一種是公務員，一種是唱戲的。

公務員代表政府，政府說要剪辮子，公務員當然要帶頭，也只有這樣才能展現出自己的合法性，所以警察、公務員們早早就把辮子剪了，然後上街替行人剪辮子。這是一個經典的場面，可惜沒有畫家記錄下來：被剪掉辮子之後，有人摸著後腦勺，涼颼颼的感覺讓他悵然；有人手裡還攥著辮子，怔怔地不知道應該怎麼處理這個「文物」；有人興奮地大叫，有人出錢請每個剪了辮子的人吃一碗大肉麵……

唱戲的為什麼對剪辮子抱持歡迎的態度呢？因為實際上的需要。唱戲的總要化妝，那根辮子太礙事了，而且睡覺時那根辮子怎麼擺都不對勁。所以一聽說革命，不能留辮子了，第一個響應的就是京劇大師梅蘭芳。梅蘭芳覺得剪辮子簡直是個德政，不僅自己剪了，還拿起剪刀替自己身邊的人剪。他有兩個僕人，一個是聾子，一個叫大李。聾子晚上睡覺沉，又聽不見，梅蘭芳就趁他睡著的時候偷偷剪了，第二天聾子醒來發現辮子不見了，差點嚎啕大哭，但沒辦法，沒了就是沒了。梅蘭芳用這個辦法剪了很多頑固派的辮子，大李是最頑固也是最精明的，他生怕自己的辮子也被暗中剪掉，於是睡覺時都把辮子藏在身子底下，讓梅蘭芳無從下刀。梅蘭芳連盯了三、四天都沒找到機會，後來他終於等到大李的辮子露出一點來，趕緊出手，但可惜的是辮子只剪了一半。第二天，大李哭喪著臉找梅蘭芳的伯母訴苦，但只剩半個辮子也實在不像話，只好徹底剪掉了事。

其實，當漢族人留戀辮子的時候，反倒是滿族人對剪辮子沒什麼意見。滿族人向來是以當兵為業，每天的工作就是練習打架，而打架的首要目標就是不要被對方抓住自己的辮子，這一點讓滿族人相當苦惱，但留辮子本來就是自己提倡的，也只能延續這個傳統。革命後，滿族人一聽到可以不留辮子，大多歡呼雀躍，紛紛將辮子剪了，不僅剪了，而且都剃了光頭——這樣打起架來就完全沒有罣礙了。剪辮子在滿族人之中完全沒有阻力，就連王公貴族也紛紛響應，到了最後，只有末代皇帝溥儀本人的辮子還留著。他這根辮子象徵意義太重，所以遺老遺少們堅決反對剪掉，但溥儀還是執拗地將它剪了。

知識分子大都沒有剪辮子的問題，因為他們在留學之前就已經剪過了。留學越早的，辮子自然也剪得越早。魯迅是民國名人裡留學較早的，一到日本他就把辮子剪了：

> 我的辮子留在日本，一半送給客店裡的一位使女做了假髮，一半給了理髮匠，人是在宣統初年回到故鄉來了。一到上海，首先得裝假辮子。這時上海有一個專裝假辮子的專家，定價每條大洋四元，不折不扣，他的大名，大約那時的留學生都知道。做也真做得巧妙，只要別人不留心，是很可以不出岔子的，但如果人知道你原是留學生，留心研究起來，那就漏洞百出。夏天不能戴帽，也不大行；人堆裡要防擠掉或擠歪，也不行。裝了一個多月，我想，如果在路上掉了下來或者被人拉下來，不是比原沒有辮子更不好看嗎？索性不裝了，賢人說過的：一個人做人要真實。

魯迅不愧是個會過日子的人，剪掉的辮子還要送給日本女人做假髮，以免浪費。

胡適和趙元任是坐同一條船去美國留學的，上船前，有人要求他們穿上西裝，剪掉辮子，留著那根東西到了美國，實在是太不搭調了。據趙元任回憶，替他剪辮子的理髮師一再問他「是不是真的要剪？」因為就在不久前，一個男的剪掉辮子後，他的妻子竟然憤而自殺了，人命關天，理髮師怎麼能不謹慎呢？

趙元任剪了辮子之後馬上就把它扔了，胡適卻不然，他細心地將辮子包好，寄給了遠在安徽的老母親，這頗有「身體髮膚受之父母」，所以也要還給母親的意思。

就在所有人都剪了辮子的時候，偏偏有那麼幾位留起了辮子，這樣做的理由無非是要證明自己反對這個社會。最有名的兩根辮子，一根是辜鴻銘的，一根是王國維的。

辜鴻銘本來是沒留辮子的。他是華僑，還是混血兒，從小就是西裝革履的打扮，但一回到中國就把辮子留起來了，至死皆然。他對自己這根辮子十分得意，時時加以宣傳，後來竟然成了北京城一個著名的旅遊景點。辜鴻銘的奇特之處在於他不僅自己留辮子，連他的御用車夫也要留辮子，且看周作人的記述：

> 要說誰是北大最古怪的人物，大家心中想到的應該都是辜鴻銘。他是福建閩南人，大概先代是華僑吧，所以他的母親是西洋人，他生得一副深眼睛高鼻子的洋人相貌，頭上有一撮黃頭毛，卻編了一條小辮子，冬天穿棗紅寧綢的大袖方馬褂，上戴瓜皮小帽；不要說在民國十年前後的北京，就是在前清時代，馬路上遇見這樣一位外表像是華裝教士的人物，大家也不免要張大了眼睛看得出神吧。尤其妙的是那包車的車夫，不知是從哪特地找來的，或者是徐州辮子兵的餘留亦未可知，也是一個背拖大辮子的漢子，跟他的主人可說是天生一對，他在紅樓的大門外坐在車兜上等著，也不失為車夫隊中一個特出人物。

辜鴻銘雖然留辮子，但是他只是想表明自己是一個極端的保守主義者，並不是要復辟大清朝，所以辮子軍主帥張勳復辟時他並未參與，他要的是皇帝這種制度，而不是皇帝本人。王國維則與之相反，他雖然研究學問比辜鴻銘要廣博開明得多，但在政治立場上確實是忠於大清朝的。正因為如此，他才被紫禁城裡的小朝廷聘為皇

蔣介石的三任夫人：毛福梅、陳潔如、宋美齡由左至右）

帝的老師。王國維的辮子比辜鴻銘的還頑固，他在日本留學時就已剪了辮子，回國之後又再次留起來，見到末代皇帝溥儀時，溥儀命令他剪掉，「君無戲言」，王國維只好再次剪掉，但等風聲過後，他又留了起來——可說是整個中華民國都拿他沒轍了。

王國維在一九二七年沉湖自殺，辜鴻銘於一九二八年病逝，中華民國最後兩條著名的辮子也伴隨他們離開了人世。再想找辮子，只能往戲台上去了。

和男人們的這些辮子風波比起來，中華民國的女人們要幸福多了，因為她們根本就沒有這些政治任務。她們的髮型只需要跟著時髦走就行了。

我們可以從蔣介石三任夫人的照片中，觀察民國女性髮型的變化。三個人正好代表了三個時代。元配毛福梅是一名普通的鄉下女子，留著傳統的漢族髮式，這種髮式其實就是盡可能地將頭髮梳到腦後，結成一個髻，這樣做能夠以最大限度將女子的美色掩藏起來，防止他人生出邪念。顯然地，這種髮式很快就過時了。

第二任夫人陳潔如是名女學生，她將頭髮剪短，並留著蓬蓬的瀏海。這種髮型顯得幹練自然，是新一代女性的首選。不過，這個髮型似乎和陳潔如本人的臉型不大協調，以致於整個人缺少嫵媚的風韻。

第三任夫人是宋美齡，這位是大家小姐，又是美國歸來的留學

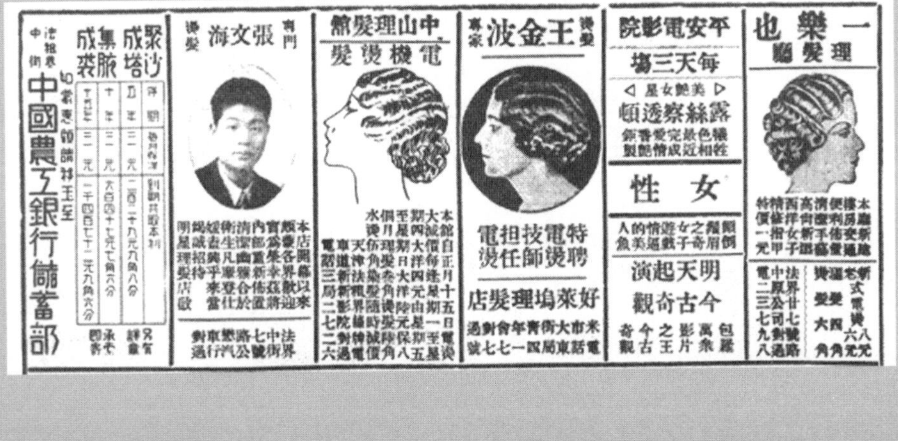

民國報紙上的理髮店廣告

生，自然時髦多了，和蔣介石結婚之後，她要盡量顯得雍容華貴，髮型已經和現在的貴婦人相差不遠。

到了民初後期，現代人能想出來的時髦髮型當時大抵上都出現了，從當時報紙上的理髮館廣告就可以看出來。

退休公務員魯迅上海租房記

因為經歷了長期南北分裂的狀態，民初時歷代積累下來的南北差異更加擴大了，於是各個領域都有「京派」和「海派」的對立。

住在北京的四合院和上海的里弄裡，是兩種完全不同的生活方式，前者實際上還保留著原始的北方農村生活方式，只不過房屋更多、人更龐雜而已。鄰里和街坊是老北京人主要的社交對象；上海的里弄則已經完全進入現代社會生活型態，鄰居之間往往互不相識，主要社交對象是自己的同事和朋友。畫家豐子愷初到上海居住時，非常感嘆這種對他來說無比陌生的生活方式——城市生活對鄉下人來說，總是要經過一番「革命」才能適應。

豐子愷：

約十年前，我家住在上海。住的地方遷了好幾處，但總無非是一樓一底的「弄堂房子」，至多添了一間過街樓。現在回想起來，上海這地方真是十分奇妙：看似那麼忙亂的，住在那裡卻非常安閒，家庭這小天地可與忙亂的環境判然隔離而安閒地獨立。我們住在鄉間，鄰人總是熟識的，有的比親戚更親切；白天門總是開著的，不斷地有人進進出出；有了些事總是大家傳說的，風俗習慣總是大家共通的。住在上海完全不然；鄰人大都不相識，門鎮日嚴扃著，別家死了人與你全不相干。故住在鄉間看似安閒，其實非常忙亂；反之，在上海看似忙亂，其實非常安閒。關了前門，鎖了後門，便成一個自由獨立的小天地。在這裡面由你選取甚樣風俗習慣的生活：寧波人儘管度寧波俗的生活，廣東人儘管度廣東俗的生活。我們是浙江石門灣人，住在上海時也只管說石門灣的土白，吃石門灣式的飯菜，度石門灣式的生活；卻與石門灣相去千里。現在回想，這真是一種奇妙的生活！

將京派和海派連結起來的人剛好又是魯迅。作為豐子愷的師長輩，魯迅走過太多地方，他已經不需要太多的心理調適。為了聲援北京女師大的學生，魯迅不惜與教育部徹底決裂，終於遭到教育總長章士釗「緊急處分」，撤銷了他賴以養家的公務員職務，而此時的魯迅早就能靠著寫文章過活，對這個早就不想幹的公務員也什麼好留戀的了，但是他和人論戰，從來也沒輸過，這一次對方竟然出動公權力來打敗他，讓他十分憤怒，所以親自上陣寫訴狀，把章士釗告上了法庭。

在中國，民告官向來是告不贏的，但這一次是魯迅這樣資深的「民」碰上了章士釗這樣的「走馬燈官」，章士釗雖然厲害，但很快就隨著自己的老闆段祺瑞一塊下台了，法院和教育部也樂得來個牆倒眾人推，最後判魯迅勝訴，恢復了魯迅的公務員職務。

魯迅打官司為的是一口氣而不是公務員職務本身，在重新得到任職的那一刻，他便決定辭職，在南方，有很多好朋友和大學在等著他去教《中國小說史》，他要告別公務員生涯，和失和的弟弟周作人一樣老老實實當個大學老師。

出乎意料的是，南方的大學都想盡了一切辦法來對魯迅這個大名人說「不」。他的耿直個性讓每個地方的既得利益者們都相當恐慌。魯迅當大學老師的願望到處碰壁，最後不得不乾脆放棄幻想，到商業大熔爐上海去當他的職業作家。

一九二七年十月，魯迅在秋風中來到上海，再次展開他的找房生涯，不過這次他再也不用像以前那樣操心了，他的新妻子和前學生——許廣平可以替他包辦一切。

初到上海，魯迅夫婦住在橫濱路三十五弄景雲里，他非常滿意這間房子，有足夠的讀書寫字空間，傍晚還可以到鄰居茅盾、葉聖陶、周建人家坐坐，親情友情歡聚，讓他得到了前所未有的溫暖。但是，這個地方有一個當時上海里弄常見的缺點：太過嘈雜。到了深夜，魯迅正要提筆寫字時，隔壁以及隔壁的隔壁往往傳來一陣陣搓麻將的聲音，讓他苦不堪言，中國歷來是麻將大國，而且胡牌的人通常會大聲敲桌，哈哈大笑，輸牌的人嘆息咒罵，一陣嘈雜，在市井氣息濃厚的上海，這自然是最平常不過的事了。

民初時上海灘的治安也讓魯迅嘆為觀止。他居住的景雲里竟然活生生上演了一起綁票事件，綁匪和警察發生槍戰，子彈打碎了魯迅的窗戶。從此之後，鄰居家的小孩竟然也有樣學樣，拿石頭朝魯迅的房子練習射擊，並且越是抗議就越變本加厲，終於鬧到被小孩在門上畫烏龜侮辱的地步。魯迅再也待不下去，只好再次搬遷，直到搬至中國新村才終於穩定下來，這也是他一生中最後一次找房子。

有很長的一段時間，魯迅總給人一種生活比較窘迫的印象，不過，有這種印象的人只要看看上海中國新村的魯迅故居就會改變想法了。因為中國新村是一處六十七坪大的三層別墅，還是由「建商」——中國銀行開發的商業住宅，現代化生活設施一應具備。

找到這棟房子雖然不需要魯迅費心，但還是要關心一下房租，他在日記裡一五一十地將支出詳細記錄了下來：

> 決定居於中國新村，付房錢四十五兩，付煤氣押櫃錢二十，付水道押櫃錢四十。

這裡有些奇怪的是結算單位不再是「元」，而是上海特有的「兩」，「兩」是上海海關關銀計算單位，一兩大約相當於銀元一元四角，這樣算下來，光是房租魯迅就要交六十三元，約合現在的十五萬多，按照當時物價估計，這個價錢可以在北京租兩個八道彎豪宅了。

魯迅怎麼會有這麼多錢租別墅呢？原來他的老上司和老朋友蔡元培已經替他準備好了一筆鉅款：「中華民國大學院特約撰述員」的工資。

幸虧魯迅辭去了北京政府教育部的工作，因為北京政府不久就因為北伐成功而倒台了，首都又回到了南京。正在這時，當年為魯迅找工作的蔡元培決定再度幫他在新成立的「中華民國大學院」找個工作。「中華民國大學院」也就是後來的「中央研究院」，魯迅不需要為這個單位做任何工作，也不需要上班，每月就能領到三百元大洋——這個數目足以讓他每個月在北京買一間房子，自然也夠支付上海的房租了。除此之外，每個月魯迅還能領到北新書局給他的版稅一百元和《奔流》雜誌編輯費一百元，再加上他在報刊發表文章的稿酬為每千字五至十五元，算起來魯迅每個月收入至少有五百元，比在北京做公務員時還豐厚，一間小別墅又算什麼呢？

保定——民國小城裡的生活

前往大城市生活的年輕人較為幸運，他們很容易便能在歷史的鎂光燈下露出青澀的面孔，有些人還能一舉成名，但每個時代都一樣的是，有更多人待在小城和鄉村，他們活在最自然的狀態中，大部分時間都感受不到現代文化的侵襲。雖然也有苦惱和悲痛，但他們擁有現代人再也無法找回的安靜和純真。

保定是一個最典型的華北小城：有足夠的小販在街頭販賣基本生活用品；有足夠的歷史，供街頭的老年人作為無盡的談資；郊區有一條河，不寬，但順流而下可以輕鬆到達天津，每天都有小木船載來新鮮的玩意；有一條一千年前就有的路，通往幾百里之外的北京城，但除了趕考之外，本地人很少到那裡去。

一個外國人從北京來到這裡，他驚訝地發現，這個小城裡的人完全沒有大城市居民那種焦慮和匆忙，他們十分幸福地生活著，面對他的陌生鏡頭也毫不在意。

下圖是保定清水河碼頭的老照片。河面窄得不像條河，但木船上專業的吊裝設備顯示出這裡是座成熟的碼頭。人家都在高聳的河岸上，行人三三兩兩悠閒地觀望木船上的人，一輛洋車停在岸邊，似乎等待著剛從天津歸來的有錢人。當然，也有很多小船來自不遠的白洋淀，那裡的農民把蘆葦編成席，運到保定出售。一張席能賣多少錢呢？我們已經很難知道，但從船夫安定的神情看，應當十分滿意這趟行程。

這個小城有很多廟宇，廟裡供奉著觀世音菩薩、關公以及歷史上的名醫們，建構起小城的信仰家園。是的，是「信仰家園」，而不是對某個神明的信仰。正因為信仰是如此世俗、富有家庭氣息，所以幾乎每間廟除了燒香做法事之外，都兼具菜市場的職能——這是中國所有公共場所的源頭。左頁下圖右是保定的觀音道場——「大

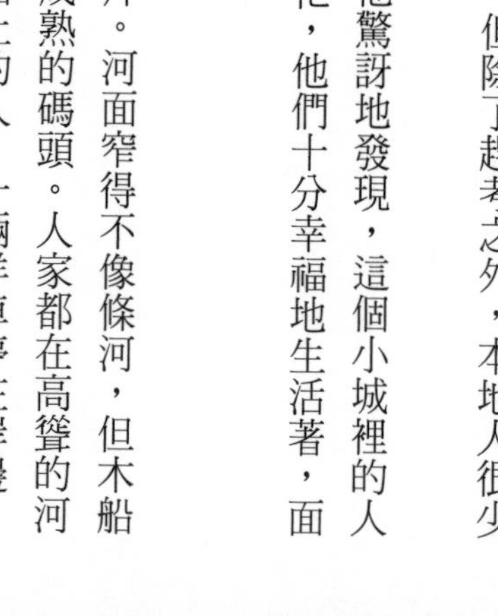

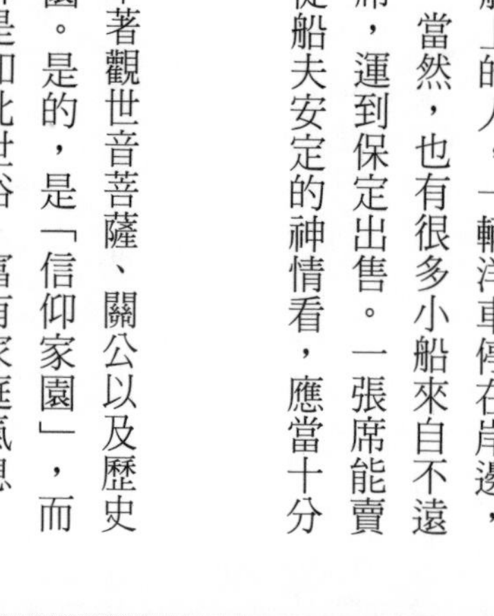

保定清水河碼頭的老照片

慈閣」前的「廣場」，也是菜市場。一對母子有些疑惑地看著鏡頭，他們也許在想攝影師為什麼會對這樣平常的生活感興趣。左頁下圖左是一個提著點心準備出門的保定人，他的長袍很新很合身，一看就是個體面人，身旁的大樹大概需要三、四個人才能環抱起來，顯示出這座房子的歷史。在將近千年的時間裡，不知道有多少年輕人從這個門口走出去，然後一天天慢慢變老。

請不要以為這個小城的人除了生活悠閒之外別無所長，實際上，此地居民的思想是全然開放的，在很多方面甚至比北京、上海等大城市更加自由。保定城接待過幾乎所有當時中國乃至世界級的思想家，聆聽過他們的演講，其中就包括二十世紀最著名的哲學家——英國人羅素。

一九二〇年深秋，羅素受北京大學校長蔡元培以及蔣百里等中國名流的邀請來到中國講學，其中重要的一站就是保定。擔任羅素翻譯的是趙元任——他也是中國唯一能夠勝任羅素翻譯的人，因為既需要流利的英、法語，又要懂得邏輯實證主義哲學和數學，同時還得熟悉中國各地的方言，擁有上述條件的人直到現在也仍然只有趙元任一人。巧合的是，趙元任就是在這個小小的保定城長大的。

一九二一年春天某日，羅素一行來到了保定，他在育德中學有一場演講。這個學校的學生中有劉少奇、李維漢、孫犁，老師中有曹禺、鄧中夏等人。他們後來的名氣遠遠超過了這所學校，但也足以證明小城保定思想上的蓬勃朝氣。

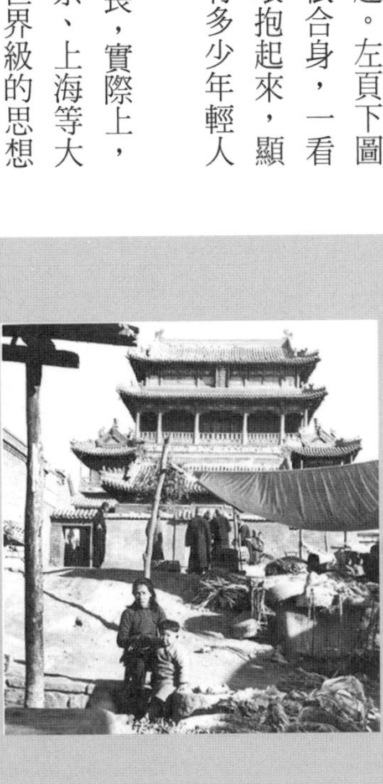
觀音道場前的母子

老保定——提著禮物

小城保定雖然已是春天，但天氣仍舊寒冷。羅素走進育德中學的大禮堂，中國特有的乾冷天氣讓他有些發抖，但是，作為一個英國勳爵，一個真正的英國紳士，他覺得進門後不脫大衣未免失禮，所以不管趙元任的苦勸，逕自脫了大衣。這個舉動自然讓他更覺寒冷。演講過後，羅素再也支撐不住，在這個熱情的小城病倒了。

羅素得的是感冒，但馬上就惡化成肺炎，當時這幾乎是不治之症了。巧合的是，當時另外一個知名哲學家，胡適的導師杜威也在中國訪問，他得知羅素得了肺炎後感到事態嚴重，連忙為羅素起草了一份遺囑，羅素也很清楚肺炎的嚴重性，在那份遺囑上簽了字。接連很多天沒有羅素消息的英國媒體突然得到羅素在遺囑上簽字的消息，認為羅素活不了多久了，性急的媒體竟然直接發布「羅素已經病逝」的新聞。

後來的發展，當然是羅素並未身亡——要不然誰去領一九五〇年的諾貝爾文學獎呢？在德國醫生精心照料下，羅素起死回生，重新恢復健康。小城保定和羅素的緣分就這樣以喜劇的方式結束了。

趙元任趁著擔任羅素翻譯的機會，重遊童年時居住的小城，如同每一個長大的遊子一般，他發現這個城市比他記憶中的保定小多了：

趙元任《我的生活自傳》：

保定育德中學和羅素

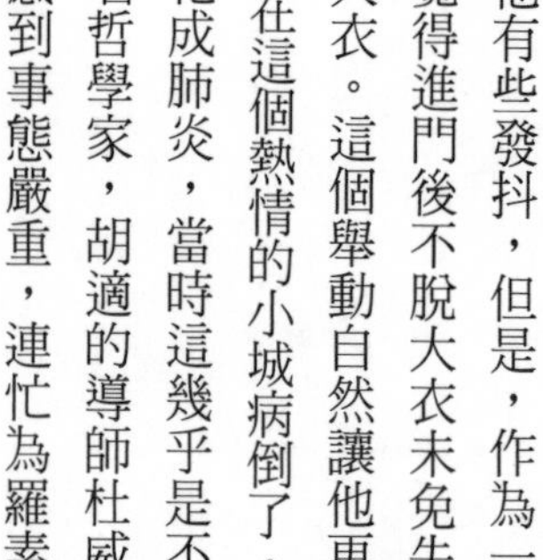

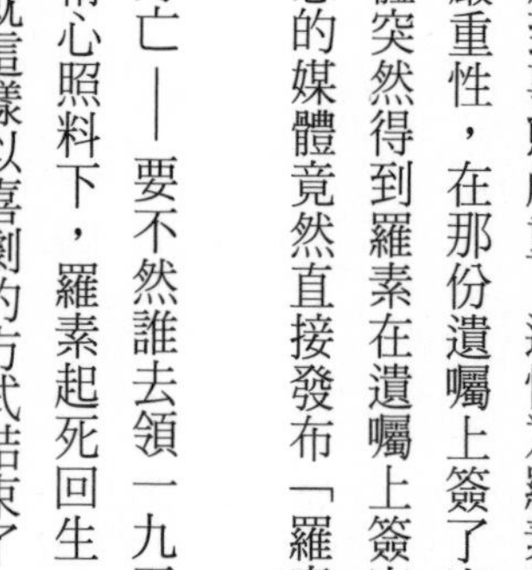

保定小城裡養鳥的老人。

北邊的房子都是平房，大一點的房子就是分幾個院子。在磁州、祁州、冀州衙門裡頭我們住家就住的裡頭的上房，還有師爺、帳房、教書先生們都住得外頭一點兒兩邊的跨院裡。沒有實缺，等差事的時候就住得保定。因為那時候保定是直隸省的省城。等北邊差事的人多半在那兒住家。我還記得我們在保定住的房子第一回是在元寶衚衕，第二回是在扁擔衚衕——不對！真的第一回在保定住的是穿心樓東，那還在磁州以前，我一點也不記得，是許多年以後大姊告訴我的。磁州以後在保定住的鐵面五道廟，然後下一回住的才是扁擔衚衕。元寶衚衕是常走的地方，可是壓根沒住過，我想。我老記著從前住的房子有多大，街道有多寬，兩頂轎子對面來都很容易過得過去的。可是小時候記得的東西的大小趕長大了再看見啊，就完全不是那麼回事了。後來有一年——是在一九二〇也不一九二一——我陪著羅素到保定去演講。我想我這回非得想法子找找我小時候認得的地方了。元寶衚衕、扁擔衚衕找倒是都找著了，可是看見了簡直不信。街怎麼這麼窄啊？牆怎麼這麼矮啊？這難道就是我從前常站得門口兒看他們做冰糖葫蘆轉糖人的那個大寬街嗎？這種經驗自然是許多人都有過的——沒準人人都有過的，後來我經過這樣事情也不止一次。可是我在保定看見扁擔衚衕變成了那麼小不點的一個弄堂，我又詫異又失望的簡直說不出話來。

保定自然一直都那麼小，它靜靜地看著年輕人從自己的胸膛中走出去。就像每一個民初的小城，需要很長時間才能真的變大，但變大的同時也慢慢消弭了身上的純真，成為只存在遊子記憶中的天堂。

趙元任在保定長大，從小就能說保定話，但這位語言學家終其一生也沒向大家展示過他的保定話，因為在當官人家庭中，說保定話是相當低俗的表現，即使會說也不好意思說。與之相反的是，在保定小城裡長大的另一個名人——馮玉祥，倒是無論走到哪裡都操著一口保定話，並且以此為傲，這大概是讀書人和下層莊稼人之間最關鍵的差別吧！

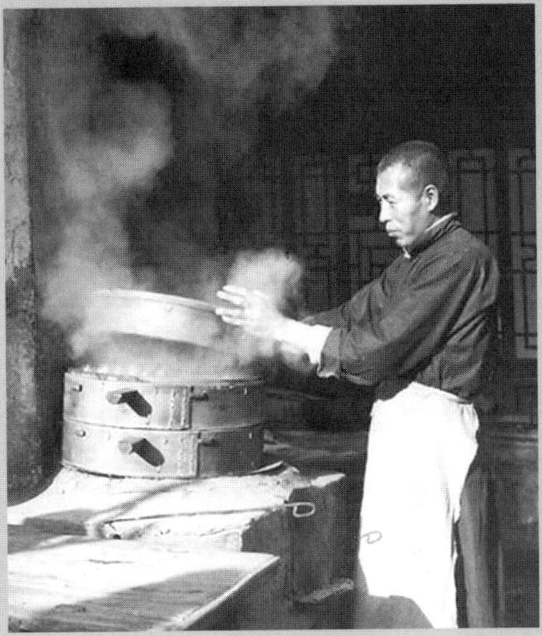
老保定的包子鋪，馮玉祥年輕時解饞的主要地點。

保定郊區的農田，馮玉祥年輕時就在這裡忙碌奔波。

馮玉祥祖籍安徽巢縣，但在直隸省（清朝時的河北省）青縣出生，從小和父母在保定郊區的康格莊長大，直到二十一歲才離開。為了和段祺瑞等皖系軍閥攀關係，他一直都說自己是安徽人，不過，他思鄉的對象仍是保定，包括對故鄉的所有依戀，例如方言、飲食習慣等。

一八八五年，馮玉祥的父母帶著幾個孩子在城東關外二里的康格莊定居。「康格莊」或「康各莊」是華北最常見的地名，實際上就是「康家莊」變音而來。最初，老馮家租了村西路南陳家兩家西房。房子很小，屋頂也很低，人在屋內想轉身都嫌困難。一個大灶台連著土炕，中間沒有牆壁，所以一生火就滿屋子是煙。後來，家裡終於省吃儉用積聚了一百八十吊錢，在康格莊南頭盤下一處葛姓的房子。這所房子一共七間，三間正房，兩間東房，另外還有兩間小房。馮玉祥有將近十五年的時間一直在此生活。成名後，馮玉祥仍然擺脫不了在家鄉買房的念想，於是在保定城裡的館驛街購置了房產，成為「馮公館」。後來他無論因公因私回到保定，都住在自己的私宅。

馮玉祥身材高大魁梧，是個典型的北方大漢，當時大多數河北漢子的主要娛樂是聽河北梆子、「哈哈腔」等地方戲。成了「大帥」的馮玉祥也一直保留這個嗜好。馮玉祥吃飯也偏愛保定地方風味。據說當兵的時候，一發餉銀他就會到南關平老靜餃子館吃頓牛肉蒸餃解饞。平日，最大的享受就是吃碗「牛肉罩餅」。一九二八年，他打敗奉軍後北上，到了保定便興高采烈地請高級將領吃自己晝思夜想的家鄉菜，並以讚賞的口氣問大家：「好吃不好吃？」眾人齊聲說「好」。他高興極了，一連幾天，讓部下頓頓吃「牛肉罩餅」。有的人吃膩了，實在是吃不下去了。馮玉祥見狀問為什麼，此人答說不愛吃牛肉。他一聽，連忙下令讓人換成「豬頭肉罩餅」。吃來吃去還是罩餅！

馮玉祥的父母親死後，都曾埋葬在保定，最初全葬在「安徽義地」。「義地」和「會館」同屬公益性質，後者是給活著的同鄉方便，前者是給逝去的同鄉方便。保定的「安徽義地」幾乎是亂葬崗，馮玉祥一直暗自想著替父母找個更好的墓地。一九二二年，他出任河南督軍後，在保定城的西北角買了五畝空地做為墳塋地，那裡柏樹茂盛，是天造地設的吉地。

一九二三年十月十三日晚間，這一天的保定是歷史上最令人心酸的一天。「封疆大吏」馮玉祥和哥哥抱了幾堆茅草，在安徽義地的亂葬崗中住下，他們沒有通知自己近親之外的任何人。第二天凌晨兩點半，兄弟二人起身動手起墳。六點半，棺木起好，大哥在前面打幡，馮玉祥親自抬槓，將父母棺木抬至新的墳地安葬。直到遷墳完畢，保定人才知道這一消息。當時，大軍閥曹錕正駐節在保定，得知消息後連連嘆息，並責問馮玉祥為什麼不打聲招呼。實際上，馮玉祥沒有通知官方任何人，更沒有接受任何人的饋贈，以一個平民的身份辦完了自己家庭的一件大事。這種獨一無二的平民性格是混跡官場的老官僚們永遠無法懂得的特質，也是保定這個小城在馮玉祥身上留下最好的教育。

民國的「釘子戶」

民初也有「釘子戶」嗎？當然有，因為凡是有拆遷必然就會出現「釘子戶」。不過，民初沒有什麼「建商」，「釘子戶」抗爭的對象都是當權的人。

民初頭號釘子戶是蔣介石的一位鄰居，之所以擁有「頭號」地位，就是因為他直接向蔣介石說「不」。蔣介石發跡之前，本來是浙江奉化溪口鎮的一名普通青年，他所屬的蔣氏家族雖然有些勢力，但在他家這個小分支來說，並無任何優勢可言。甚至一直有傳言說蔣介石本來不是蔣家的人，而是母親從外鄉帶來的「拖油瓶」，傳言真假姑且不論，蔣介石家沒什麼資產則是貨真價實。

蔣介石年少時，蔣家就舉行了一次「大分家」，分成的各個小家還各自冠以歷代的朝代名稱，例如

「夏商周」等等，蔣介石這一支稱「豐鎬房」。「豐鎬房」這名字雖然響亮，其實也不過分到幾間小房子而已。

一九二七年，蔣介石成了北伐的功臣，全國統一的「領袖」，自然要衣錦還鄉。當年他備受族人冷眼，這次決心要好好在他們面前威風一下。要證明自己的實力，最好的方法就是蓋房子，但自己的老家混雜在眾多小房屋之中，想擴建也擴不了多少，如果責令族人全數搬離，不是做不到，但自己恐怕要落下罵名。後來一想，反正自己錢多得是，索性在別的地方蓋了一大片大樓房，請自己的鄰居們到樓房去住，好大肆擴建自己的「豐鎬房」。

蔣介石的鄰居得了好樓房住，離老家又不遠，個個歡呼雀躍，即使有不痛快的，懾於自己這位小老弟的淫威也是毫無辦法。但是，偏偏是蔣介石最鄰近的鄰居「周順房」不肯搬。這個周順房的主人論輩分還是蔣介石的堂兄，他從小看著蔣介石長大的，現在蔣介石發達了，他也沒覺得蔣介石有多了不起，於是就當起了「釘子戶」。

蔣介石還以為所有族人都會對他感恩戴德呢，誰知道竟然出了個釘子戶，還是自己的緊鄰，趕緊增加拆遷補償款，但這個釘子戶並不是想多訛一點補償款，也不是想回遷時多拿幾間房子，而是出於風水因素，不想把自己的風水讓給蔣介石一家。蔣介石動用了種種手段想讓這位釘子戶堂兄改變心意，但都無功而返，最後實在逼急了，堂兄提出了一個妥協條件：要蔣介石親自來見我！說不定我會答應。蔣介石聽了這個條件，苦笑一聲。自己已經貴為國民政府主席，為了一個釘子戶的事情出面求人，未免有失格局，於是只好揮揮手說算了。

結果，釘子戶的房子保住了。蔣介石的大房子蓋得富麗堂皇，唯獨在周順房這裡凹進去一大塊。周順房大獲全勝，成了釘子戶界的頭號人物。

蔣介石面對的釘子戶還算講理的，但民初時期貴州省主席楊森遇到的釘子戶可是大有來頭。

一九四〇年代，楊森在貴州擔任省政府主席，貴州這個地方從來就是山多地少的窮地方，俗話說「要想富、先修路」，楊森也明白這個道理，提出了「建設新貴州」的口號。修路自然是要大拆大建的，因此釘子戶也是層出不窮，但那時各級政府有得是辦法，很多釘子戶還沒抗議就已經安撫下來了。

楊森經常到各縣察看公路修築進度。有一次，他到龍里縣檢查，縣長朱崇仁向他報告：這裡的公路要從國民黨空軍第五軍區司令晏玉琮家的田裡通過。晏玉琮的嫂嫂晏二嫂是當地有名的「潑婦」，在這一帶誰也惹不起，她幾次拔掉測繪人員安插的修路標杆，還曾經打了測繪人員，築路工程已然停擺。

楊森聽完彙報後非常氣憤，心想這個釘子戶也太囂張了，他對朱崇仁訓斥道：「你堂堂縣長怕這樣一個女人幹啥？這又不是打仗，如果她敢叫晏玉琮把飛機開到縣衙門上空丟炸彈來炸你，我就算她本事大！」朱崇仁大喜，他要的就是上層的直接干預，一聲令下把「晏二嫂」抓了起來。這個釘子戶既然有背景，哪肯善罷甘休？家裡緊急向晏玉琮報告，晏玉琮聞訊後，急忙派祕書到龍里縣找朱崇仁交涉，要求趕緊放人。縣長兼「都更主任」朱崇仁已經有尚方寶劍在手，還怕這個？於是大義凜然地回答說：「路修好了就放人！」縣官不如現管，晏玉琮也沒辦法，好在他在老家總是有些面子的，最後托了好多人出面講情，在保證晏二嫂不再破壞修路後，才把她弄回家。

修路畢竟是公益事業，當這樣的釘子戶有些說不過去，所以朱崇仁採取了強制手段似乎也沒什麼問題。其實，釘子戶本身也是最終受惠最多的人。路修成之後，晏玉琮回到龍里家鄉，特別找到朱崇仁說：「朱縣長，我這次回來不是找你算帳的，是專程來向你道謝的。過去我從貴陽回家，每次都要顛顛簸簸坐三天滑杆，現在公路通了，只坐半天汽車就到家了，公路修得好！」朱崇仁聽了哭笑不得，既然如此，當初何必讓家人當釘子戶呢？

第二章

住。在民國（二）：

那些名流們從「會館」到「公館」的奮鬥記

※紹興會館的「虐貓」人
※績溪會館的高考考生
※湖廣會館——給宋教仁兩記耳光
※最美麗的監獄——宋子文公館
※汪精衛公館——館如其人
※溥儀——從皇宮到公館
※段祺瑞公館——高品質公館裡的低品質生活
※奉天大帥府——令人哭笑不得的張公館建案

「會館」和「公館」是最具民初特色的房屋類型。一個有點能力的人到大城市闖天下，往往先在家鄉人建的「會館」住下，努力一步步高升，最後擁有自己的「公館」，這是民初時期標準的生涯進路。

全中國會館最多的地方莫過於北京，北京曾經需要經常接納全國各地的舉人來京考試，於是各地的「會館」就成了不可或缺之物。「會館」和現在的「駐京辦事處」有些類似，但性質完全不同。「駐京辦事處」是官方機構，「會館」則完全是民間組織，是替地方上草根人物準備的免費或廉價暫住地。

紹興會館的「虐貓」人

在民初文化史上，有名的會館很多，其中尤以魯迅和周作人兄弟住過的「紹興縣館」名氣最大。後代人的印象中，這對兄弟的關係很緊張，但實際上他們生命中大部分時間都是十分親密的，而這段親密時光的見證者正是「紹興縣館」。

魯迅入住八道彎豪宅之前一直住在紹興會館，時間長達七年。這七年是魯迅最沉默的七年，大部分時間都默默做著他的教育部公務員，直到弟弟和全家人來京，這種生活才打破。如果沒有二弟，他也許會在這裡一直住下去，那樣世上也許就只有公務員周樹人而沒有魯迅了。

住紹興會館對紹興人來說是最省錢的辦法，很多人都想來這裡住，以至於後來鬧得會館裡人聲喧雜，魯迅不堪其擾，只好使出絕招——住鬼屋。紹興會館裡有很多院落，其中一個「補樹書屋」怎麼也沒人願意住，因為這個院子裡的大槐樹上曾經有女人上吊，院子很早就成了「鬼院」。「鬼院」雖嚇人，但實在安靜，魯迅向來不懼怕「鬼神」之說，住在這裡對他來說是最合適不過了。

安靜帶來舒適，但也積累寂寞。好在周作人後來也從日本過來和他同住「鬼院」，生活才不那麼百無聊賴。兄弟二人在這裡共同會客、共同寫作，更精彩的是還經常共同打貓——民初時期，流浪貓就已經是一個城市問題了：

當這些時候，我便要用長竹竿去攻擊牠們。

魯迅《狗．貓．鼠》：

牠們交配的時候，手續竟有這麼繁重，嗥叫鬧得別人心煩，尤其是夜間要看書，睡覺的時候。

魯迅曾承認自己童年時有「虐貓」的經驗，起因是他以為貓吃了他養的小老鼠。這種行為在當今世界一定會成為網路鄉民攻擊的對象，但好在成年的魯迅早就不「虐貓」了，他討厭的是流浪貓交配時發出的那種淒厲叫聲，在對待這種聲響的問題上，兄弟二人的「政治」立場是完全一致的，那就是「打」：

周作人《知堂回想錄》：

那麼舊的屋裡該有老鼠，卻也並不是，倒是不知道哪裡的貓常在屋上騷擾，往往叫人整半夜睡不著覺，在一九一八年舊日記裡邊便有三四處記著「夜為貓所擾，不能安睡。」不知道在魯迅日記上有無記載，事實上在那時候他大抵是大怒而起，拿著一枝竹竿，搬了小茶几，到後檐下放好，他便上去用竹竿痛打，把它們打散，但也不長治久安，往往過一會又回來了。

這可能是兄弟二人唯一聯手進行過的「革命」戰鬥，只可惜革命實在不夠徹底，作為敵人的貓完全沒被打敗，照樣在樹蔭下的紹興會館繼續發情。

績溪會館的高考考生

如同紹興一般，幾乎每一個大縣都有自己的會館。不管是何方神聖，到了北京來幾乎總要到會館裡走一遭，尤其是那些同鄉觀念很重的人。名滿京城的「我的朋友胡適之」更是此中最有鄉情的人。

胡適出身安徽績溪。胡適青年時期，國家雖然還是大清帝國，但科舉已經廢除，似乎沒有多大機會能前去北京，但巧的是科舉雖廢，「公費考試」卻誕生了。這是一九一〇年的一次庚款留學考試，中試者可以自由選擇到美國任何一所大學就讀。胡適正好抓住了這個機會。他千里迢迢從上海趕到北京應考，下榻之處正是位於北京西城上椿樹頭條一號的績溪會館，這裡也是他父親當年進京趕考入住的地方。

住在績溪會館那時他還不叫「胡適」，而是「胡洪騂」。然而「胡洪騂」知道考試科目後認為自己肯定考不上，怕放榜後讓同鄉笑話，於是改名為「胡適」報名，從此以後世界上才有了「胡適」。那個讓胡適望而卻步的考試科目是什麼呢？請看下表即可知道，這些科目恐怕放到現代也仍是讓人心虛的：

胡適參加的庚款留學考試科目

考試時間	科目一	科目二	科目三	科目四	科目五	科目六
第一天	國文	英文				
第二天	代數	平面幾何	希臘史	羅馬史	德文或法文	
第三天	物理	植物	動物	生理	化學	三角

第四天
立體幾何
英國史
世界地理
拉丁文

胡適到達北京時，只剩下半個月時間準備這些對他來說和天書差不多的課程。半個月，就算神仙下凡也來不及準備。

無論從哪方面來看，胡適都毫無考上的希望，但是胡適的運氣簡直好得讓人想像不到。第一場是「國文」考試，只出了一道作文，就是要考生根據「不以規矩不能成方圓」這句話來寫一篇文章。按照一般審題思路，這當然是讓考生寫一篇「議論文」，講一點大道理。以胡適的聰明才智，他應該不會蠢到連這一點都搞不懂。但是，這次考試對他來說靠常規做法已經毫無希望了。他知道自己在後面的科目無法拿到多少分，於是狠下心來大膽豪賭一把，反其道而行，主動犯下「審題錯誤」，用自己擅長的領域切入題目。最後，他把作文寫成了考證「規」和「矩」這兩種儀器在中國歷史上出現年代的文章。第一句是這樣寫的：

矩之作也，不可考矣。規之作也，其在周之末世乎？

這句話的意思是說，現在無從考證尺是何時出現的，但圓規應該是在周朝末年時出現的吧！

這是典型的考據文章破題，口氣還挺大。但問題是考題根本不是要你這樣寫！胡適完全放開了寫，有模有樣地把他所謂的「證據」擺了出來。他先舉了周朝的數學書《周髀算經》中畫圓的方法做例子，因為這個方法沒用到圓規，所以他推論說當時的人還不懂用圓規畫圓。然後又舉孔子說過的一句話「從心所欲不逾矩」來證明孔子時代沒有圓規，要不孔子怎麼不說「從心所欲不逾規」呢？到了孟子時代，孟子說過一句「不以規矩不成方圓」。這就顯然說明孟子時代已經有圓規了。

這些考證的小伎倆都是胡適的強項。他洋洋灑灑，下筆千言還不止。他的論證過程當然是漏洞百出，不過預示了胡適將來的研究方向——考證。當然，這畢竟是考試，重要的是「考證」本身做得很像一回事，而非考證的結論正確與否。

天可憐見！胡適這一把竟然賭對了！這場考試的閱卷人恰好也是一位和他臭味相投「考據癖」！胡適這一頓考證簡直鬧得他的心都癢了，毫不猶豫地給了滿分一百分。這個分數讓他這個「吊車尾」一下子有了保險。

當然，閱卷時胡適肯定還不知道自己的分數，後面各個科目他可以說是考得一塌糊塗，這位未來的北京大學外文系主任，英文才考了六十分，其他科目則都不及格。或許胡適自己都準備打道回府了，答題答成這種樣子，丟人都丟不起啊！

考試放榜的地點選在北京城的「史家衚衕」，這裡距離胡適下榻的績溪會館有點距離，便叫了一輛洋車去看榜。他出發得有些晚，到史家衚衕時天已經黑了，胡適跟洋車夫借了一盞燈，從榜上小字中尋找自己的名字，他還幻想著自己能考上，畢竟他還是賭了一把，像所有的賭徒一樣不肯放棄最後的一點希望。他很有自知之明地從榜單最後面找起，因為就算自己考上了，名字也不會出現在前十名。可惜的是，他把榜單看完了還沒發現自己的名字！他幾乎都要哭了，可是抬頭時卻發現榜單標題上寫著「備取」兩個字，原來那是預備

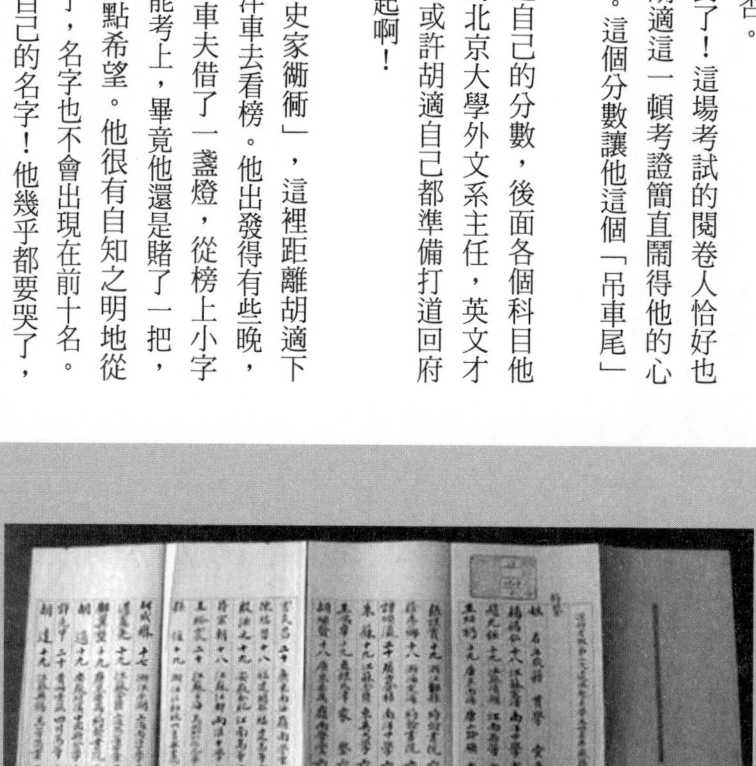

庚子賠款留美考試正式錄取名單

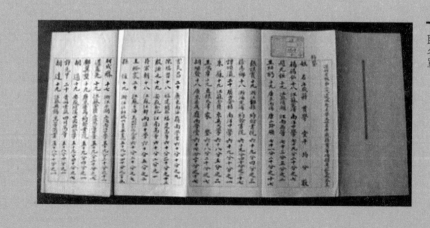

錄取名單！他還沒哭就又笑了，心頭又燃起了希望。

他捂著怦怦直跳的心再去看「正取」的榜單，沒過幾行就發現了自己的名字「胡適」，他高興得簡直要跳起來！不過借著那盞燈的光又仔細一看，竟然又錯了！原來是「胡達」！這兩個字簡直太像了！胡適氣得都要罵街了，這麼小一個考試，竟然還有人和自己的名字寫起來這麼像的，這不是在找碴嗎？不過，沒過多久他終於找到了自己的名字——「胡適」，就在那個「胡達」旁邊不遠處。

胡適在五百多名考生中最終以排名第五十五位錄取。「胡適」這個臨時姓名也跟著成了永久姓名。胡適從美國留學歸來後，這個名字成了北京城最時髦的名字。胡適和績溪會館的感情十分深厚，後來乾脆當上了績溪同鄉會會長兼績溪會館董事，讓小小的績溪會館成了當時會館中最神氣揚揚的一間。

湖廣會館——給宋教仁兩記耳光

紹興會館、績溪會館都只是縣級會館，更多驚心動魄的大事多發生在更高級別的會館之中。老北京會館裡面最奇特的當屬湖廣會館，這個會館招待的是湖南湖北兩省的人，可謂「跨省」大會館了。

經過修復，煥然一新的北京湖廣會館

湖廣會館在北京城諸多會館中一躍而起成為龍頭老大，主要原因是中國近代史的主角成了湖南人。湖廣會館的崛起完全是「湖南崛起」的縮影。第一個大名鼎鼎的湖南人自然是湘軍首領曾國藩，他出巨資將家鄉會館修繕成比王府還要氣派的大型會所，這個會所的名聲越來越大，後來竟然到了不到湖廣會館就辦不成大事的地步。

民國以前的各個朝代，如果中國人大量聚集，有兩種可能：一種是聚在一起向皇帝磕頭，一種是趕集上廟會，幾乎不會像古希臘人那樣聚在一起開會聽演講——一旦這樣做就意味著要造反了。所以，當近代民國人物的民主意識覺醒時，他們發現自己的國家和城市沒有任何地方可以讓他們在世人面前像模像樣地舉辦集會。

湖廣會館自然並不是為了讓大家開會而建的，但它卻有得天獨厚的條件：大戲台。當曾國藩們要炫耀湖南人的實力時，唱戲是不可或缺的。湖廣會館的大戲台配得上任何一個名角，戲台下的空間也容得下大群戲迷，晚清至民國所有名角都在這裡亮過相。

湖廣會館很快就從大戲院搖身一變成為梁啟超、孫中山等人演講的場所。梁啟超和孫中山恰巧都是廣東人，他們講話時濃重的廣東口音讓人們聽得相當吃力，只好屏住呼吸使勁聽，這無形中又增加了演講本身的莊重氣氛。孫中山應該很喜歡這個從戲曲舞台轉變而成的政治舞台，很快地他就在這裡辦了一件大事——成立國民黨。

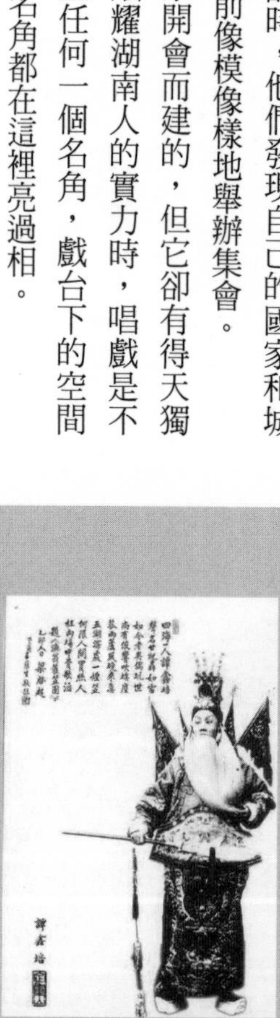

京劇泰斗譚鑫培演出照，梁啟超在湖廣會館辦壽宴的時候請他唱「堂會」，譚鑫培趁機請梁啟超為自己寫了一首詩題在上面。由此可以看出湖廣會館也是各階層民眾天然的交流平台。

一九一二年八月二十六日，孫中山剛把大總統的職位讓給袁世凱，但他的政治雄心還在，決心用西方民主政治的那一套和袁世凱繼續爭高下，首要任務自然是成立政黨，他和黃興一起把大大小小的「革命黨」召集起來，成立「國民黨」，這一天就是國民黨成立大會。

也許是準備不足，也或許是中國人從來沒唱過這種高級的政治大戲，國民黨的成立大會遠遠不能說是「團結的」或者「勝利的」，因為大會的主持人、國民黨的重要人物宋教仁一上台就被打了！

宋教仁被打可不是袁世凱的陰謀，而是自討苦吃。大會第一項提議是討論通過國民黨黨章，因為事情倉促，革命黨們顧不上起草黨章，竟然拿了英國人的現成黨章過來大抄一番，愚蠢的抄襲總會露出馬腳的，尤其是當時英國人根本就不允許女人參與政治，國民黨高層竟然把這一點也弄到黨章裡來了，這下子踩到了大家的痛腳，國民黨可是有很多娘子軍的，這些女革命家出生入死多年，到頭來落得這個下場，豈能善罷甘休？娘子軍首領唐群英、沈佩貞、伍崇敏一擁而上，到了由戲台改成的主席台上，揪住宋教仁便大聲質問，斯文的宋教仁哪見過這種陣仗？一時間嚇傻了，也說不出個所以然來，娘子軍們怒火更盛，在宋教仁的小白臉上賞了幾記響亮的耳光，會場在哄笑和喧嘩中一時大亂。

如果我們看過現在立法院裡打架的場面，我們一定會慨嘆這種打架是有傳統的。有人要問：難道孫中山就會眼睜睜看著自己的同志在媒體面前這樣大打出手嗎？當然不會，但巧的是孫中山剛剛出去了，等他回來時，事情已經無法收拾，在孫中山的苦心勸解下，娘子軍們憤憤下場，會議組織者沒辦法，只好請孫中山演講來壓住會場混亂的氣氛。孫中山最喜歡演講，於是慷慨激昂地講了起來。工作人員趁機分發並統計選票，力圖搶在演講結束前將選票統計完畢。這場演講可能是孫中山一生中最長的演講，因為有好幾次他想結束都被工作人員扯住衣角及時制止了——因為選票還沒統計完！當講得實在沒什麼好講的時候，他只好用喝水和擦汗來拖時間。

中國政治史上第一次重要的民主選舉就這樣在湖廣會館的舞台上結束了，從現代的眼光看，這次選舉簡直比唱戲還精彩。國民黨理事的選舉結果是：

孫中山（一千一百三十票）、黃興（一千〇七十九票）、宋教仁（九百一十九票）、王寵惠（九百一十五票）、王人文（九百〇九票）、王芝祥（七百九十七票）、吳景濂、張鳳翔（各五百七十八票）、貢桑諾爾布（三百八十四票）。

孫中山自然高票當選，宋教仁也成績不差——這充分說明了讓娘子軍賞幾記耳光並不是一件壞事。票數吊車尾的是貢桑諾爾布，這是一個相對陌生的名字，因為他是內蒙古的王爺。連王爺都來加入國民黨，可見中國進步的大勢已經不可阻擋了。

最美麗的監獄——宋子文公館

北京的會館是近代民國人物們的起家之處，而一旦他們有了影響力，就要到「公館」去享受權力、名譽和財富了。一般來說，得勢的人通常住在南京，失勢的人大多住在天津，一樂一苦，但生活水準都是很高的。

南京大概是民初公館最多的地方，因為中華民國政府的國都隨著蔣介石的得勢而遷到此處。與住會館時的寒酸相比，民初大員們到了南京大都選擇買地蓋樓，這樣才能按照自己的意願設計房屋結構，特別是那些歐美風格的生活用具，如煤氣、浴室等，在老舊的四合院中是無法使用的。

如果把民初新貴們的公館與當今時代的「別墅」相比，我們會發現只有民初公館才配得上「建築」這個名字，因為它的一磚一瓦都花了特別的心思。所有公館中，宋子文公館可謂是公館魁首——它既沒有軍閥暴發戶們的俗氣，也沒有買辦商人的奴氣，和宋子文哥倫比亞大學博士的身份十分相稱。

宋子文公館位於南京雞籠山下的北極閣一號，始建於一九三三年宋子文擔任國民政府財政部長期間，由基泰工程司楊廷寶建築師設計，陶馥記營造廠承建。建築面積兩百一十七點八坪，公館高三層，鋼筋混凝土結構，平面呈曲尺形，依山而建，錯落有致。

宋公館的地基用巨大的石頭砌造，光看外觀便顯得非常堅固；上面兩層樓房用磚砌，表面採用彈塗工藝粉刷，這個工法讓建築增添了立體感。公館最為特別之處是其屋頂，酷似農家茅草屋的屋頂，當年有好事者以為是真的茅草蓋成，還謠傳那是宋子文從墨西哥專門買來的茅草。其實，宋公館的屋頂當然不是用茅草蓋成，而是用進口白水泥拌黃沙鋪在荻蘆上蓋成，上下共有三層，每層厚兩公分，最上面一層造成蜂窩狀，所以給人一種類似茅草屋的錯覺。這種特殊的屋頂處理工法，具有隔熱、保溫、防火、防雨水滲漏等功效，而且能夠保持室內冬暖夏涼。據說，因為夏天時住在裡面極其涼爽，宋子文的妹妹宋美齡經常到這裡借住。

宋公館的外表雖然簡樸，但室內裝飾頗為現代化，是當時私人建築中唯一安裝空調的房屋。這當然是一個美國博士、國家級富豪、

南京宋子文公館。

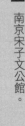

民初時期財政部長公館所必備的條件。

正如同每一個公館都上演過許多齣民初政治大戲，宋子文公館也逃脫不了歷史的巧妙安排，這所公館的客人之中，最倒楣的是張學良——他是唯一被迫來這裡做客的人。

一九三六年西安事變爆發，令中華民國財政部長宋子文極其難堪，因為被捉的蔣介石是自己的妹夫，捉人的張學良是自己的摯友，從哪方面說他都應該從中斡旋，以致於事變後全中國最忙碌的地方就是這座宋公館。

國民黨內何應欽主張要打，宋子文和妹妹宋美齡主張要和，雙方爭執不下，但最終還是由宋子文一派佔了上風，宋子文飛赴西安，大力促成張學良放蔣，放蔣其中一個重要條件，就是宋子文以自己的信用向張學良擔保，將來蔣介石不會秋後算帳。張學良信得過宋子文，就像信得過自己一樣，他隻身送蔣介石回到南京，以為一下飛機就能和宋子文喝酒聊天去了，沒想到蔣介石馬上就翻臉——立刻扣押張學良，並判處二十年徒刑！

「國舅爺」宋子文這回可慘了，這意味著他的個人信用完全破產，他幾乎沒臉再見張學良，唯一能做的無非是把張學良的軟禁地點改在自己的公館，這就是張學良被迫到宋子文公館做客的緣由。

宋子文的後半生一直在這樣的愧疚中，也許是為了彌補，他成了張學良對外對內一應事務的志願經辦人，包括找醫生替張學良的元配夫人于鳳至治病、協助張學良處分東北的家產、替張學良夫婦買菸買鞋襪等雜七雜八事項。而且，這種愧疚終於在一九四九年爆發，轉移成對蔣介石的憤恨，讓他一怒之下離開了蔣介石政府，到美國當起了寓公。優雅的宋公館從此告別了他的主人，成了南京市的一道風景。

汪精衛公館—館如其人

與宋子文公館的傳奇經歷相比，汪精衛公館的歷史更為奇特，甚至可說是黑色幽默的地步。

汪精衛在國民黨內是僅次於孫中山的元老，甚至是孫中山遺囑的起草人和見證人，但可惜一輩子都沒能鬥得過他後來的小同志蔣介石。對他來說，刻意凸顯他和孫中山的關係是他的基本政治手段之一，因此，他把自己的公館建在了中山陵的大門外，這是一棟豪華的官邸，建有當時公館中相當少見的游泳池，可惜的是，這個公館太短命了，抗日戰爭一爆發就被日軍炸毀。不知道家園被毀是否刺激了汪精衛，但他後來當漢奸時顯然沒惦記日本人這個仇，當他以「國民政府代理主席」的偽身份回到南京時，早已把這些往事忘得一乾二淨了。

汪精衛自己可能也預料到當漢奸的日子不會很長，所以回到南京後並沒有為自己蓋新的大房子，在這種情況下，他手下那些精於拍馬屁的人就有機會了。汪精衛的「乾連襟」，同是大漢奸的褚民誼把新的「汪公館」送來了。之所以叫「乾連襟」是因為褚民誼妻子是汪精衛妻子陳璧君母親的養女，算是八竿子打得著的「乾姐妹」。

南京市頤和路三十四號為汪精衛公館原址。

褚民誼將自己的公館騰出來讓給汪精衛。過去的大才子汪精衛大概不會喜歡這個不大協調的建築：高高的樓房，狹窄的院子，到處是白色和純粹的幾何形狀，怎麼看都給人一種格局太小之感，但汪精衛總要給自己的「乾連襟」一點面子，笑納了這個有些呆板冷酷的公館。這個公館果然並沒有帶給他任何好運，因為他當漢奸沒多久就得了名為「多發性骨髓腫」的不治之症，享受傀儡「國家元首」的風光生活時間並不長。

可笑的是，汪精衛死前仍妄圖把自己和孫中山永遠聯繫起來，找人將自己的陵墓修在中山陵的陵區裡，並且為了防止必然會發生的報復行為，整個墓都澆築了厚厚的混凝土。

抗日戰爭勝利後，軍民們怎能放過羞辱汪精衛的機會呢？在蔣介石授意下，何應欽下令毀掉汪精衛墓。軍隊出動工兵，用了一百五十噸炸藥才把這個堅固的墓炸開，並立刻焚毀汪精衛的屍體，做到了讓他「死無葬身之地」。

生前的公館被日本人炸毀，身後的墓葬被蔣介石炸毀，汪精衛「住所」的命運實在是太差了。

溥儀——從皇宮到公館

與民初人物「從會館到公館」的人生進程恰好相反，末代皇帝溥儀的人生進程是「從皇宮到公館」，雖然目標都是公館，但一個下坡一個上坡，不可同日而語。

民國的興起史就是溥儀的衰落史，民國進一步，溥儀就退一步，就好像一面鏡子似的。一九二四年十一月五日，在馮玉祥軍隊以「開炮」為威脅的情況下，溥儀匆忙離開了故宮。皇帝本來以故宮為家，

溥儀在天津張園會見加拿大總督。

一旦離了宮，竟然不知道哪裡算是家，成了無家可歸的人，只好暫時回到自己出生處——醇親王府落腳。亂世之中，皇帝一旦離開了宮殿，頓時便成為各方爭搶的棋子，因此沒過半年，溥儀又陰錯陽差地被日本人挾持到了天津。

溥儀來到天津後，對外的官方說法是清朝遺老張彪將自己的府邸貢獻給以前的皇帝，實際上這都是欺人之談，因為就在前不久張彪還恭請孫中山入居同一所宅子，只可惜孫中山只住了二十多天就離開了，再也沒回來。溥儀的「內務府大臣」紹英在日記裡將這個祕密記錄下來：

《紹英日記》：

聞赴津之舉惟羅振玉一人知之，所租張園系朱汝珍代為租定，蓋已付款也。

張彪之於溥儀，基本上還是房東和租戶的關係，只不過沒那麼明目張膽罷了。不過，張園的確是天津數一數二的大宅，不管是供民國大總統住還是給末代皇帝住，都算是恰如其分了，當然，對溥儀來說，規格再高的宅邸也沒有故宮高，他人身不得自由，也顧不得講究這些了。

張彪雖然要求自己當年的皇帝交租金，但想必私底下總有些折扣的，所以這對張彪來說仍有著奉獻的意涵。到了張彪一命歸西時，他的兒子對這位前皇帝可沒有這種奉獻的情感，溥儀也識相，很快又搬到了離張園不遠的「靜園」。

靜園本來的名字是「乾園」，是北洋政府駐日公使陸宗輿的公館。溥儀來到這裡後改名為「靜園」。人們都猜測他的意思是「靜觀其變」，其實樹欲靜而風不止，溥儀在靜園可謂是內外交困，內部是他和「淑妃」文秀離婚了，這是中國皇帝的獨一無二的離婚事件，外部則是日本人總想找機會把他弄走，去當「滿洲國」的皇帝——這在一九三二年終於發生了。

段祺瑞公館——高品質公館裡的低品質生活

天津是政壇成功人士們的傷心地，不光是溥儀。那些在北京失勢的人經常到天津來暫避，一方面可以在極度娛樂化的天津城找些樂子，二來可以借各國租借地的庇護以便東山再起。段祺瑞就是其中的典型。

段祺瑞在北洋政府中幾經起落，是個相當有韌性的政客，而每當他「落」的時候都「落」在天津，皆因為天津離北京近，他可以隨時找機會重新起來。段祺瑞在天津的兩處寓所都在租界地內。早期住在義租界二馬路（今河北區民主道）二十號，是一所別墅式住宅，二層樓房，院內有車庫，屬義大利建築風格。後來段祺瑞將此宅賣給了張廷諤（曾任天津市市長）。段的另一處住宅坐落在日租界宮島街（今天津市和平區鞍山道三十八號，即和平區教師進修學校）。此為庭院式建築，建築居中央，周圍是庭院，建成於一九二〇年。屬於大型私人別墅，樓高三層，頗為龐大，磚木結構，並有地下室。入口的高台階以上有迴廊圍繞樓宇，房間高大，裝修雖不豪華，但整體氣派、

天津靜園內景，溥儀在天津的第二個住處。

大方。建築物頂部中央突出成圓形，好像為這幢樓戴上了一頂古典的桂冠，屬於歐洲折衷外廊式建築風格。

所有住在高級公館的大人物裡，段祺瑞算是較為清廉正派的——這似乎和他的軍閥身份不大符合，但卻是鐵一般的事實。段祺瑞喜歡吃素。作為軍閥，他在政治上是一個真正的「老虎」，對待老百姓殘酷，但對他自己也同樣殘酷。他還有一個外號叫「六不總理」，這「六不」的內容是：不抽、不喝、不嫖、不賭、不貪、不佔。這個標準在腐朽不堪的清政府和民國政府中實在是太高了，甚至算得上是「聖人」級的標準。段祺瑞不僅這樣說，當然也這樣做了，尤其是吃素一條，他不僅是吃素，而且只吃低劣的食物，以至於他的家人從來不和他一起吃飯。這樣清教徒式的生活方式最終奪走他的性命。晚年時，他的身體已經非常虛弱，但他寧死也不願破葷戒。

段祺瑞不收禮，卻也不能禁止別人送禮。但他只會在最親近的下屬和友人送來禮物、卻之不恭時，才從禮物中挑選一、兩樣最不值錢的東西留下，餘者則悉數退還。當時的江蘇督軍、後來成為漢奸的齊燮元曾送給段祺瑞一件幾扇鑲嵌各種寶石的屏風，精美非常。段祺瑞的家人都喜歡得不得了，盼望他能留下這件寶物。誰知第二天再看，寶物不見了，原來段祺瑞一早就派人將屏風歸還齊燮元。只有一次例外，段祺瑞將別人送的禮物照單全收——那便是馮玉祥送來的一個大南瓜。

天津段祺瑞公館主樓，位於鞍山道三十八號。左圖中人物為老年時期的段祺瑞。

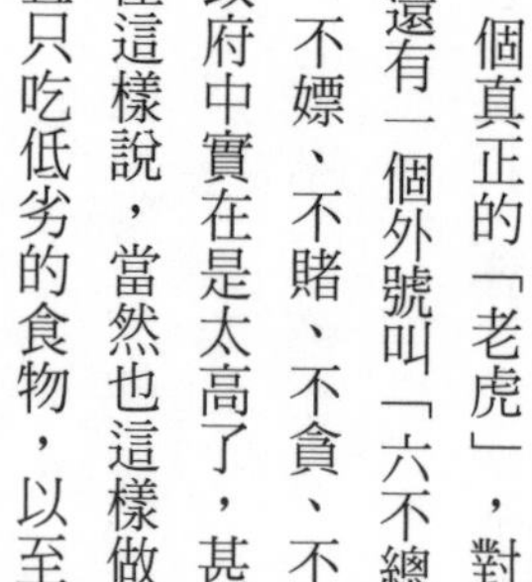

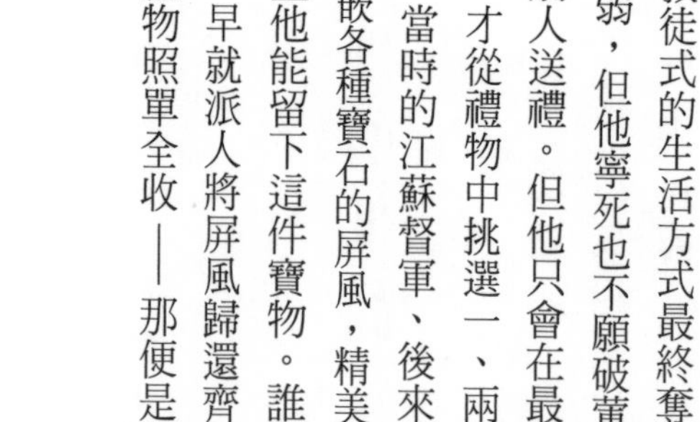

正是因為私德上無可挑剔，他的政治對手們也對他個人非常崇敬——甚至崇拜。一九三三年，段祺瑞已經下野多年，但日本特務機關仍然沒忘記他的影響力，一再鼓動他出來擔任如同溥儀般的傀儡元首，但是，作為一位著名的權位迷戀者，他斷然拒絕這個要求，並做出相反決定，以六十八歲的年邁之軀來到了南方，接受蔣介石的統治。

當時如日中天的蔣介石組織了六百多人的歡迎隊伍迎接段祺瑞的到來。蔣介石這個新獨裁者在段祺瑞面前立正敬禮，親密地稱呼段祺瑞為「段老師」。要知道，段祺瑞曾擔任中國最早最厲害的軍事學校——保定軍校的總辦（即校長），而蔣介石以前不過是這個軍校的一個預科學員。

我們已經無從得知段祺瑞這個理想主義者見到這位新「國家元首」時內心作何感想，是否感到些許落寞呢？但是，正因為他是一名理想主義者，所以能在最危急的時刻緊守私德，拒絕日本人的威逼利誘，保住了一個光彩的「晚節」。

奉天大帥府——令人哭笑不得的張公館建案

一九三一年，「九一八事變」於遼寧瀋陽爆發，日軍佔領東北。這時候最氣憤的當然是全體中國人，但幾乎和中國人同樣氣憤的是一家荷蘭建築公司，這家建築公司原本正在遼寧葫蘆島修築港口，主政東北的張學良考慮到自己的幾位弟弟都大了，想在自己居住的大帥府旁邊修幾座小樓給弟弟們住，國內的泥瓦匠他當然是信不過的，於是進行國際大招標，這樣的大工程誰不想接？於是近在咫尺的荷蘭建築公司佔了便宜，一舉得標。

荷蘭人想把這幾座大樓當成他們的建造範例，以便在中國創下名聲，所以非常用心設計此建築。經過張學良審定後，荷蘭人說蓋就蓋，挖地基、修地下室，忙得不亦樂乎。但偏偏就在這個時候，日本人入侵了。工程的甲方張學良在北京回不來，日本人又不講理，聯繫張學良後接到指示，工程暫時停頓。

荷蘭公司的經理感到非常氣憤，他已經預先在這個工程中墊了很多錢，這下豈不賠慘了？他也不管抗日不抗日，打仗不打仗，反正他要追回公司的權益。

荷蘭公司在歐洲做慣了生意，凡事都講究用法律途徑解決，所以他們馬上起訴張學良，要求張學良賠付違約所帶來的所有損失，訴狀下到張學良那裡後把張學良氣壞了，中國都已經被人欺負到這個樣子，這個荷蘭公司還忍心向他索賠？他大怒之下不予理睬。荷蘭公司也不肯認栽，於是一狀又告到了瑞士的國際法院。

國際法院在處理日本侵略中國的問題上毫無施力之處，但在追究商業權益上是很用心的，他們一定要張學良好好打這個官司。張學良也回覆得相當乾脆：「我的財產以及工地本身都被日本人非法佔領了，不能履行合約不是我的錯，因此概不負責。」國際法院一審這個案子，覺得張學良說的有道理，於是又把被告改成了日本政府。

日本政府沒想到自己在中國所向披靡時，竟然有個荷蘭公司為了這麼一件小事和他們打官司。但荷蘭雖然小，畢竟是歐洲國家，當時的日本也不敢隨便得罪，於是只好應訴。日本當然不想替張學良出這筆錢，怎奈自己現在是東北的佔領者，法理上必須負責。最終國際法院判決日本政府要不賠償荷蘭公司的損失，要不繼續履行合約，讓荷蘭公司把房子蓋完。日本人想來想去選擇了後者。

一場摻雜進歷史潮流中的小官司就這麼結束了，日本人出錢讓張學良將房子蓋完。當然，這個房子還是由日本人佔領就是了。

這幾棟房子的問題雖然鬧得這麼凶，但它們就只是瀋陽大帥府的一個附屬建築罷了。

有了「大帥」才會有「大帥府」，這個建築群現在也被稱為「張氏帥府」，因為東北的大帥太多，加個「張氏」以便說明這是張作霖、張學良父子的大帥府。

大帥府其實是「公館」的一種特殊形態，也可以說是民初最大的公館。一九一三年，張作霖還是瀋陽一個駐軍師長時就開始修築自己的公館了。當時還沒人製作中華民國「富豪榜」，但張作霖絕對是「首富」的有力競爭者，他利用東北的豐富物產大發其財，幾乎不用政府徵用任何稅收就足以支付奉軍的軍費。在這股強大的經濟實力支持下，蓋一座全國最富麗堂皇的公館自然是沒什麼問題的。

這座中華民國最大的公館隨著張作霖的發跡也越來越大。開始的時候不過是王府似的一個三進四合院，後來又陸續建造了「大青樓」和「小青樓」，自家樓房名字叫「青樓」，頗為不雅，不知道張作霖父子是否注意到了這一點，好在他們父子頗為愛好真正的「青樓」，因此將自家樓房取名叫「青樓」也就無所謂了。

「大青樓」是張氏帥府的代表建築，建於一九一八年至一九二二年，為仿羅馬式建築，總建築面積七百四十四點一五坪，樓高三十七公尺，建成時是當時奉天城最高樓。放到全國來說也是高度數一數二的住宅了。

大青樓的特點是辦公與居住合一，經歷了張作霖、張學良父子兩代主政東北時期的所有重要政治事件，包括兩次直奉大戰、張學良東北易幟等。這裡發生過最傳奇的事情當然就是「槍斃楊常」。張學良剛主政東北時，東北軍實力派楊宇霆、常蔭槐想架空張學良，但奪權的企圖過於明顯，張學良一怒之下，把他們騙到這座大青樓的「老虎廳」槍斃了。在自己家裡處決政敵，大概只有張學良能做出來，當然他自己也感到晦氣，命人就地把地毯捲起屍體運出去了。

「小青樓」本來是張作霖為自己的五夫人單獨蓋的，但五夫人搬到小青樓後，為避免引起其她幾位夫人不滿情緒，將已故大夫人趙氏生的女兒首芳、二夫人盧氏二女兒懷英、四女兒懷卿、四夫人許氏生的三女兒懷曈、五女兒懷曦接到小青樓二樓居住，改成了「小姐樓」。張作霖在皇姑屯被日軍炸成重傷後，緊急運回這裡，在這裡說完最後一句話之後便去世了。

大帥府當然是張氏父子政治實力的見證，但同時也是他們最大恥辱的見證。九一八事變後，日軍佔領了大帥府，作為曾經的好朋友，關東軍司令本莊繁將帥府裡的金銀財寶和家具等全數裝車，運到北京送還給張學良，帶給張學良相當大的刺激，他拒絕了這位「好朋友」的好意，要他把所有東西都放在大帥府一件一件擺好，否則自己就在北京火車站把所有的東西全數燒毀。本莊繁自討沒趣，也只好撤回。那些讓張作霖成為首富的金銀財寶也在途中被日軍劫掠一空。

第三章

富。在民國：
那些有錢也改變不了的命運

※到底誰是民國首富
※盧作孚——正能量最強的富豪
※藝人的財富
※張學良——集首富和頭號落魄富豪於一身
※孫傳芳、張宗昌——下場最悲慘的富豪
※吳佩孚——死要面子的落魄富豪

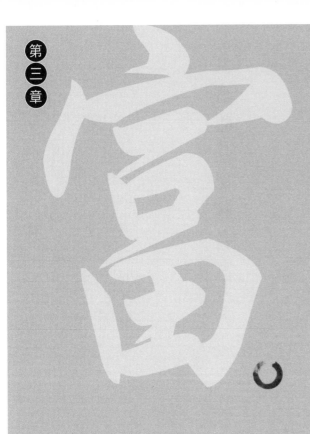

富豪這個詞多少帶了點銅臭味，但如果替「富豪」加上「民國」這個前綴詞，這股銅臭或許就不會顯得那麼重了，主要是因為現代富豪只是財富上的佔有者，而民初時期的富豪基本上都是左右歷史的英雄豪傑，提出一個「民國富豪排行榜」，等於提出了一個立體的民國史。

一個具有科學根據的「富豪排行榜」必定是需要經過許多調查作業才能得出，因此，「民初富豪排行榜」也許永遠不可能有了，不過，我們仍然能夠透過間接資料看出富豪們之間的上下高低。

到底誰是民國首富？

民初首富究竟是誰？這個問題無法輕易得出答案。不過美國人倒是曾經提出一個答案：宋子文。在一份美國刊物上，宋子文被捧為「中國首富」，甚至還同時是「世界首富」。單憑這個「世界首富」我們就知道這個說法可信度不高，這只是宋子文的政敵所採取的一種宣傳策略罷了。

宋子文是不是首富，涉及到著名的「四大家族」問題。「四大家族」是中國共產黨對蔣介石、宋子文、孔祥熙、陳立夫四個家族的一種政治定位，按照這個說法，蔣介石大概算是民初首富，但這種「首富」和現代的富豪概念不太相同。「四大家族」是針對家族對國家的影響力來說，並不是說他們名下私人財富真到了四家各佔據中國四分之一財富的地步。

一九七一年四月，七十七歲的宋子文已經移居美國多年，離開中國前，他長期擔任中華民國財政部長，監管各大銀行，「國舅爺」的身份固然有一定的影響力在，但他本人作為哥倫比亞大學經濟學博士，確實是當時中國最頂尖的理財人選。這一天，他到舊金山看望老友。在氣氛輕鬆愉快的晚宴上，他食欲大開，但不幸有一塊雞骨頭卡在喉頭，沒等取出他便窒息離世了。

宋子文的死是當時重要的金融事件，因為全世界都知道他曾經被稱為「世界首富」，如果真的是這樣，那他的遺產將是一筆能引起金融動蕩的鉅資。

消息很快傳到了紐約——那是宋子文移居美國二十多年來的家。當地政府相當振奮，因為很有可能從這個傳說中的世界首富身上課到可觀的遺產稅。一想到那筆可能是天文數字的金額，官員們就興奮得想吹口哨。

紐約州政府的稅務官員們認真調查了宋子文的財產。事實令人大失所望。在紐約遺產法庭關於宋子文遺產分割執行書中，清楚記載了調查結果：宋子文的非固定財產為一百多萬美元，加上二十年間升值的少量房產，不過是七、八百萬美元之譜，或者說，最多也就一千萬美元。這筆錢當然不少，但在美國只能算是一般水準，距離世界首富尚天差地遠。這筆錢放到中國當然更是一筆相當大的數字，但是離傳說中「四大家族」的經濟實力，也是差了十萬八千里。需要注意的是，宋子文的遺產之中，絕大部分還是他利用自己的經濟頭腦在美國投資理財得來的，並非來自於在中國的搜刮。

由宋子文延伸至蔣介石和其他幾個家族，情況基本上相差無幾。

早在一九二六年，《民視日報》這份四川的報紙就提出了一個較為合理的統計數字，其中七十一個官僚軍閥要人私產總額達六億三千萬元，而張作霖個人則獨佔五千萬，高居榜首。這只是民國初期的數據，隨著後來張作霖勢力不斷擴張，總財富應該遠高於此。

其實，統計個人財富價值並無太大意義，觀察財富力量背後的經濟實力才是最可靠的指標。張學良晚年時曾經說了一句耐人尋味的話：「為什麼東北人那麼支持我們老張家？因為我們張家父子從不刮地皮。」在所有新舊軍閥中，或許只有張家父子敢誇下這等誑語。

「不刮地皮」的意思是：維持張作霖父子奉系軍隊龐大開支的並非政府稅收，而是老張家的個人財富。其他軍閥如吳佩孚、孫傳芳等，無不是靠著設立苛捐雜稅來供養軍隊，正因如此，一旦財政吃緊便捉襟見肘，而張作霖卻能在關外立於不敗之地，最後竟然也當了一任「國家元首」。

從這個角度來看，「民初首富」的桂冠，張作霖可說是當之無愧。他當然佔了很多別人佔不到的便宜：東北物產豐富，張作霖透過各種手段將大量煤礦、鐵礦、鐵路、土地等極其重要的資產收歸自己名下，藉著這些資源，他又能和各國做生意，利滾利，快速累積財富，供養龐大的奉系軍隊自然綽綽有餘。評估當時軍閥軍事實力時，張作霖一直佔有優勢，空軍實力甚至強過日本關東軍，其背後的經濟實力自然無庸置疑。

可惜的是，張作霖的錢來得容易，丟得也快。九一八事變後，張氏父子的財產絕大部分落在了日本人的手中，據說光金銀一項，日本就清點出了二點五億元，即使只看這個數字也可以保證張氏父子穩坐首富之位了。

九一八事變後的張學良和東北軍變得十分窮困，在後續許多戰鬥中都喪失了競爭力，最後一敗塗地。其實不光是他們，所有曾經叱吒一時的各路軍閥中，一旦戰敗，往往一夕之間窮困潦倒，甚至連基本生活都難以維持，不穩定的財政是個大問題。歷史給予張學良這位曾經暫居第二代首富的補償是：讓他活得比其他富豪都更老，當所有人的財富已在歷史的洪流中消失無蹤時，他還有精神回憶當

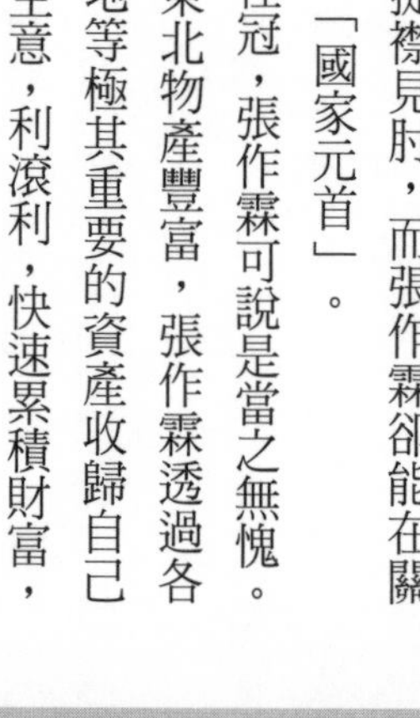

理財高手宋子文

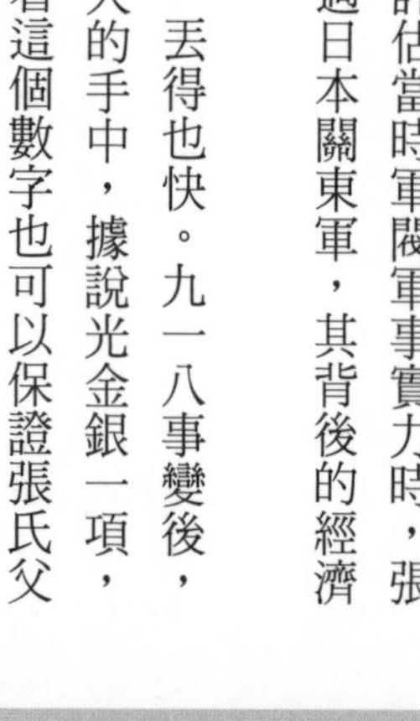

民國首富最有力的競爭者——張作霖

年的榮光。

另外還有一件值得玩味的事情：兩位首富競爭者張學良和宋子文是最好的朋友。當張學良在囚禁生活中，窮得連走路都只能挑軟的路走以免磨損襪子時，是宋子文及時出手接濟他，同時，也是因為反對蔣介石對張學良的態度，宋子文憤而和蔣介石決裂，首富候選人之間的惺惺相惜，也不失為一段佳話。

盧作孚—正能量最強的富豪

一九四六年四月二十五日上午，上海天氣晴朗。中華民國「麵粉大王」榮德生在兒子和女婿陪同下，高高興興地前往公司上班。

榮德生和他的哥哥榮宗敬在抗戰之前就已經是「麵粉大王」兼「紗布大王」了，雖然距離「首富」還很遠，但他們的財產都是靠著經營得來，與張作霖等軍閥藉由巧取豪奪而來的財產完全不同。

一場抗日戰爭讓榮氏兄弟的產業幾乎歸零，不過財富的種子並未消失，一九四六年的中國雖然已經接近內戰爆發邊緣，但經營天才榮德生已經再次建立起自己的企業，假以時日，他還會是那個戰前最成功的商人。

不過就在此時，一個突發事件將一切都打亂了。

榮德生父子的汽車剛出弄堂口，光天化日之下，迎面竟然竄出三名綁匪，手持國民黨警備司令部的通行證強行攔車，先把兒子女婿趕下車，再把榮德生劫持到一輛軍車上，飛馳而去。幾秒鐘後就不見了。

榮氏家族被這個突發事件嚇呆了，主要經營者被綁架，不知是官是匪，人心惶惶，不知所措，世界各地的親戚朋友紛紛出來探聽消息，出謀劃策。社會輿論更是譁然：連著名的厚道生意人都在光天化日遭到綁架，上海還是個能讓人平安度日之地嗎？

一個星期後，榮家接到了綁匪的電話，要求很直接：五十萬美金，做不到就「撕票」。榮家子弟救人心切，千方百計籌錢。綁匪要的是美金，這樣大額的外匯，就算是榮家這樣的大企業也是有些難度的，但是，再難也要救命，榮氏家族終於在預定的時間內籌足了要求的數目，出於安全考量，也出於對政府的不信任，榮氏家族並沒有讓警察介入。

五十萬美金分成三十三天交給了綁匪，榮德生平安回家。消息傳出後，輿論又是一片譁然。事件過程政府完全沒有任何功勞，政府的面子掛不住，尤其對蔣介石來說，抗戰勝利的喜悅還充斥著他的頭腦，猛然出了這麼一個案子，讓他十分惱怒，於是嚴令自己的特務系統，重新調查案件，務必將綁匪正法。

事實證明，只要軍統特務想查，案子總會破的。不到一個月，綁匪就全數落網，並追回了榮家的贖金。（這個案子破得這麼快，加上綁匪的軍統打扮，讓人高度懷疑綁匪和軍統本來就是同一伙人。）案子既然破了，應該是皆大歡喜的事情，但令榮家錯愕的是，特務系統的人比綁匪還要狠毒。他們一邊向新聞界宣布，這個全國第一大案已經偵破，一方面又向榮家索要巨額「破案費」，榮氏家族沒有辦法，只好「破費」。

榮氏家族的慘痛經歷顯示了民初企業家們的共同困境，在一個充斥負能量的世界裡，正能量太少，簡直沒辦法混下去。

榮氏家族雖然有錢，但「正能量」似乎還是不夠。「正能量」是企業或富豪本人對社會的影響能力。當然，富豪可以透過權勢影響社會，也可以透過良心影響社會，不過只有後者才算得上是「正能量」。

如果以「正能量」來排行，輪船大王盧作孚是當之無愧的頭號富豪。

中國人民共和國國歌裡有一句是「中華民族到了最危險的時候」。這個最危險的時候出現於一九三八年秋天。當時，抗日戰爭處在最劣勢的時候，南京、武漢失陷，從淪陷區各地撤退來的國人同胞、重要戰略物資、珍貴文物都積聚在湖北宜昌的長江港口。簡單地說，中華民族的最後一點老本都運到了那裡，等待轉往大後方四川，但是長江航運的運輸能力實在有限，憑那一點運量一年也運不完，眼看長江馬上就要進入枯水期，再晚幾天，日軍攻入宜昌，中華民族的這點老本也保不住了。

這時候中國最需要的那個人勇敢地站了出來，站在了歷史鎂光燈的焦點之下，他就是民生公司的董事長盧作孚，長江上幾乎所有船都屬於他的公司，但能走三峽的船不過二十二艘。歷史要他做的就是創造奇蹟。

盧作孚是當時有資格競爭全國首富之位的富豪之一。經過多年的艱苦競爭，他把國外的航運企業都趕出了中國，使民生公司成為長江上最大的航運公司。歷史的重任理所當然地落在了他身上，諷刺的是，他不久前才說服國民政府不要鑿沉他所有的船——國民政府有一個異想天開的戰略：命令盧作孚將所有船都在長江下游田家鎮鑿沈，以阻攔日軍的軍艦。盧作孚是對的，如果當初把船鑿沉了，就無法挽救中國此時的困局了。

當時，在宜昌的民生公司總部，樓上樓下到處都是人，有的焦急地推擠搶購船票，有的大聲安排貨物上船，從全國各地撤退的人都擠在這裡，秩序混亂可想而知。盧作孚果斷下令，公司全部人員停止一切與運輸無關的業務，全力參加搶運。即使最後垮了或是大量虧本也在所不惜。現在當務之急是設計運輸方案，因為在當前能力下，幾乎不可能完成任務，必須要有天才般的靈光一閃才有些許

民生公司董事長盧作孚

解決的可能。在召開公司緊急會議後，盧作孚不眠不休做出一份緊急運輸方案，一九三八年十月二十四日清晨，他親自向各機構代表進行部署。

所有的人都認為，在四十天內將所有的人員和貨物運走是完全不可能的。盧作孚卻堅定地告訴大家：能。

他公布了他的計畫：宜昌至大後方重慶，去的時候要溯江而上，必須走四天，回來的時候順江而下只需兩天，來回一趟共六天。如果按正常運輸方式，當然完成不了任務。為了縮短運載時間，盧作孚把整個運輸劃分為三段。即宜昌至三斗坪為第一段，三斗坪至重慶萬縣為第二段，萬縣至重慶為第三段。每艘船以吃水深度、馬力大小為判斷依據，用一部分船隻先運貨物至三斗坪，當即返回，再由公司調船運至萬縣或直運重慶；對重要物資和大型貨物則由宜昌直接運至重慶，並在重慶載滿出川（四川）抗日的國民革命軍士兵，再順江而下，到達戰區。此方案只有用天才般的頭腦才能想來，但即使是這個天才方案，也需要公司所有人員用必死的決心執行才能完成。

為了防止因為船票問題滯留難民，他將二等艙鋪位一律改為座票，這就可以增加一倍以上的客運量。同時，他降低收費，對教師、公務員等這些戰爭時最脆弱的人員實施半價收費，前線退下來的兒童則完全免費，貨物則只收平時十分之一的運費。

長江三峽航段有一個致命的弱點，就是無法夜間航行，為此，他要求各船要把夜晚的時間運用到極致，人員和貨物裝卸全部擠在夜間進行，保證白天有充足的航行時間。為了搬卸方便，他利用自己在政府的身份，在三峽航線增設碼頭和轉運站，臨時增加雇工三千多人，同時徵用民間木船八百五十餘隻，運載輕型物資。

所有人都知道，超級富豪盧作孚正為了國家徹底的犧牲。

當滿載著物資和人員的輪船啟航時，盧作孚看著他們，內心激動又滿足，此時此刻，他是中國最偉大的民族英雄。

按照盧作孚的計畫，二十多艘輪船，八百五十多隻木船，不停地在長江三峽航道穿梭。盧作孚每天都要到宜昌各個碼頭，親自了解船隻航行情況，深夜他還要到江邊各個碼頭檢查裝貨情況。

然而，新的考驗又來了。一九三八年十一月，日本近衛內閣發表第二次對華聲明，宣稱要徹底消滅國民政府，建立「大東亞新秩序」。為此，侵華日軍加強對湖南、湖北的進攻。他們知道，中國的心臟正在宜昌跳動，炸掉了宜昌，中國就會昏迷。於是開始對宜昌進行瘋狂轟炸。

每一天都傳來壞消息：因為敵機不間斷地轟炸三峽航線，民生公司的船隊每天都有輪船、木船遭到炸毀，每天都有公司職員壯烈犧牲。根據後來統計，在整個大撤退運輸中，民生公司損失輪船十六艘，一百一十六名公司職員犧牲，六十一人受傷致殘。這幾乎毀掉了民生公司的老本，卻保住了中華民族的老本。

時間一分一秒地流逝，長江的枯水期到來了。日軍逐漸逼近，宜昌也淪陷了。

但是，在宜昌淪陷前，民生公司已經把一百五十多萬的部隊、傷兵、難民等各類人員運到了大後方，把一百餘萬噸貨物，其中包括兩萬噸空軍器材和廣東炮廠的物資運到了最安全的地方。

讓我們再次回首，看看這個中華民族的老本清單：兵工署二十二廠、二十三廠、二十四廠、二十五廠、金陵兵工廠、兵工署陝西廠、兵工署河南鞏縣分廠、兵工署河南汴州廠、湘桂兵工廠、南昌飛機廠、宜昌航空站、航委會無線電廠、航委會安慶站、揚州航空站、鋼鐵遷建委員會、上海鋼廠、大鑫鋼鐵廠、周恆順機器廠、天元電化廠、新民機器廠、中福煤礦、大成紡織廠、武漢被服廠、武昌製呢廠、武漢紗廠等，還有國民政府機關、科研機構、學校設備、珍貴歷史文物等。

有了這些，中國才能免去亡國危機。

一九三九年元旦，盧作孚獲得了國民政府頒發的一等一級獎章。他不是中國最有錢的富豪，但他做了所有富豪都做不了的大事，民國歷史上正能量最強的稱號，他當之無愧。

藝人的財富

一九四八年，北京的《一四七畫報》刊登了一條簡短的新聞，內容在講述著名相聲演員侯寶林的收入，侯寶林外號「幺雞」，當時正和外號「土豆」的郭啟儒搭檔。這個報導使我們從而得知藝人收入的冰山一角：

西安舊高島屋改建為西單遊藝社之後，是萬福麟的產業。「西單遊藝社」前台經理由萬福麟的一個彭姓副官主持，侯寶林是後台老闆。這處雜耍園子只能容納三百三十餘人，未免狹小，現在他們又計畫擴充地盤，將鄰近的房子收回來後，還能多容納一百多人。

「幺雞」攜「土豆」每月保證收入銀四千萬，此外還有東城世界遊藝社及電台等，每月幺雞個人總收入約在五、六千萬元之譜，可是，他仍然喊窮！日前在西單，因郭啟儒保證支付銀兩再次未給足全額，惹得土豆大吵大鬧，幺雞嘻皮笑臉，對他這個老夥伴敷衍了一陣作結。

侯寶林每月收入五、六千萬，是不是覺得十分驚人呢？不過先別急，這時候的民國政府已經是風雨飄搖，這個「五、六千萬」指的是法幣（法定貨幣），雖然數字相當龐大，但購買力已經大不如前，所以才讓侯寶林仍然「喊窮」。

我們可以看看一九四八年時法幣的購買力：

大米：平均每石一千四百四十五萬元（法幣），合每市斤九萬元；

黃豆：每市斤九萬元；
豆油：每市斤四十四萬元；
菜油：每市斤三十六萬元；
豬肉：每市斤三十五萬元；
白糖：每市斤二十三萬元；
醬油：每市斤十三萬元；
食鹽：每市斤七萬元；
豆腐：（每四塊）三萬元；
白酒：每市斤二十五萬元；
黃酒：每市斤十三萬元；
士林布匹：每尺十八點五萬元；
龍頭細布：每尺二十八萬元。

從這個價格可以計算出，如果侯寶林的每月收入是六千萬，夠買一百七十多斤豬肉，或者買下六百多斤米，除去吃穿用度，大概也剩不了多少，因此，大牌演員的收入也就相當於現在的薪水階級罷了。

同一份刊物上，記者還調查了其他演員的收入，其中最著名的話劇演員林默予收入是一場演出一百八十萬，著名京劇演員譚富英的收入是一齣戲一千六百萬。至於當時最知名的紅星——梅蘭芳，雖然名氣大，但已經幾乎不表演了。

演員兼後台老闆侯寶林。

我們可以照這個標準得出民初藝人們的收入排行榜：那就是：

(1)著名京劇演員；

(2)著名相聲演員；

(3)著名話劇演員。

這只是「著名」演員的財富榜，至於一般演員，則隨時可能在飢餓邊緣掙扎，財富榜與他們無緣。

張學良——集首富和頭號落魄富豪於一身

在民初當富豪，大都有落魄的一天。所以，一定要列出「落魄富豪排行榜」。頭號落魄富豪當然是張學良，因為九一八事變和西安事變，他從中華民國首富一下子掉到了窮光蛋的苦境。這位曾經紙醉金迷的張少帥，在長達數十年的階下囚生涯中，連襪子都快買不起了。

一九四五年日本投降。張學良的囚禁生涯還是沒有結束的跡象。他寫了一封信給人在南京的宋子文，以前，張學良無論什麼時候都是一身傲骨，但這時他已經顧不上這些，向這位老友訴起苦來：

見報載知兄已返國，弟等在此一切安適。唯前由香港帶來之現款早已用罄，目下時常囊空如洗。弟深知雨農狀況，不願常煩向他累（勒）索。現在百物騰貴，弟與四妹兩人吸一吸香菸每月約千枝，就是蹩腳貨「大小英」香菸，要近萬元。每月看看雜誌，購買書籍，還有兩個傭人的零費，我們四個人穿鞋襪，衣被等。每月總得幾千，換個一雙鞋，總是百元以上，一條被單，總是

> 二千元以上，要是做一套布的棉衣，總要三千。我們四個人只是刷刷牙，每個月就得五百元。現在錢太不算錢了，看起來數碼好大，萬元當不得戰前的幾百元用。弟從來沒有窮過，有時弟與四妹相顧大笑，覺得手中一文不名，真是好玩得很。現在不能不向兄作將伯之呼，擬用四妹名義向中國銀行或兄借款數十萬，或將來由弟償還，或立即由弟函美國家中撥還。兩種辦法，請擇其一。總之，弟每月總得兩萬零用（聽數目嚇人，其實不過當年一、二百元），請兄替弟想辦法。否則幾萬數目，到手了，下月又怎麼辦？弟目下快成猶太鬼了，吸香菸要吸到底，捨不得丟菸頭。走路要擇軟的，怕費鞋喲。你們聽見會笑吧？

堂堂前中華民國首富，竟然落到走路要選軟地怕磨壞鞋的地步，著實可憐可嘆。這封求援信輾轉寄送了一年才到了宋子文手裡，當宋子文想辦法要接濟他時，張學良已經朝「赤貧」的生活邁進了。

與張學良的落魄形成鮮明對比的是，他的夫人于鳳至發跡了。于鳳至本來是陪伴張學良一起過囚徒生涯的，但上天降下另一場災禍給她：乳癌。這個病即使到了現在也很難治癒。宋子文說服所有的人——包括于鳳至自己，安排于鳳至到美國動乳房切除手術。對於女人來說，這是一個艱難的決定，但于鳳至還是答應了。

于鳳至手術成功，奇蹟般地保住了性命，並且和張學良一樣長壽。但是，她卻再也沒能回到張學良身邊。身在美國的于鳳至帶著幾個兒女，愁腸鬱結，他們是老張家唯一的自由人了。

于鳳至在美國時還擁有張家最後一筆錢，如果坐吃山空，這筆錢很快就會花光，為了有尊嚴地生存下去，也為了將來營救張學良，她決定在美國炒股票。于鳳至嫁到張家前，本來就是商人女兒，很有經營頭腦，即使在異國他鄉，這種頭腦也很能施展，只是數年時間，于鳳至的財富已經像滾雪球一樣壯大起來，後來達到幾百萬美元的規模，和當時傳說中中華民國首富宋子文的實際資產相差不遠。

于鳳至雖然「發跡」了，但自始至終認為那是她和張學良的共同財產，臨終前，她在美國準備好了兩棟別墅，一棟自己住，一棟等待張學良去住。在人生的最後光陰裡，張學良終於獲得自由到了美國，但是于鳳至為他準備的家已經人去樓空了。

孫傳芳、張宗昌——下場最悲慘的富豪

孫傳芳和張宗昌都是出身山東的軍閥，他們有很多共同點，例如都曾經投靠奉系的張作霖，都曾經落魄。不過，他們最大的共同點是：他們都是被仇家殺掉的。

孫傳芳在軍閥界是後起之秀，但他從起跑就高人一等：他是一個從老虎嘴裡拔出牙齒的人——在奉軍最不可一世的時候，他從奉軍手中奪去了中國最富裕的地盤：東南五省。他的財富和實力因為此緣故迅速膨脹。後來他會成為北伐的主要對象，也是因為他實在太富裕了。

不過，每個成功人士最輝煌的地方也正是他替自己埋下禍根之處。當年攻打奉軍時，他抓了一個俘虜施從濱。施從濱是奉軍張宗昌部的前敵總指揮。孫傳芳將他抓住後想炫耀一下自己的威風，竟然違反不殺俘虜的規矩，將施從濱砍頭示眾。這種殘忍的行為即使在軍閥混戰的年月也是十分忌諱的。

孫傳芳當上了五省聯軍總司令，志得意滿，大概很快就忘了施從濱的事，但施從濱的家人可是永遠忘不了，特別是他的女兒施谷蘭。

施從濱被殘忍殺害後，他的家人悲痛欲絕，他的女兒——年方二十歲的施谷蘭下定決心要為父親報仇。下決心容易，但報仇哪有那麼容易呢？以一個弱女子的力量，要想報仇簡直是痴人說夢。但是，施谷蘭沒有放棄。

施谷蘭先是找到了一個堂兄施中誠，請他幫忙報仇。施中誠是跟著施從濱長大的，施從濱對他有天高地厚之恩，無論從哪方面說，他都應該幫妹妹報仇，他也的確曾在施從濱的遺像前發誓報仇。施家上上下下都把希望寄託在他身上。為此，施谷蘭還帶著老母親找到了施從濱的老上級張宗昌，請他給施中誠一個團長位子，以便找機會報仇。張宗昌是講義氣的人，他讓這個施中誠步步高升，一路當到「煙台警備司令」。令施家失望的是，當施中誠當上煙台警備司令後，就把報仇的事拋到九霄雲外去了。原因很簡單，要在官場上混就不能找實力派孫傳芳報仇，一旦僥倖報了仇，自己的官位也就到頭了。施谷蘭了解情況後非常憤怒，於是寫了一封長信給堂兄，從此和他斷絕一切來往。

一九二八年，施谷蘭帶著母親移居濟南。這年是父親遇害三週年。報仇的事卻還遙遙無期，施谷蘭跪在父親的遺像前，傷心欲絕，除了與母親抱頭痛哭之外，一點辦法都沒有。

就在她們絕望的時候，有一個希望降臨了。

有一個叫施靖公的同鄉這時候正和她們同住。他和施家有往來，對這位施小姐早就有愛慕之心，見到這種情景，他覺得自己的機會來了。他裝模作樣、大義凜然地對施谷蘭說：「我曾經受過施公的栽培，對小姐的遭遇深表同情，如果小姐願以身相許，我決心為施公報仇。」對這種明顯趁人之危的欺騙行徑，聰明的施谷蘭竟然沒有識破，她還以為自己終於遇到了夢想中的大俠，於是毅然和施靖公結婚了。結婚後，施谷蘭因為對丈夫寄予希望，所以夫妻相處融洽，她還替施靖公生了兩個兒子。可是施靖公的騙子行徑漸漸顯露出來，隨著官運亨通，他越來越貪生怕死，施谷蘭幾次催促他想辦法報仇，他都唉聲嘆氣，無動於衷。施谷蘭又一次失望了。

一轉眼，時間來到了一九三五年，距離施從濱被殺已經整整十年了。施靖公已經高升為旅長，而報仇之事卻仍然遙遙無期。施谷蘭在最後一次要求施靖公為父報仇遭到拒絕後，與施靖公徹底決裂，帶著兩個兒子不辭而別。當時兩個兒子一個七歲，一個兩歲。她把自己的名字改為「施劍翹」，以激勵自己早報殺父之仇。她也替兩個兒子改了名，大兒子原本叫「大利」，小兒子叫「二利」，現在分別改為「僉刃」和「羽堯」，兄弟兩人的名字組合起來就是「劍翹」。在施劍翹攜子出走後，施靖公有些不捨，也曾主動和妻子聯繫，想要重歸舊好，但她毅然回絕。

這時，施劍翹的弟弟施中傑已從日本陸軍士官學校留學畢業回國，他隨身帶回一把日本軍刀，發誓要親手殺了孫傳芳。看到弟弟的表現，施劍翹感到莫大的欣慰。但施劍翹又怕弟弟萬一失手，不但不能報仇，還會毀了前程。

眼見靠著別人是沒辦法為父親報仇了，施劍翹只能放開裹著的兩隻小腳，自己練習槍法。

這時，孫傳芳已經失勢，他曾經投奔以前的敵人張作霖，但張作霖被炸死後他怕張學良秋後算帳，趕緊跑到了天津，在天津當起了佛教徒，以居士的名義講經說法。

施劍翹感覺到機會終於來臨。

施劍翹化名「董慧」，委託一位女居士介紹加入了孫傳芳的「居士林」。此後，施劍翹透過各種途徑去了解孫傳芳的身貌、口音及日常行動等，知道他每週三、六必到居士林聽經，隨即策劃出具體的刺殺計畫：先購置一台油印機，將準備好的《告國人書》和遺囑印出來，打算在殺死孫傳芳後發出去；接著把十一月十三日定為報父仇的日子，這天是星期三，按照慣例，孫傳芳這一天必到居士林聽經。

一九三五年十一月十三日終於到了，可是偏偏天公不作美，一大早就下起了小雨。施劍翹估計孫傳芳未必會來，便把準備好的左輪手槍和傳單等物暫時放在家裡，自己空手來到居士林觀察動靜。中午過後，仍不見孫傳芳的蹤影，施劍翹正有放棄行動之意，忽見一位身披袈裟、年約五十歲、留著光頭的人走進了佛堂，施劍翹斷定此人就是孫傳芳。她立即租了一輛小汽車，匆忙趕回家中，取出手槍、傳單等物，又返回居士林。

此時，佛堂裡已經坐滿了聽經的居士，孫傳芳端坐在中央。施劍翹找了一個靠近爐火的後排座位坐了下來，她馬上就發現這個位置距離孫傳芳太遠，萬一失手將前功盡棄。於是，她對身旁的看堂人說：「我的座位離火爐太近，烤得難受。前面有些空位，可不可以往前挪一下？」看堂人點頭表示允諾。施劍翹站了起來，伸手握住了衣襟下的手槍，兩眼盯著孫傳芳發亮的禿腦袋，眼睛發出仇恨的光芒。她快步來到孫傳芳身後，還沒等周圍的人看清來人是誰，便拔出槍來對準孫傳芳的耳後，扣動了扳機。一聲槍響之後，孫傳芳撲倒在地，施劍翹怕他不死，又朝他的腦後和背後連開兩槍。

佛堂裡頓時一陣混亂，施劍翹邊發傳單邊大聲說道：「我叫施劍翹，為報殺父之仇，打死了孫傳芳。詳細情況都寫在傳單上。我不走，你們可以去報告警察。」有膽大的人拾起傳單觀看，只見上面寫著：「父仇不敢片時忘，更痛萱堂兩鬢霜。縱怕重傷慈母意，時機不許再延長。不堪回首十年前，物自依然景自遷。常到林中非拜佛，劍翹求死不求仙。」還寫道：「施劍翹（原名谷蘭）打死孫傳芳，是為先父施從濱報仇；詳細情形，請看我的告國人書；大仇已報，我即向法院自首；血濺佛堂，驚駭各位，謹以至誠向居士林及各位先生表示歉意。」隨後，施劍翹從容地撥通了警察局的電話。第二天，天津、北平、上海各報都以頭條新聞刊載這個消息，全國為之轟動。

施劍翹刺殺孫傳芳的案件在天津的地方法院審理。按照當時的法律，施劍翹的行為應判處十年以上有期徒刑或者無期徒刑、死刑。在法庭上，施劍翹毫不畏懼，詳細陳述了自己艱難的復仇歷程，最後說道：「父親如果戰死在兩軍陣前，我不能拿孫傳芳做仇人。他殘殺俘虜，死後懸頭，我才與他不共戴天。」施劍翹的陳述以及律師的辯護感動了在座的每一個旁聽者，也感動了法官。當時，社會上存在一些猜測：例如施劍翹從哪裡取得手槍、她是如何學會開槍的……等等。外界普遍覺得這樣的刺殺行動，不可能由她獨自完成，幕後肯定有個主使者，甚至還有人說她是受了蔣介石當局的授意。施劍翹對這些問題一一解答：行刺用的手槍是弟弟跟日本陸軍士官學校同學朱其平買的，一直暫存於施家；因為從小就常拿父親放在枕頭下的槍玩，她很早就知道如何裝子彈、如何射擊等。

在審理過程中，社會各界紛紛聲援施劍翹，並強烈呼籲國民政府釋放或特赦施劍翹。法庭鑑於施劍翹目的是為父報仇以及社會各界的反應，作出一審判決：判處施劍翹有期徒刑十年。這已是謀殺罪中最低的刑罰，但施劍翹並不服判，她上訴到天津市高等法院。高等法院接受上訴，一九三六年八月十三日，改判其有期徒刑七年。施劍翹仍然不服，再上訴到南京全國最高法院。在這期間，國內民間團體要求釋放施劍翹的聲浪日益高漲。施家也一直設法營救，後來透過關係找到馮玉祥。馮玉祥與施劍翹的生父施從雲在清末同時發動灤州起義，曾有袍澤之誼，於是馮玉祥聯合國民黨元老于右任、李烈鈞、張繼、宋哲元等三十位黨政要人向政府籲請。在輿論壓力下，一九三六年十月十四日，國民政府主席林森簽署公告予以特赦。

施劍翹出獄後，絕口不提父親及刺殺孫傳芳一事。在她心中，仇已報，怨已了，她依舊是個普通的良家婦女。一九四六年九月十七日，施劍翹來到靈岩山。這天是父親施從濱遇難二十一週年忌日，她上靈岩寺做法事，為父親的亡靈超度。佛樂縹緲中，施劍翹心有所悟。三天後，施劍翹在靈岩寺皈依佛門。

施劍翹父親施從濱是張宗昌的手下，他就是在張宗昌和孫傳芳的戰爭中被俘虜的，可嘆的是，張宗昌本人後來也死於仇家之手，這是歷史上一個絕妙的巧合。

張宗昌本來是山東鄉下的一個苦孩子，雖然沒讀過什麼書，但生性機靈。從軍之後，混得一直不錯，但因為沒有好機會，一直寄人籬下。張宗昌投靠張作霖之後，靠著自己的精明贏得了自己的第一桶金。

有一次，奉軍吉林省的一個旅長高士儐聯合胡匪盧永貴，反叛張作霖。當時張作霖剛在直奉戰爭中戰敗，無大兵可派，便決定派張宗昌率憲兵營應戰。這本來是一場勢力懸殊的較量，但由於盧永貴手下的大小頭目，很多都是當年和張宗昌一起闖關東的同鄉，憑著這種關係，張宗昌兵不血刃，便把胡匪收編成三個團，張作霖非常高興，任命他為吉林省防軍第三旅旅長兼吉林省綏寧鎮守使。這樣一來，張宗昌就有了一塊屬於自己的小地盤。不久，俄國爆發革命，戰敗的白俄士兵有很多敗逃到中國，張宗昌機靈地學會俄語，順利收編這些俄國兵，就這樣，悄然之間張宗昌已有近萬人馬。

張宗昌和所有的土軍閥一樣，一旦得勢就要馬上讓自己變成富豪。張宗昌作為雜牌軍，得不到充足的補給，於是在自己的轄區內讓士兵種植鴉片，彌補不足。這件事引起奉軍各部不滿，要求張作霖遣散這支隊伍。一九二三年秋天，張作霖趁陸軍各部演習，派出校閱委員郭松齡到張宗昌第三旅，名為校閱，實則遣散。郭松齡向來看不慣張宗昌這種小無賴，在視察張宗昌的部隊的時候，故意找碴，甚至口出穢言羞辱他母親，想藉此激怒張宗昌，順勢將他拿下。誰知張宗昌聽他罵娘，竟然當場跪在地上給郭松齡磕頭，說：「你操俺娘，你就是俺爹了！」郭松齡無奈，只好作罷。張宗昌靠著這種堅強的心理承受能力，成功保住了自己的本錢。

一九二七年六月十八日，張作霖在北京中南海懷仁堂就任安國軍大元帥，並宣布成立安國軍政府，任命張宗昌為安國軍副總司令兼第二軍團軍團長。張作霖趁「寧漢分裂」之機，派張宗昌率軍赴隴海線一帶對付馮玉祥部，雙方在徐州交戰，張宗昌部損失慘重。張作霖急電嚴斥張宗昌「久戰無功」，張宗昌惱羞成怒，於十月上旬，與馮軍再次於河南蘭考一帶激戰。張宗昌師長潘鴻鈞用計誘降馮軍旅長姜明玉，使其率部倒戈，逮捕了馮軍第八方面軍副總指揮、軍長鄭金聲，押解濟南。張宗昌獲勝，大喜，下令槍殺鄭金聲，眾幕僚苦勸，但張宗昌就是不聽，執意要殺。而這一殺，就像孫傳芳斬殺施從濱一樣，使自己在數年之後招來了殺身之禍。

張作霖當上「國家元首」沒當多久就被日本人炸死了，張宗昌悲痛萬分，手下尚有五萬人馬不知何去何從。他向張學良懇求出關，張學良深怕他出關後取而代之，不但不允許出關，反而派于學忠等部將其控制。北伐軍佔領京、津後，九月，白崇禧率部到達冀東，包圍張宗昌部。張宗昌感到大勢已去，變裝後從一條小巷遁走，找到一條小漁船，從灤州口逃往大連，再乘船東渡日本，五萬殘部全數遭白崇禧收編。

張宗昌雖然流亡日本，但仍不甘心失敗，尋機捲土重回。一九二九年，他在日本帝國主義支持下，糾合魯東餘部在煙台登陸，結果失敗，逃回日本。一九三一年九一八事變後，日寇侵佔東北，張學良率東北軍退入關內，出任北平綏靖公署主任。一九三二年春天，張學良擔心張宗昌充當漢奸，電邀他立即返回中國，暫居北京鐵獅子衚衕。

張宗昌回國後，意圖返回山東招集舊部，東山再起。然而，當時的山東省主席是國民黨冀豫魯「剿匪」總指揮、第三路軍總指揮韓復榘，張宗昌無法捲土重回。八月，張學良召集華北駐軍諸將領到北平參加軍事會議。會議期間，張宗昌透過石友三的介紹認識了韓復榘。其後，又經石友三撮合，張宗昌、韓復榘、于學忠、張學良成結盟兄弟。張宗昌比韓復榘年長幾歲，遂以大哥自居。他曾在席間向這位老弟說了這樣一段話：「俺的許多老部下現在都散駐在山東各處，俺只要去招呼一下，立即可以匯合成一支隊伍！」聽了這話，韓復榘表面不動聲色，只陪笑敷衍，然而，內心已動了殺機，因為他知道張宗昌會對自己在山東的統治構成威脅。

兩天後，韓復榘由北平返回濟南。又過了幾天，張宗昌便收到韓復榘派人送來的許多禮物和一封親筆信，邀請張宗昌速到濟南，「共謀大事」。張宗昌看到信後，覺得機會來臨，決定南下山東。然而，張宗昌的舊部金壽昌、徐曉樓、他的母親祝巫婆、下野軍閥吳佩孚、孫傳芳，還有張學良等，全都反對張宗昌回山東，認為韓復榘不懷好意。但張宗昌東山再起之心急切，並不理會眾人的勸阻，於八月底攜帶原參謀長金壽昌到達濟南。

張宗昌到濟南後，受到韓復榘的盛情款待，石友三也被邀來作陪。但是，幾天下來，也沒聽韓復榘提到「共謀大事」，張宗昌感到十分失望。再說，張學良得知張宗昌南下山東，十分著急。九月二日，張學良借張宗昌姨太太之名發了一電報給張宗昌，假稱祝巫婆病危，要他馬上返回北平。三日上午，張宗昌接到電報，萬分焦急，即向韓復榘說明及辭行。韓復榘也顯得很焦急和同情，當即派人為張宗昌訂了下午五點三十七分的火車票。

下午五點鐘，韓復榘通知山東省軍政要員在濟南火車站為張宗昌送行。張宗昌與韓復榘等握別，返身登車時，突然遭到刺客的槍擊，當即死亡。刺客舉槍高呼：「我是鄭金聲的兒子鄭繼成，為父報仇！現在投案自首！」

原來，韓復榘邀張宗昌到濟南時，便已計畫由省議員鄭繼成在張宗昌離開時將其槍殺，鄭繼成為報父仇（其實是叔父，鄭繼成過繼後成為鄭金聲之子），也樂於擔當此任。九月四日後，鄭繼成為父報仇，刺殺張宗昌，投案自首的消息傳遍全國，鄭繼成不僅沒有被譴責，還像施劍翹那樣成了大英雄。馮玉祥向來喜歡這樣的英雄好漢，他主動奔走幫助，一個月後，鄭繼成被國民政府特赦。這個經歷簡直和當年的施劍翹報仇案的結局一模一樣。

吳佩孚——死要面子的落魄富豪

在中華民國各個軍閥中，吳佩孚是個十分奇特的存在。與其他軍閥的大老粗出身不同，他年輕時是個秀才，而且身材柔弱，貌不驚人，走起路來一扭一扭的，如果化上妝簡直就是個女子。他想當兵，但他這種「風範」在軍隊裡自然沒人歡迎。辛苦托人找了一陣子關係，他才勉勉強強到軍校裡學了一個「測量」專業，這個專業將來最多也就是當個工兵罷了。但可嘆的是，他就是以這樣的資本，熬成了後來的大軍閥，並成為第一個登上美國《時代》週刊封面的中國人。

這是不是有點出人意料呢？吳佩孚何德何能，讓美國人如此青睞呢？答案非常簡單：實力。我們看看《時代》週刊是如何報導的：

Gen. Wu Pei-fu, Tuchun of Chihli Province. He is the ablest military mind of China. Under his control is the whole north and centre of China, except Manchuria. He is the Lord Protector of Peking, which is in his province. Although a democrat, he aims at reunifying China by the sword, which policy has brought him into conflict with the

Tuchun of Manchuria and Dr. Sun Yatsen, of the South. One of the anomalies of the situation in Peking is that President Tsao-Kun was once an enemy of Gen. Wu. At the time Tsao-Kun was made President of the Chinese Republic（TIME, Oct.15）, Gen. Wu made no opposition and it was alleged that he had been "bought off." Apart from being a military genius, he is a man of culture, scientific and literary. He studies hard. Recently he began to learn English, employed a tutor, gave him his only spare hour 4:30a.m. to 5:30a.m. He is known as a man who speaks softly and carries a big stick.

這裡引了一大段英文只是為了說明這是真實事件，而非憑空編造。這段報導翻成中文後內容如下：

吳佩孚將軍，直隸省督軍。中國最有軍事能力的人。整個中國中部和北部，除了滿洲（按：指東北）之外，都在他的控制之下。雖然他是個民主主義者，但他的目標是用武力統一全中國，所以他和滿洲的督軍以及南方的孫中山起了矛盾。北京城裡有一個異常的形勢——總統曹錕曾經是吳佩孚的敵人。在曹錕當上中華民國的總統的時候，吳佩孚並沒有表示反對，因此外界認為他被收買了。除了是一個軍事天才外，他還是一個有知識、懂科學和文學的人。他非常用功讀書，最近正開始學英語，他把他唯一的空閒時間：上午四點三十到五點三十分這段時間給了他的英語教師。人們都認為他是那種「說話柔聲細語但分量極重」的男人。

美國人向來是見風使舵的。這是吳佩孚聲勢最盛之時，而且他身上有美國人非常欣賞的現代人素質：熱愛科學，喜歡學英語。吳佩孚是否只是裝模作樣呢？完全不是。他這種健康陽光的形象和現在一般人對他的印象差距很大。但一切都是事實。

吳佩孚受到美國人欣賞的原因還有最重要的一條，那就是吳佩孚的地位不是靠打仗奪來的，而是靠罵人換來的，這種以小博大，用最小代價換來最大利益的聰明做法向來是美國人推崇的。

吳佩孚到底用了什麼手段一躍成為民國頭號大軍閥呢？

民國七年。當時的「中央政府」是由段祺瑞執政，和每一個軍閥一樣，段祺瑞每天想的就是武力統一全中國，為此他和西南各省的「護法軍」打得不亦樂乎。作為直系軍閥成員的吳佩孚當時只是陸軍第三師的師長，但他善於利用對手內部矛盾，帶兵進攻湖南時大獲全勝，有了這個地盤之後，他的野心開始萌芽了。

他是奉段祺瑞的命令進攻湖南的，但此時全國的形勢對段祺瑞不利，吳佩孚審時度勢，決定抓住這個難得的機會，讓自己站到歷史和道德的制高點上。別的軍閥發電報從來都是由幕僚代筆，但他都是自己寫——這不光是個人興趣的緣故，更因為幕僚的水準都比不上他。

一篇發自湖南的電報出爐了，其文辭之激烈精彩堪比當年的梁啟超：

> 兵連禍結，大戰經年，耗款數千萬，靡爛十數省，有用之軍隊破碎無餘，精良之器械損失殆盡。至若同種殘殺，尤足痛心！
>
> 此次奉命南來，明知鬩牆之爭非國之福，然為維持中央威信起見，勢不得不借武力促進和平。詎中央誤聽宵小奸謀，堅持武力，得隴望蜀，援粵攻川，直視西南為敵國，竟以和議為逆謀。國亡於外敵，固軍人之罪，國亡於內亂，亦軍人之羞！
>
> 此次中央平川援粵，實亡國之政策也！軍人雖以服從為天職，然對內亦應權其輕重利害而適從之，非抗命也，為延國脈耳！
>
> 一、此次國會新選舉，政府以金錢大施運動，排除異己，援引同類，被選議員半皆惡劣，此等國會不但難望良好結果，且必以司法機關受行政指揮而等贅疣，極其流弊，卒以政府不受法律約束，偽造民意，實等專制，釀成全國叛亂，若再以武力平內亂，是惟恐亡之不速也。

二、我國對德奧宣戰，若以兵力從事內爭，重輕倒置，貽笑外人，日本乘我多難要求出兵，而喪權協定以成，內爭不息，外患將不可圖。

三、內爭年餘，軍費全由抵借，以借款殺同胞，何異飲鴆止渴！

當時的中國，人人都盼著有這麼明白事理的實力派人物出來發聲，沒想到這個人在一夜之間出現了。這封通電吳佩孚沒有直接發給段祺瑞，而是發給直系軍閥成員江蘇督軍李純，對段祺瑞不過是「抄送」。吳佩孚站在道德的大義上，認定了國人會對自己的言論大加讚賞，而自己也正佔據優勢的實際戰略位置，他料定自己大罵了段祺瑞之後，就算他氣個半死，也不敢對他做什麼。

段祺瑞是什麼人？那可是向來目空一切的人。他當然沒料到會被自己手下的一個小小師長公然辱罵，腦袋氣得都要短路了。

段祺瑞才剛要反應過來，吳佩孚又出手了！八月二十一日，他忽然又發出致代理大總統馮國璋的通電，請他履行總統職責，「頒布全國一體停戰之命令」。這是明顯的挑撥離間。馮國璋被段祺瑞欺壓，早就懷恨在心，這些話正說到了他的心坎上。

吳佩孚這樣做一是為了建立他自己的「統一戰線」，二是為了轉移焦點，迷惑段祺瑞。段祺瑞雖然老奸巨猾，但還是著了吳佩孚的道。

吳佩孚的離間計成功了，馮國璋和曹錕都被拉下水，加入了這場罵戰。不過他們一罵就更顯出吳佩孚的能耐了，因為要比文采和見識，其他幾位的程度實在和吳佩孚相差太遠。

這一頓混亂罵戰很快就在全國引起極大的轟動，全國上下都知道有師長吳佩孚這個救世主了。吳佩孚在西南的敵人也紛紛通電響應。這些敵人們陣前發報：「奉讀馬電，大義凜然，同深贊服」，稱讚吳佩孚「霹靂一聲，陰霾豁散」。吳佩孚大喜，全國上上下下經過他煽風點火，竟然都將他奉為意見領袖，真是得來全不費工夫。

吳佩孚平地一聲驚雷，「中央政府」嚇壞了。段祺瑞終於了解狀況，通電吳佩孚，譴責他不應受人煽惑不服從中央政府的命令。奉系軍閥張作霖等也發電譴責，但吳佩孚針鋒相對，反唇相稽。

一場熱熱鬧鬧的電報戰打到十月，北洋政府終於頒下停戰令，南北開始謀求和談，馮國璋和段祺瑞兩敗俱傷，雙雙退出了總統寶座的競爭行列。而吳佩孚則異軍突起，憑藉幾封通電而轉圜大局，受到中外矚目，同時也累積了極高的人氣和雄厚的政治資本，開始成為中國政壇、軍界、報刊新聞的核心人物。

吳佩孚以「和平」及「民主」為核心主張的理想色彩受到全國軍民愛戴，人們都將國家的希望寄託在他身上，而他也嘗到了「通電」這種鬥爭的甜頭，後來凡是國家有了風吹草動，他一定走到台前，大發通電，搶佔輿論和道德的最高點。聲援五四運動和反對拆除故宮就是他其中兩個「光輝」戰例：

一九一九年五四運動爆發時，學生屢遭政府鎮壓，全國輿論對學生一片支持，吳佩孚也急發通電，站在學生這邊：

大好河山，任人宰割，稍有人心，誰無義憤？彼莘莘學子，激於愛國熱忱而奔走呼號，前仆後繼，民草擊鐘，經卵投石，其心可憫，其志可嘉，其情更有可原！

這對學生們來說，自然是難得的支持，對吳佩孚來說也是增加自身政治資本的大好機會。

一九二五年，中華民國國會議員因為開會地點實在擁擠，於是突發奇想，準備通過決議，拆除紫禁城的三大殿，蓋一座西式議會大廈，坊間輿論一時譁然，在這種露臉的場合，自然少不了吳佩孚的通電，他斥責動議的人，然後沉痛地說：

何忍以數百年之故宮供數人中飽之資乎？務希毅力惟一保存此大地百國之瑰寶。無任欣幸。盼禱之至！

故宮算是保住了，吳佩孚的聲譽又高了一重。

正是靠著不斷累積的政治資本以及他自身在軍事上經營有方，吳佩孚在歷史舞台幾經沉浮，算得上一代梟雄，不過他畢竟還是屬於舊式文人秀才型人物，從政風格和其他軍閥並無根本上的差異，所以最終也難逃失敗的下場。不過，在所有失敗的政客中，吳佩孚是最具風骨的：他宣布了自己的失敗原則——不入租借、不出洋。意思是天塌下來他也不去求助外國人，這對於習慣在失意後動不動就往租借地跑的軍閥政客們來說真算是個異類了。

不過，這個「吳大帥」後來當大帥當習慣了，雖然下野，但仍然保持自己的「尊號」不廢，就像紫禁城裡清朝皇帝溥儀的尊號不廢一樣，在他的院子裡，人們依然得尊稱他「大帥」，而且每個僕人的職位仍然按照司令部的系統制定，比如「副官處」、「軍需處」等等。真是一個關起門來當大帥的「光桿大帥」。

雖然有很長一段時間，「吳大帥」都成了一個關起門來的大帥，而且還被著名記者邵飄萍諷刺道「除了通電之外，一事無成」。但他和他的大政敵段祺瑞一樣，在抗日戰爭的洪流中，拒絕了日本人的勸降，沒去當北方的汪精衛。

一九三九年，抗日戰爭正遭逢最困難時刻，四合院裡的大帥吳佩孚因為吃餃子時被肉餡裡的一個小骨頭渣戳壞了牙，引發感染一病不起。當時，他的身體狀況極為良好，絕對有機會到外國醫院徹底根治這個病症，但是他為了履行不求助外國人的誓言，硬是不去醫院，結果竟死在這個病上。

吳佩孚生前就為自己擬好了輓聯——這大概是當時落魄政客和文人的共同愛好，用這個輓聯來定義他的理想和氣節，可謂再合適不過了：

得意時清白乃心，不怕死，不積金錢，飲酒賦詩，猶是書生本色；

失敗後倔強到底，不出洋，不入租借，灌園抱甕，真個解甲歸田。

第四章

吃。在民國：

那些一口咬下的人間百態

※貴族和冷燒餅
※史上最美味的大學餐廳
※在民國上飯館
※填鴨和烤鴨
※在民國吃小吃
※民國老饕的三種境界
※齊如山和民初大廚的「風采」
※魯迅和竹筍
※胡適與酒和徽州鍋的故事
※孫中山——用「建國方略」發揚豬血

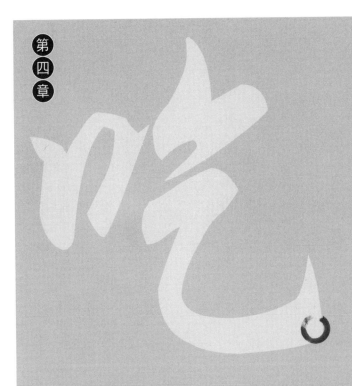

人每天都要吃飯，有史以來，人類不知道一共吃下了多少飯——想必是恆河沙數吧？但是偏偏有那麼幾頓飯、那麼幾個飯店、那麼幾道菜、那麼幾個做飯的人，長久留在人們記憶中，成為文化性格中不可或缺的一部分。所以，要研究一個時代，不看看他們吃什麼、怎麼吃，那是絕對說不過去的。民國初年這個變化如此激烈的時代，即使是吃飯也逃脫不了「革命」和「改良」的風潮，有些時候，甚至成為風口浪尖上的話題。

貴族和冷燒餅

辛亥革命後某日，大清朝的末代鎮國公之一——愛新覺羅．恆煦早晨起來感到肚子餓，決定自己到街上買點吃的。此前，他從來不需要自己做這種事，無論大小事都是下人替他代勞，但革命後，這個貴族的經濟水準一落千丈，再不自己動手「勞動」，就只有餓肚子的份了。

愛新覺羅．恆煦拿著錢到了街上。街頭小販們當然認得他，熱情地跟他打招呼。他來到一個燒餅攤前，買了兩個燒餅。當掌櫃的把燒餅用紙包好放在他手裡時，恆煦愣了：他吃了幾十年的燒餅，頭一次發現燒餅竟然是熱的！他咬了一口，發現熱燒餅的味道簡直好極了，比他吃過的所有好東西都要好吃百倍！

愛新覺羅．恆煦是乾隆皇帝的後代，著名的「五阿哥」永琪之後。辛亥革命後，他雖然越過越窮，卻吃到了在王府裡從沒吃過的美味。奧妙在於王府裡的生活其實十分畸形：下人們為了替自己省事，從小欺瞞主子，買燒餅一定要買涼的，如果買熱的，萬一哪一次涼了，主子怪罪下來便難以交差。不如永遠買涼的，讓主子以為本當如此，這樣自己才安全。一個燒餅是如此，別的食物更不用說。

從這個角度來看，「革命」對於被革命者，也就是舊時貴族來說，本質上算是好事，因為革命成功，意味著貴族恢復了作為正常人所應該享有的健康生活方式。

味覺革命就此在末代鎮國公身上發酵，同時也在末代皇帝溥儀身上發酵。這位皇帝成為這個國家的一介普通公民後，向人們交代了皇宮裡那些「神祕」的生活。飲食上，雖然皇帝每餐都要擺上至少幾十道菜，但大部分的菜根本無法下嚥，因為那都是放在砂鍋裡不知道燉了多少天的老菜湯，知道皇帝吃不到，乾脆都做成了樣品：

愛新覺羅．溥儀《我的前半生》：

關於皇帝吃飯，另有一套術語，是絕對不准別人說錯的。飯不叫飯而叫「膳」，吃飯叫「進膳」，開飯叫「傳膳」，廚房叫「御膳房」。到了吃飯的時間——並無固定時間，完全由皇帝自己決定——我吩咐一聲「傳膳！」跟前的御前小太監便照樣向守在養心殿的殿上太監說一聲「傳膳！」殿上太監又把這話傳給鵠立在養心門外的太監，他再傳給候在西長街的御膳房太監……這樣一直傳進了御膳房裡面。不等回聲消失，一個猶如過嫁妝的行列已經走出了御膳房。這是由幾十名穿戴齊整

愛新覺羅．恆煦，末代鎮國公之一。

的太監們組成的隊伍，抬著大小七張膳桌，捧著幾十個繪有金龍的朱漆盒，浩浩蕩蕩地直奔養心殿而來。進到明殿裡，由套上白袖頭的小太監接過，在東暖閣擺好。平日菜餚兩桌，冬天另設一桌火鍋，此外有各種點心、米膳、粥品三桌，鹹菜一小桌。食具是繪著龍紋和寫著「萬壽無疆」字樣的明黃色的瓷器，冬天則是銀器，下托以盛有熱水的瓷罐。每個菜碟或菜碗都有一個銀牌，這是為了戒備下毒而設的，並且為了同樣原因，菜送來之前都要經過一個太監嘗過，叫做「嘗膳」。在這些嘗過的東西擺好之後，我入座之前，一個小太監叫了一聲「打碗蓋！」其餘四五個小太監便動手把每個菜上的銀蓋取下，放到一個大盒子裡拿走。於是我就開始「用膳」了。

所謂食前方丈都是些什麼東西呢？隆裕太后每餐的菜餚有百樣左右，要用六張膳桌陳放，這是她從慈禧那裡繼承下來的排場，我的比她少，按例也有三十種上下。我現在找到了一份「宣統四年二月糙卷單」（即民國元年三月的一份菜單草稿），上面記載的一次「早膳」的內容如下：

口蘑肥雞、三鮮鴨子、五綹雞絲、燉肉、燉肚肺、肉片燉白菜、黃燜羊肉、羊肉燉菠菜豆腐、櫻桃肉山藥、爐肉燉白菜、羊肉片川小蘿蔔、鴨條溜海參、鴨丁溜葛仙米、燒茨菇、肉片燜玉蘭片、羊肉絲燜跑躂絲、炸春捲、黃韭菜炒肉、熏肘花小肚、鹵煮豆腐、熏干絲、烹掐菜、花椒油炒白菜絲、五香乾、祭神肉片湯、白煮塞勒、烹白肉。

這些菜餚經過種種手續擺上來之後，除了表示排場之外，並無任何用處。它之所以能夠在一聲「傳膳」之下，迅速擺在桌子上，是因為御膳房早在半天或一天以前就已做好，根在火上等候著的。他們也知道，反正從光緒起，皇帝並不靠這些早已過了火候的東西充飢。我每餐實際吃的是太后送的菜餚，太后死後由四位太妃接著送。因為太后或太妃們都有各自的膳房，而且用的都是高級廚師，做的菜餚味美可口，每餐總有二十來樣。這是放在我面前的菜，御膳房做的都遠遠擺在一邊，不過做個樣子而已。

正因為皇宮中的一切都如此畸形，所以宣統皇帝被驅趕出故宮時，其實覺得無比快活，雖然仍然不得自由，但至少可以正常吃飯了。傳統相聲裡有個段子叫做《報菜名》，其中的「滿漢全席」是大家公認的食品大觀園，而真正吃過「滿漢全席」的人想必不多，整天面對「滿漢全席」的溥儀大概是最「幸運」的一個，不過他也因此從未享受過真正的人間美味。

史上最美味的大學餐廳

一九二五年秋天，燕京大學校長司徒雷登發現了一件怪事：自己的學生不在學校好好吃飯，反而總是往對面的清華大學跑，北京城的車夫們也發現這段時間往城外清華大學跑的人特別多，清華大學到底發生了什麼事這麼吸引人呢？也許有人會說，這一年清華大學不是成立了國學研究院嗎？還請了著名的「四大導師」：王國維、梁啟超、陳寅恪、趙元任。那些人大概都是去聽四位大師上課的吧？

答案是：否。

慕名到清華大學來的人不是慕那幾位大師的名，而是慕一個小飯館「小橋食社」的名前來的！這一點也不奇怪，因為中國人大多願意到有名的飯館捧場，但願意前去為學術大師捧場的人可不多。

這間小飯館，到底有什麼特殊之處讓它如此熱門呢？想一想倒也沒什麼特別之處，不過有一點是世上所有的飯館都無法與之相比的——它的創辦人是趙元任夫人楊步偉。

如果我們明白楊步偉女士有多厲害，就會知道她開的飯店為什麼想不熱門都不行了。

楊步偉的特殊之處在於，她是名以一種奇妙的方式，將各式各樣民初人物串聯起來的人。民初時期的大人物們都好像中了魔法似的，接連在她的生命中亮過相：

首先是她的祖父楊仁山，他是金陵刻經處的創辦人，中國佛教協會的創始人，譚嗣同、張勳等人都是他的門人弟子，因為這些關係，楊步偉到了哪裡大家往往都對她另眼相看。

民國大總統黎元洪是他父親的結拜兄弟和過去的下屬，楊步偉小時候，黎元洪在楊家住，他的被窩裡經常收到楊步偉放的惡作劇：一塊大冰塊。因為這件事，黎元洪一直記得這個淘氣的小姑娘，直到楊步偉成年，而黎元洪當上了大總統，他還是時常童心大發，在會見前從背後捂住楊步偉的眼睛玩「猜猜我是誰」的遊戲，每當此時，楊步偉總是能從他的湖北黃陂口音中聽出她的「黎叔叔」。

柏文蔚。他對小姑娘楊步偉似乎有些朦朦朧朧的愛，還沒等楊步偉中學畢業就請她做了軍隊中學的校長，而楊步偉也不負所托，將這個學校辦得有聲有色，最後鬧到柏文蔚的老父親對她敬佩得要給她磕頭的地步。

張作霖。他本來跟楊步偉之間沒任何關連，但有一天，楊步偉從日本回國，坐火車經過奉天車站，迷迷糊糊中聽見車下有軍樂隊大聲喧嘩，她撩開窗簾一看，有一個外表矮小、文弱書生模樣的人正在送一位客人上車，她信口問了一句同車的人那人是誰，人家告訴她：張作霖。歷史就是這麼愛捉弄楊步偉，非要讓她見上這位大名人一面。

趙元任。這個不用說，是她的丈夫，但是他們結婚前的經歷十

趙元任與楊步偉

分奇特，本來楊步偉想撮合趙元任和自己的朋友李貫中，但沒想到趙元任偷偷愛上了自己，她發現自己也愛上了趙元任，於是他們就這樣共結連理。楊步偉從此放棄了自己的醫學事業，她本來或許會成為中國歷史上最偉大的女醫生，但最後心甘情願的做了半輩子「趙元任教授太太」……。

這份名單如果一直列下去，就是一部民國史。但是言歸正傳，先說楊步偉在清華園做的「好事」：

楊步偉《一個女人的自傳》（節選）：

清華本校裡有兩個大廚房，到輪流請客時，總是那幾樣菜，所以我們最怕人家請吃飯，自己家廚子也用不好，幾天元任就覺得厭了，所以從做中國菜的廚子換到做西餐的廚子，從北邊的廚子換到南邊叫來的廚子，常換來換去的，我就又來出主意了，和幾個太太商量，我們何不共請幾個好廚子——有做點心的，有做菜的，我們還可以教他們做各省不同的菜和點心，這樣豈不就有很多不同的東西吃，家裡又省了用廚子的麻煩，價錢除了本錢以外只加上三間小屋的租錢和廚子的工錢就是了，輪流托一位太太管，大家都贊成。

但是一起了頭，就人多主意多了，有的贊成開正式館子賺錢的，有的要出股的，有的想管這個那個的，有的又主張要北方廚子，有的又主張要南方的，大家一點不一致，我知道自己又找了麻煩，便提議讓我先拿出四百塊錢來做，好的話再擴充，不好就算玩玩好了。到北平找了三個五芳齋的廚子，一個做菜的，一個做麻糕的，一個做湯包和點心的，要了學校大門外小橋過去的三間小屋子起頭修理，不過只做一個公共的廚房而已。豈知學生們知道了，不知寫了多少信要求來吃，而那些親自來要求的，一天都要把大門跑破了，我說學校裡的規矩，學生都歸學校包飯，不能出來吃的，並且學校大門又須六點要關，不便為學生吃飯，並且點菜花錢太多也不好，而趙先生在評議會不能破這個規矩的。他們說讓他們自己請求學校當局去，我想一定不准的，我何不做個空頭人情呢，就回他們：「若是學校准我就答應。」可是包飯的人數不能超過三十人。沒有料到開評議會時，他們真去請願去了，校長和評議會的人一口答應，並且對元任說：「你太太要開館子了！」元任氣得不得了，跑回來和我大鬧，說我：「坐在家裡不耐煩，又來出花樣！快快停止，不然不知要多少麻煩來。」我覺得好笑，說不要你多事麻煩，全歸我，你有好菜吃就是了。

他知道我的脾氣，要幹總是要幹的，絕對不會中止，只好聽我去鬧，我們兩個人的脾氣就是如此的過了四十多年，我是處處要找麻煩，元任是處處要省事。學生們的要求雖然答應了，可是我對他們說了，第一我們是大家鬧著玩的，只當一個公共的廚房，並不是做生意，第二我拿出四百元本錢，可不夠你們大家欠帳來吃，要吃只可以定人數包飯，每月先付後吃才可以，因為對學生要欠起帳來真是一個麻煩事，以三十人為限，而他們可都答應了，一下午就交了四百五十元來（十五元一個人），再來的只得向隅而嘆，學校改了十點關門，我就定的學生須六點來吃，九點一定要回校。（我想現在還記得當日吃飯情形的人是陳之邁、孫碧琦、王慎名等等，因為他們都是在館內常坐之客，並且我學的做菜也是那時才起頭注意的。）

本定了第一天的第一跑堂的是郝更生先生，管帳的是孔敏中太太，幫忙拿菜的是何林一太太、馬約翰太太、劉廷藩太太和我，一共六個人，第一個定菜的是王文顯家，不過都是大家好玩而已。頭一天又進城買菜，鮮的乾的買了一大些，最可笑的是王文顯太太洋車後掛了十隻活雞一路叫，她嚇得只叫洋車夫停下來，一停雞又不叫了，一走又叫起來，就一路走走停停。（我現在寫到這兒，還和元任兩人對桌子笑的不止呢。）

買了一百多元的菜以為可以用得好多天了，沒料到第一天各家來定菜，和學生來吃的去了二百多人，這個桌上來要的菜，那個桌上的人拿去了，我們只希望吃完了的人，快走，也沒想到問他們要錢，孔太太大叫「沒給錢」，「第一名」跑堂的郝更生先生也不願幹了，給買的菜吃得光光，而錢沒收回來，學校到十一點才關門，吳公之先生要兩樣菜等了真是半天也拿不出來。第二天他就送了一副對子「小橋流水三間屋，食社春風滿座人」。第二天我只好請他兩位吃飯，如此一來大家都送起對子來了。還有更可笑的事就是本來定的頭幾天各家都要一兩樣菜，沒有想到臨時那樣忙都拿不到菜，教職員和學生每天都去二百多人，過後忙不開，我們三四家的傭人都叫去做事了，連去吃飯和看熱鬧的人都站起來幫了做跑堂的，每天一直到晚上十一點鐘還未吃完，每天都是百元以上的材料加進去還是不夠，忙到半夜才能回來。元任說：「如何喉嚨都啞了？自討苦吃！」我只好笑笑，但是第二天一早又得辦貨，不能讓它幾天就關門啊，只得一天一天地忙下去。

還有一個最外行的事，就是用五芳齋的菜單，來的人總是點不同的菜，如何能辦那麼多的材料呢，所以趕快改主意，給菜樣減少、分量加多，好弄點。以後連燕京的人都來了，我想忙不過來拒絕他們，洪威廉（煨蓮）太太自己來，還兩面生了大氣得罪好些人。因為這是西直門外第一個正式有廚子做菜的館子，廚子可找得真不錯，以後連城裡的人都來叫酒席，例如李濟之先生老太爺的生日，周寄梅先生請客都是來幾桌，鬧得到處都知道，好些朋友安心和我起哄。特地去叫菜，弄得加人加開支，廚子還嫌我限制生意，我也實在麻煩了就把買賣讓了給他們去做了，本錢也多半自己吃了，在他們接管以後學生中就有欠的了，所以我自己寫了一副對子說「生意茂盛，本錢乾盡。」

楊步偉本來是個知名西醫大夫，當時中國還沒有幾個女醫生。但從此和烹飪有了不解之緣，後來到了美國，竟然寫了一本《中國食譜》，這本書的英文翻譯過來是「在中國怎麼做飯和吃飯」。楊步偉不過是寫著玩玩而已，沒想到連續再版了幾十次，她一下子成了美食名人，全美國都請她去演講。這個因緣就是從當年的「小橋食社」開啟的。

食譜如此暢銷，讓楊步偉有了一個能夠一輩子取笑自己丈夫的話題：丈夫趙元任寫了幾十本書，但加起來賣的數量還沒有她一本書賣得多。不過，廚藝的精進也讓楊步偉越來越離不開廚房了。他們到達美國後，經常有學生、故友藉故來她家一塊吃飯，趙家成了有名的美食中心。其中一個朋友、後來著名的語言學家王士元曾經回憶說，他去趙元任家訪問時，談了許久，需要借用一下洗手間，趙太太告訴他洗手間在二樓。王士元到了二樓，但發現洗手間電燈的開關怎麼樣也找不到，情急之下只好摸黑進去。就在王士元方便的時候，他突然在黑暗中聽到洗手間裡有嘩啦嘩啦的水聲，他大吃一驚，趕緊整理好衣服，四處忙亂地找到了電燈開關，當燈光大亮的時候，他發現了此中祕密——原來，洗手間的大浴缸裡養了好幾條碩大的鯉魚！鯉魚還在浴缸裡快樂地翻水花呢！

王士元這個令人驚奇的發現也許道出了楊步偉的中國菜烹飪祕訣——一定要新鮮。正因為如此，才不得不拿浴缸來養魚，這樣才能保證隨時都能讓客人吃到道地的中國菜。

在民國上飯館

楊步偉的小橋食社之所以成功，當然是因為它是楊步偉辦的。但另外一個重要的成功因素是，他們請的廚師是從「五芳齋」來的。

「五芳齋」本是浙江嘉興做甜食的小店，「五芳」指的是「米粉、芝麻、桂花、松花、玫瑰花」五道味道香美的食材，正如同絕大多數老字號美食，五芳齋起源於晚清至民國這段時間。和其他老字號不同的是，五芳齋並非單指某一間店，而是南方人愛用的一個吉祥名字，就像現在沙縣人開的飯館都叫「沙縣小吃」，成都人開的都叫「成都小吃」一樣。北京城的五芳齋實際上是做淮揚菜的飯莊，和做涮肉的「東來順」是對門。

「五芳齋」和「東來順」在民初時期的北京都屬於「飯莊」等級。現在的飯店動不動就取名為「××飯莊」，其實和民初時期真正的飯莊比起來相去甚遠。

老北京能端上檯面的飯店大致可以分成「飯莊」和「飯館」兩類。飯莊有點類似現在的「會館」，有寬闊的院落、精緻的房間、成套的餐具和家具，更重要的是有大戲台，可以滿足大型宴會所需的一切。正因為如此，飯莊其實不適合一般人前往消費。

老北京每一個行業幾乎都由固定籍貫的人經營，這是種原始的壟斷，但能夠保證行業的「老規矩」傳承下來。北京的飯莊基本上由山東人壟斷，「五芳齋」那樣的淮揚風味飯店十分稀少。「老規矩」的核心不在於飯菜的口味，而在於服務水準和品質。如今的「海底撈」火鍋，在經營上它以管理方式和對顧客的熱情周到取勝，但實際上這些「訣竅」在民初時期的餐飲業可說是稀鬆平常。

當你走到一家飯店門口時，早就有「夥計」在門口迎候，他們的臉上掛著「專業」笑容，這樣的職業笑容雖然有些疏離，但足以讓人高興到不想拒絕，如果是坐洋車前來，那麼夥計會觀察你坐的洋車是臨時雇的或是包月，若是前者，夥計會主動支付車錢，如果是後者，夥計也會「意思意思」。一切服務都是為了讓你感到舒適。坐定後，當然就要開始點菜了，夥計會根據你的口味主動建議一份菜單，而且幾乎十拿九穩都能讓你滿意，點菜時，夥計會用嘹亮的聲音通知廚房和帳房——一方面增添熱鬧氣氛、提高效率，而且往往比現代的無線電設備還要快。等待上菜的空檔，你永遠不會有如同在現代飯店用餐時的焦慮感，因為早就有茶房為你備好了冷盤和各式乾果炒貨，可以一邊喝著茶水一邊等待，完全不覺得煩悶。照例，在你點的菜上來之前，廚房會先上一盤「敬菜」，這是廚房主動加的菜，一般是紅燒魚頭之類的菜色，既好吃又便宜，同時也讓廚房免於煩惱邊角料的問題。如果你正好是請客吃飯，有道「敬菜」總會顯得有面子。

接下來當然就是吃飯了，有了前面一系列周到熱鬧的服務，顧客總能食欲大增，對業者來說，顧客有這樣的反應自然是再好不過。吃完飯，夥計照例都要送上「手巾把」、茶水和牙籤等必備物品，當然還有帳單——所有的服務都是要收費的，但又讓你有享受了很多免費服務的錯覺，這種錯覺也是飯店老闆們想收到的最佳效果。

最有名的「飯莊」都帶著「堂」字，這彷佛是一種約定俗成的商業標誌，著名的有慶和堂（位於地安門大街，原在地安門外白米斜街）、會賢堂（什剎海北岸）、聚賢堂（報子街路北）、福壽堂（金魚衚衕）、聚壽堂（東四錢糧衚衕）、天福堂（前門外肉市大街）、同興堂（前門外取燈衚衕）、惠豐堂（前門外觀音寺街）、富慶堂（西城錦什坊街）、燕壽堂（東城總布衚衕，聚壽堂分號）等。

「飯莊」和「飯館」兩者的差別在於設備規模，服務水準大抵相同。如果是平常吃飯，到「飯館」是最合適的。

學者陳育丞回憶老北京飯館的室內布局時說：

過去北京一般飯館，入門處為櫃房，司會計的帳桌、貯酒的罈子以及菸、茶、檳榔、小菜等均在此室內，司帳及經、副理亦執事於此。與櫃房相連者為散座，多系一長間，列方桌若干，備一二人小酌之用。再進則為雅座。雅座之設備，各飯館亦不盡相同，有的房屋寬綽，規模宏敞；有的重簾覆室，以幽邃勝。餐具在從前不甚考究，入民國後受南方飯館的影響，始有用銀杯、牙箸和江西瓷器的。至於雅座內懸掛匾、聯、書、畫，在道光、咸豐的時候，已經有這風氣。像福興居有一個小院子，有塊匾寫著「醉鄉深處」，後來又改為「尋堂行處」，蓋取杜詩「酒債尋常行處有」之意；又有一匾是「太白酒樓」，並集唐詩一聯云：「勸君更進一杯酒，與爾同銷萬古愁。」曾經傳誦一時。後來的明湖春有李汝謙寫的「烹魚不欺君子，解牛無愧庖丁」，亦稱名句。至春華樓則滿牆懸掛的都是張爰（大千）的作品。

舊日飯館的雅座不說是幾「號」，而叫幾「官」。意思就是第幾官座。堂倌代顧客要菜時，必高呼「某官某菜、某菜」，使帳房與廚房皆可聽到，廚房即準備菜，帳房即登記（以便算帳）。

端菜的人叫「堂倌」，乃南方的名稱，北京叫做「跑堂的」，顧客皆呼之為「夥計」。極熟識者，間亦呼為「老王」、「老李」。箇中能手不但能代客點配菜餚，而又善與灶上聯繫，經他傳呼的菜，廚房必加意烹調，使之特別出色，以便得到顧客的讚賞。故熟悉飯館情形的顧客事先都挑選房間，以得其人之招待。至於所付小費，亦較優厚。夥計送客時，必高呼「某官惠過，小帳若干」。如系寫帳，則曰「寫過」。北京飯館的夥計，多為山東福山人，鄉音未改，和易近人，不憚煩瑣，對於小費從不爭多論少，即使不滿意時，也絕不悻悻於色，確屬一種特色。

北京知名的「飯館」很多，如：福興居、廣和居、龍源樓、同興樓、時豐齋、毓興居、宴賓齋、裕興居、富興樓、毓興合、吉興齋、裕興園、萬福居、同興居、泰豐樓、如松館、才盛館、便宜坊等等。這些身在京城的飯館有一個得天獨厚的優勢，就是經常能夠得到全國各地美食家們的指點，久而久之，就出現了一些獨具特色的菜品，如「五柳魚」（即西湖宋嫂魚），傳自陶鳧薌，叫做「陶菜」。又有「潘魚」，傳自潘炳年。「吳魚片」，傳自吳均金。「江豆腐」，傳自江樹勻。

老北京的居民，光是說說這些菜名的來歷就得花上好幾天，難怪曲藝節目裡面有「報菜名」呢！

填鴨和烤鴨

現在大家都將「烤鴨」視為北京的代表菜，凡是到北京旅遊的人幾乎都要嘗嘗當地烤鴨的滋味。北京是一個自古就缺水的城市，本來不適合養鴨子，但愛吃的北京人硬是在京杭大運河裡將南方來的麻色鴨子改造成了雪白的「北京鴨」，「北京鴨」是專門用來烤的，而烤鴨用的鴨子脂肪是越多越好，於是北京人又發明了「填鴨」。

「填鴨」是相當殘忍的行為，但為了吃到肥鴨子，中國人向來是「不擇手段」的。「填鴨」實際上是逼鴨子吞下大量食物。負責填鴨工作的都是來自通州的專業師傅。過程如下：首先以高粱及其他飼料揉搓成圓條狀，粗細有如大香腸，長約四寸。師傅抓來一隻鴨，夾在兩條腿間，讓鴨子動彈不得，然後用手掰開鴨嘴。以粗長的飼料蘸水強行塞入。可憐的鴨子大概會非常痛苦，但苦於嘴巴被抓著出不了聲，只能眼睜睜地看著自己咽下這條「美食」。塞進口中之後，師傅用手緊緊的往下捋鴨的脖子，硬把那一根根飼料擠送到鴨的胃裡。

填進幾個之後，摸摸鴨子的肚皮已經圓滾滾了，師傅把手一鬆，將鴨子扔進擁擠的鴨舍，任其快速增肥。

填鴨這個專業也是需要技術的，只有北京的師傅才會，杭州的烤鴨師傅後來嘗試複製這項技術，以完全失敗告終——鴨子不是當下便撐死，就是瘦瘦地活了下來。這種技術確保北京烤鴨業在中國飲食界的地位——其他城市只能以瘦瘦的板鴨、醬鴨出名。

京城的烤鴨分兩種：便宜坊的燜爐烤鴨和全聚德的掛爐烤鴨。兩種烤鴨製作上差別是前者不用明火，後者用明火。如果想吃鮮亮好看的烤鴨，自然是以掛爐烤鴨為優。

民初時期文人除了討厭所有北京食物的周作人之外，都最喜歡吃烤鴨，因為烤鴨最適合朋友聚會時食用，歷史上最有名的一次「烤鴨聚會」是大哲學家金岳霖召開的，這次聚會的起因也很奇妙，與一隻雞有關……。

有一天，清華大學教授趙元任的夫人、婦科醫生楊步偉接到了一通電話。這個電話是他們夫婦的好友——邏輯學家金岳霖打來的，金岳霖的語氣非常急切：

「趙太太能不能趕緊到我這裡來一趟，有緊急的事情！」

楊步偉一聽這個語氣，心裡有些狐疑了。她知道這位老友正在和他的女朋友、美國人Lilian Taylor同居呢。這兩個人在一九二〇年代的中國過著二十一世紀美國的生活方式——同居而不結婚。這比楊步偉和趙元任的婚姻觀念更進一步：楊和趙只是沒舉行婚禮，但畢竟還是結了婚。楊步偉狐疑的原因當然是因為她婦科醫生的身份，她心想，這位比自己想法更進步的邏輯學家大概讓他的女友懷孕了吧？

楊步偉故意跟金岳霖開玩笑：「犯法的事我可不做啊！」

金岳霖以其邏輯頭腦連忙保證：「應該不違法吧。」

那時清華大學所在的海淀和金岳霖居住的北京城之間交通十分不便，楊步偉覺得金岳霖的話不一定靠得住，於是叫上自己的丈夫趙元任一同到北京城去。

兩個人坐著人力車心急火燎地來到了北京城裡的金岳霖家。

開門的人正是金的女友Lilian Taylor。楊步偉眼睛盯著她的肚子看了好半天，根本沒有什麼異樣。Lilian Taylor被看得也有些不好意思了。

這時候，金岳霖笑著迎了出來，一邊擦汗一邊說：「趙太太妳可來了！只有妳才能解決這個問題！快來！」

「到底是什麼問題？你說明白點！」楊步偉不滿地說。

金岳霖滿臉陪笑，但又有些喪氣地說：「我們養了一隻母雞，牠下蛋下了三天了，但還下不出來，趙太太趕緊幫忙接生吧。」

楊步偉一聽，真是哭笑不得，這位邏輯學教授如果在電話裡明說要請她這位婦科大夫來替一隻雞接生，她肯定不會過來的。

怎麼辦？既來之則接之吧。一行人跟著金岳霖來到了他的寵物雞面前。大家一看都吃了一驚：「這哪是雞啊！」原來這隻雞太肥了，蛋已經下了一半，卻遲遲下不來。

「你到底給這隻雞吃了什麼東西啊？」楊步偉嗔怪地說。

「我們每天餵牠吃魚肝油……」金岳霖有些心虛地說。

大家一聽，這回真相大白了。楊步偉說：

「跟人一樣，油膩的東西吃太多就要胖，所以這個蛋下不出來！」

「不管怎麼樣，您趕快做個手術接生出來吧！」金岳霖仍然焦急地說。

「好吧。」楊步偉說著，讓趙元任和金岳霖用力抓住這隻母雞的翅膀和大腿，自己用力抓住那顆已經掉下來一半的蛋，一拉就出來了。這隻可憐的雞蛋雖然出來了，但已經變成了一個兩頭大中間小的葫蘆蛋！

金岳霖一看就這麼簡單啊，嘴裡嘟囔著說：「原來這麼簡單！怎麼連手術刀都不用呢？」

眾人一聽，不禁哈哈大笑。

這次成功的手術自然要慶賀一番：慶賀的方式就是一起去吃一頓烤鴨。

真是救了一隻雞又害了一隻鴨！

在民國吃小吃

老北京雖然有胡適、趙元任這些大教授，有黎元洪、段祺瑞這些大政客，有譚鑫培、梅蘭芳這些大明星，但畢竟普通老百姓還是佔大多數，對他們來說，「上飯館」當然是件比較奢侈的事，但是這並不妨礙他們用自己的方式去享受美食，因為北京城還有各種各樣的小吃攤可去——長遠來看，從民初到現代，真正深入人心的北京飲食文化還是小吃，而不是那些聲名顯赫的大飯店。

二〇〇五年，七十歲的台灣作家李敖訪問中國，到機場時北京記者用北京腔問李敖「想吃點什麼？」李敖不假思索地回了一句「想喝豆汁兒」。在場的人都笑了。因為大家都十分熟悉老北京人這個如同「密碼」的飲食習慣。「豆汁兒」這種「飲料」專屬北京，甚至是專屬北京城牆以內的北京，出了城牆就沒人喝了，連毗鄰的河北省都沒人喝。

「豆汁」下面一定要加一個「兒」字，這才是那個北京飲食密碼的正確讀法，如果不加「兒」字，夥計端給你的會是一碗「豆漿」。「豆汁兒」天生就是一種平民食品，因為它是用製作綠豆澱粉時剩下的材料做成——在其他地方，這東西用來餵豬的——北京人把濾去澱粉的綠豆「水」再加水熬煮，就成了「豆汁兒」。豆汁兒又酸又鹹還有點臭味，但它改造了老北京人的胃。

「豆汁兒」的標準吃法是坐小板凳，圍著豆汁兒挑夫，一邊喝一邊嚼點鹹菜、焦圈兒（一種油炸的麵食），因為豆汁兒一定要趁熱喝，所以在豆汁兒挑夫旁你會聽到此起彼伏的「滋溜滋溜」聲。有錢有地位的人自然不屑於在這種場景中露面，但偏偏又會嘴饞，只好讓下人一大盆一大盆地買回家，偷偷「滋溜滋溜」。

老北京的代表性小吃還有「油炸鬼」。「油炸鬼」又叫「油條」，是中國人最常見的早餐，雖然現在被打入了「垃圾食品」這個分類，但仍然頑強地出現在中國人的餐桌上，北京的「油炸鬼」特殊之處

這張圖是北京賣冰糖葫蘆的照片。和豆汁兒一樣，冰糖葫蘆是故都的一個固定意象，但冰糖葫蘆的生命力比豆汁兒更頑強，一直到現在仍是北方兒童的重要零食。

老北京油炸鬼

在於它是片狀的，而非條狀，所以並不叫「油條」。

賣小吃的似乎永遠是賣小吃的，永遠做不大，這是它先天上的限制——一旦做大，就脫離了小吃的本義，當普通的勞苦大眾不能腳蹬板凳，「滋溜滋溜」旁若無人地大嚼大咽時，就完全喪失小吃的韻味了。

完美結合小吃和大餐的只有一個成功例子，那就是「東來順」。

清朝末年，一個推車進京謀生的回民老丁在東安市場擺了個飯攤，回民對於麵食和牛羊肉的做法向來高漢民一籌，老丁也不例外，他開的這個小吃攤專賣白湯雜碎、雜麵條和大餅，因為物美價廉，很快生意就變得十分興隆，沒過多久「飯攤」就變成了「飯棚」，後來又升級成擁有好幾大間灰瓦房的「東來順」羊肉館，變成了涮肉館，自然就不能賣小吃了。「東來順」的涮羊肉講究用「口外」牛羊，這個「口」是張家口，從北京城往外走，除了張家口就是塞外了。買回肥羊之後，東來順再自行加料餵到膘肥肉厚，然後將牠宰殺。

東來順出名了，但沒忘記自己的本份，它成了北京城大飯店裡唯一在門口保留小吃的店家：大門外仍然設飯攤，還是賣當年的雜碎湯、烙餅及牛肉湯麵。這雖然是一個溫馨的舉動，但畢竟只是點綴，已經脫離了小吃的範疇了。

民國老饕的三種境界

饕客當然也是有境界的，而且這三種境界都是民國人吃出來的。

——普通饕客是從美味中吃出滋味，

——高級饕客是從粗茶淡飯中吃出滋味，

——頂級饕客是從「不吃」中品出滋味。

普通饕客可以梁實秋為代表。這位大作家對美食的研究水準與他對莎士比亞的研究水準相近，甚至專門寫了《雅舍談吃》來分享個人心得。就因為他太好吃，後來竟被點名為「資產階級文學服務的代表人物」，但也無處申訴。下面請看，單是一個「湯包」，他就從南到北吃透透。而且把每個包子都徹底研究了一番：

梁實秋《湯包》：

說起玉華台，這個館子來頭不小，是東堂子衚衕楊家的廚子出來經營掌勺。他的手藝高強，名作很多，所做的湯包，是故都的獨門絕活。包子算得什麼，何地無之？但是風味各有不同。上海沈大成、北萬馨、五芳齋所供應的早點湯包，是令人難忘的一種。包子小，小到只好一口一個，但是每個都包得俏式，小蒸籠裡墊著松針（可惜松針時常是用得太久了一些），有賣相。名為湯包，實際上包子裡面並沒有多少湯汁，倒是外附一碗清湯，表面上浮著七條八條的蛋皮絲，有人把包子丟在湯裡再吃，成為名副其實的湯包了。這種小湯包餡子固然不惡，妙處卻在包子皮，半發半不發，薄厚適度，製作上頗有技巧，台北也有人仿製上海式的湯包，得其彷彿，已經很難得了。

天津包子也是遠近馳名的，尤其是苟不理的字號十分響亮。其實不一定要到苟不理去，搭平津火車一到天津西站就有一群販賣包子的高舉籠屜到車窗前，伸胳膊就可以買幾個包子。包子是扁扁的，裡面確有比一般為多的湯汁，湯汁中有幾塊碎肉蔥花。有人到鋪子裡吃包子，才出籠的，包子裡的湯汁曾有燙了脊背的故事，因為包子咬破，湯汁外溢，流到手掌上，一舉手乃順著胳膊流到脊背。不知道是否真有其事，不過天津包子確是湯汁多，吃的時候要小心，不燙到自己的脊背，至少可以濺到同桌食客的臉上。相傳的一個笑話：兩個不相識的人據一張桌子吃包子，其中一位一口咬下去，包子裡的一股湯汁直飆過去，把對面客人噴了個滿臉花。肇事的這一位並未覺察，低頭猛吃。對面那一位很沉得住氣，不動聲色。堂倌在一旁看不下去，趕快擰了一個熱手巾把送了過去，客徐曰：「不忙，他還有兩個包子沒吃完哩。」

玉華台的湯包才是真正的含著一汪子湯。一籠屜裡放七八個包子，連籠屜上桌，熱氣騰騰，包子底下墊著一塊蒸籠布，包子扁扁的塌在蒸籠布上。取食的時候要眼明手快，抓住包子的皺摺處猛然提起，包子皮驟然下墜，像是被嬰兒吮癟了的乳房一樣，趁包子沒有破裂趕快放進自己的碟中，輕輕咬破包子皮，把其中的湯汁吸飲下肚，然後再吃包子的空皮。沒有經驗的人，看著籠裡的包子，又怕燙手，又怕弄破包子皮，猶猶豫豫，結果大概是皮破湯流，一塌糊塗。有時候堂倌代為抓取。其實吃這種包子，其樂趣一大部分就在那一抓一吸之間。包子皮是燙麵的，比燙麵餃的麵還要稍硬一點，否則包不住湯。那湯原是肉汁凍子，打進肉皮一起煮成的，所以才能凝結成為包子餡。湯裡面可以看得見一些碎肉渣子。這樣的湯味道不會太好。我不太懂，要喝湯為什麼一定要灌在包子裡然後再喝。

梁實秋給人的印象彷彿像個南方人，甚至籍貫寫的就是「浙江錢塘」，但這之中其實是一場誤會，因為梁實秋的祖父是道地的河北邢台人，當初為了科舉考試方便才將兒子的籍貫改成「浙江錢塘」。梁實秋在北京出生長大，是「京片子」階層的代表。殷實的家庭把他培養成了資深饕客，資深饕客的特點是不僅徹底研究美食，還愛屋及烏，連帶與美食有關的人和事也研究通透，例如在飯店吃飯時與跑堂交際的規矩：

北京飯館跑堂都是訓練有素的老手。剁蒜剁蔥剁蝦仁的小利巴，熬到獨當一面的跑堂，至少要到三十歲左右的光景。對待客人，親切周到而有分寸。在這一方面東興樓規矩特嚴。我幼時侍先君飲於東興樓，因上菜稍慢，我用牙箸在盤碗的沿上輕輕敲了叮噹兩響，先君急止我曰：「千萬不可敲盤作響，這是外鄉客粗魯的表現。你可以高聲喊人，但是敲盤碗表示你要掀桌子。在這裡，若是被櫃上聽到，就會立刻有人出面賠不是，而且那位當值的跑堂就要捲鋪蓋，真個的捲鋪蓋，有人把門簾高高掀起，讓你親見那個跑堂扛著鋪蓋卷兒從你門前急馳而過。不過這是表演性質，等一下他會從後門又轉回來的。」跑堂待客要殷勤，客也要有相當的風度。

梁實秋雖然對美食頗有研究，但在饕客群中只能算是個普通饕客，高級饕客是像他的老師周作人這種，能從粗茶淡飯之中品出味道的人。

如同梁實秋一般，周作人寫了很多關於吃的小品文，但從來不寫大魚大肉，只寫菜根鹹菜，但品味起來卻有比梁實秋更高的韻致：

《北京的茶食》：

我們於日用必需的東西以外，必須還有一點無用的遊戲與享樂，生活才覺得有意思。我們看夕陽，看秋河，看花，聽雨，聞香，喝不求解渴的酒，吃不求飽的點心，都是生活上必要的——雖然是無用的裝點，而且是愈精煉愈好。

上面這段話可看做是周作人的「人生憲法」。在這部憲法裡面，茶飯是必不可少的道具。在周作人看來，一碗豆腐是勝過一席全豬宴的：

周作人《臭豆腐》：

近日百物昂貴，手捏三四百元出門，買不到什麼小菜。四百元只夠買一塊醬豆腐，而豆腐一塊也要百元以上，加上鹽和香油生吃，既不經吃也不便宜，這時候只有買臭豆腐最是上算了。這只要百元一塊，味道頗好，可以殺飯，卻又不能多吃，大概半塊便可下一頓飯，這不是很經濟的嗎。……

豆腐據說是淮南遺制，歷史甚長，稱得上是中國文明的特產，現代科學盛讚大豆的營養價值，所以這是名實相符的國粹。其製品種類繁多，豆腐、油豆腐、豆腐乾、豆腐皮、千張、豆腐渣，此外還有豆腐漿和豆麵包，做起菜來各具風味，並不單調，如用豆腐店販售的原料做成十道菜，一定是比沙鍋居的全豬席要好得多的。中國人民所吃的小菜，一半是白菜蘿蔔，一半是豆腐製品……還有一件事想起來也很好玩的，便是西洋人永遠不會吃豆腐，我們無法想像他們能用豆腐乾、油豆腐當原料，能夠做出什麼樣的法國菜來，巴黎的豆腐公司之失敗，也就是一個證明了。

既然以粗茶淡飯、白菜、蘿蔔、紅薯為美，周作人就要和遍嘗美食的梁實秋走上兩個極端了，最明顯之處就是周作人非常厭惡北京小吃，這不免讓老北京的愛好者們感到驚訝：

北京建都已有五百餘年之久，論理於衣食住方面應有多少精微的造就，但實際似乎並不如此，即以茶食而論，就不曾知道什麼特殊的東西。……總覺得住在古老的京城裡吃不到包含歷史的精煉的或頹廢的點心是一個很大的缺陷。

這簡直是將北京所有飲食一竿子打翻了，梁實秋知道後不知道會不會大跌眼鏡？很多人知道周作人的觀點之後，試圖說服他北京的飲食不像他說的那麼不堪，可惜並無效果，一方面是因為飲食習慣是童年時期養成的，幾乎終生不能改，另一方面也是周作人的「人生憲法」在作怪，他喜歡那些能讓他超脫於這個現實世界的東西，那些美味之物只會讓他更留戀這個世界，而不是忘掉它。

周作人堪稱是高級饕客——但要到達這個境界，得先當過普通饕客才行：只有品嘗過人間美味，才能回過頭來再品嘗出粗茶淡飯的清香。不過，周作人雖高級，但畢竟還是要「吃」，甚至為了維持「吃」而不惜做了漢奸，這實在是「饕客」界莫大的恥辱。

最頂級的饕客只有一個人——弘一法師李叔同。

李叔同是中華民國當仁不讓的頭號奇人，他做過的事太多，玩過的遊戲太多，享受過的娛樂太多，吃過的美食太多，獵艷過的女子也不少，用著名佛教人士趙樸初的話來說，李叔同是「無數奇珍供世眼，一輪明月耀天心」。意思是這個人為這個世界貢獻過太多新鮮好玩的玩意了，但又令人出乎意料地當了和尚。

李叔同是中國第一個演話劇的人。在日本留學時，他組織了「春柳社」，親自扮演茶花女，從此中國人才有了京劇崑曲等戲曲之外的娛樂選擇。

李叔同是中國第一個畫油畫的人，是第一個彈鋼琴的人，是第一個用裸體模特兒作畫的人……。

嘗盡了世間的一切美好之後，李叔同隱約感覺到自己的人生需要發生一些變化了，而這個變化是從一次「斷食」開始的。

「斷食」是一種瑜伽修行，實際做法是「閉關」將近一個月，在這期間，先逐漸減少飯食直到「不食人間煙火」，在最空明的狀態中「悟道」，然後再慢慢恢復正常飲食。李叔同為了這次斷食做了萬全的準備。作為一個十分了解現代科學的人，他完整記載了自己在閉關斷食期間的生命狀態。這是一篇人類精神的禮讚文，是人告別食物拖累的臨別留言。由吃到不吃，這是人類對飲食理解的最高境界：

弘一法師（李叔同）《斷食日記》：

丙辰十一月二十九日（民國五年）：斷食換心，是一種科學的，也是哲學的試驗。

弘一大師告訴聞玉，斷食中，不會任何親友，不拆任何函件，不問任何事務。家中有事，由聞玉答覆，處理完畢，待斷食期滿，告訴我。斷食中盡量謝絕一切談話。整天定課是練字，作印、靜坐，三個段落。食量：早餐一碗粥，中餐一碗半飯，一碗菜；晚餐，一碗飯及小菜，這是平日三分之二的食量。晚間，準備筆、墨、紙，明天開始習字。聞玉是一個虔誠的護法。

丙辰十一月三十日：清早六時起床，靜坐片刻，盥洗，六點半以後，習字一點鐘。早餐，粥

弘一法師出家照。

大半碗。飯後，靜坐。九時起，習字一點鐘。午餐，飯菜各一碗，十二點後，午眠。下午二時起，靜坐。三點鐘起，習字。飢腸轆轆。晚餐，飯菜各一碗。飯後，靜坐片刻。就寢。

丙辰十二月一日：六時起身，靜坐。習字功課如昨。早餐，粥半碗，較昨日為稀。中餐，飯菜各一碗。午後小眠，習字如昨。傍晚，腹中如火焚。晚餐，飯半碗。逐日減少活動，以靜、定、安、慮作生活中心。—聞玉示我，雪子有箋。聞玉待我，周切備至，此情永不能忘。

丙辰十二月二日：清晨，習字，靜坐如常。早餐，稀粥半碗。中餐，改吃粥及菜合一碗。傍晚，空腹時，腹中熊熊然。堅定信念，習字、靜坐。精神稍感減衰，鏡中看人，略見瘦削。晚餐，稀粥半小碗。六時入睡。

丙辰十二月三日：晨起，精神漸漸輕快。早餐，稀粥半碗。中餐，稀粥一碗，菜少許，晚餐謝絕。但飲虎跑冷泉一杯。（虎跑泉，著名於杭州。）我如一老僧坐禪，聞玉赫然韋陀！精神翕然，腹內乾燥減少。靜坐。習字如昔。晚六時入睡，無夢。

丙辰十二月四日：晨起，泉水一大杯，絕稀粥。靜坐以待寂滅，習字以觀性靈。中餐，稀粥半碗，菜少許。傍晚，泉水一杯。習字，靜坐如常。聞玉示我，雪子箋至。「情」可畏也。—年前曾與雪子妥商，假期來虎跑斷食。晚六時入睡。

丙辰十二月五日：晨起，飲泉水一杯，清涼可口。習字，靜坐。精神穩定，腹中舒泰。中餐，稀粥半小碗，無菜。晚，泉水一杯。六時入眠，安靜，無夢，輕快。

丙辰十二月六日：今天，整日飲甘泉。斷絕人間煙火。習字，靜坐。思絲，慮縷，脈脈可見。文思漸起，不能自已。晚間日落時入眠。

丙辰十二月七日、丙辰十二月八日、丙辰十二月九日：靜坐，習字，飲甘泉水。無夢，無掛，無慮，心清，意淨，體輕。飲食，生理上之習慣而已！靜坐時，耳根靈明，大地間無不是眾生噭噭不息之聲。

丙辰十二月十日、丙辰十二月十一日：精神界一片靈明，思潮澎湃不已。法喜無垠。

丙辰十二月十二日：作印一方：「不食人間煙火」空空洞洞，既悲而欣。

丙辰十二月十三日：依法：中餐恢復稀粥半小碗。靜坐，習字如昔。

丙辰十二月十四日：飲食逐次增進。治印：「一息尚存」。心胃開闊，飯食奇香。

丙辰十二月十五日：丏尊當不知我來此間實行斷食也。一切如舊。中餐用菜。署別名：李嬰，老子云：「能嬰兒乎？」

丙辰十二月十六日：中餐改用飯菜。習字，靜坐，作室內散步。

丙辰十二月十七日、丙辰十二月十八日：七天不食人間煙火。精神，筆力，思考奇利。

丙辰十二月十九日：整理各式書法一百餘幅，印數方。回校。

李叔同成功完成了「斷食」，如果他生在現代，他大概會說「專業表演，請勿模仿」，正常人一頓飯不吃都會餓得受不了，更不要說堅持二十多天的「斷食」了。斷食不是為了不吃飯，而是為了將吃飯的能量節省下來，體驗精神的愉悅。在達到最高的精神境界後，他最終於一九一八年七月剃度出家了，也就是後世大名鼎鼎的「弘一法師」。

齊如山和民初大廚的「風采」

民初大文人齊如山有兩個愛好：一個是捧梅蘭芳，一個是吃好吃的。捧梅蘭芳捧出了一個「梅博士」，吃好吃的讓他收穫了世間美味，並寫出了《烹調述要》。齊如山是真正把「吃」琢磨透徹的人。

齊如山在老北京「吃」出了江湖地位。他和各大飯館的大廚都有深交，每當請人吃飯的時候，他都會很早便到達預定的飯店，為的是欣賞大廚們的「風采」，就算現在想到這個畫面，都令人十分神往。當然他也因此發現了很多烹飪「祕笈」。

有一次看到他們炒菜，很快的就好了，永遠不用嘗一嘗，我問他們：「你們不嘗，倘若太鹹太淡，怎麼辦呢？」他們反問我：「凡吃火候的菜，都是快熟的菜，不必說必能嘗，連放各種佐料，如醬油、醋、料酒、油、鹽等等，用小勺一舀，就得趕緊放入大勺，倘每一種舀出來，都要看一看，斟酌好了，再往勺裡放，那所炒的菜就過了火，老得吃不得了。總之非快不可，能快且能夠口味合宜，這就全靠熟練了。比方倘有幾個月時間沒有做菜，再乍做時，也難免矜持，且不一定合口味。」

這位大廚的炒菜「哲學」是完美把握時間，明白了這一點才算了解中國的飲食文化，其實，炒菜的「恰到火候」，時間的估算並不是菜盛進了盤子便告完結，而是菜到了客人面前才算結束，這段時間需要用秒來計算才能精準把握。

有一次看到他們炒的菜不夠熟，我問他：「這個不太生嗎？」他說：「這是樓上要的菜，天氣又熱，端到桌上就熟了，倘在樓下吃，再是冬天，就得炒得火候大一點，因為天冷座又近，則半路上不能生變化，所以火需稍大。」因想到一次我在家中請客，有一位極好的廚師給做菜，他做的爆肚，也是不夠熟，他說：「在東院吃，就夠熟了，若在本院吃，則尚須火大一點。」因為舍下是平行四個院，廚房在最西院，客廳在最東院，所以他如此說法，總之好廚子對於吃火候的菜，於這些地方都要注意，足見他們不但有技術的傳授，而且都是有心傳的。

廚師們對擁有齊如山這位文人知音也感到十分榮幸，索性把北京城名吃「爆肚」的製作祕訣傾囊相授：

說起油爆肚來，乃是一種極容易做的菜，也是極難做的菜，若有兩個火三個勺，二人合作，則沒個做不好，倘一個火兩個勺，還可以對付，若一個勺一個火，那就很不容易做得恰到好處了。因為「肚兒」切好後，先用開水一抄，撈出就趕緊傾入沸油，微一炸不許黃，即傾入另一勾汁兒之勺，如此則無不嫩而香，油炸之時間最要緊，時間少短則不香，稍長則有焦味，不合爆肚之味矣。

齊如山聽完之後想到西方的烹調過程，不禁更加大讚中國菜的做法。西洋飯菜端上桌子後，還需要客人自己動手分解食物、調製佐料等，在齊如山看來簡直就是離原始社會沒多遠的飲食方式，相比之下，中國菜的所有製作過程都在廚房完成，這才是文明人的飲食文化。

魯迅和竹筍

如同弟弟周作人，魯迅也是一個對美食相當有研究的人，但魯迅是一個十分隱誨的資深「饕客」，為了防止給人喜歡談吃的印象，魯迅在文章中有意迴避自己這個愛好，即使出現美食的畫面，也會將它改造成面目猙獰的樣子，比如在《狂人日記》中，主人公看見蒸魚時的情景：

早上，我靜坐了一會。陳老五送進飯來，一碗菜，一碗蒸魚；這魚的眼睛，白而且硬，張著嘴，同那一伙想吃人的人一樣。吃了幾筷，滑溜溜的不知是魚是人，便把牠兜肚連腸的吐出。

好多人看了這一段之後竟然再也不想吃蒸魚了！魯迅雖然抨擊了封建禮教，卻害了一道美食，豈不罪過？弟弟周作人和哥哥鬧分家，其中有沒有為了替蒸魚打抱不平的意思呢？我們不得而知。當然，這只是笑談。魯迅的美食「段位」一點也不比周作人低，他文章中的「羅漢豆」、孔乙己吃過的「茴香豆」，都成了「全國知名商標」，對此，魯迅自然功不可沒。魯迅本人最愛吃的是竹筍，甚至有時餐餐都吃，魯迅家的常客蕭紅曾經將魯迅上海家中那動人的切竹筍的聲音記錄下來：

只有廚房比較熱鬧了一點，自來水嘩嘩地流著，洋瓷盆在水門汀的水池子上每拖一下磨著嚓嚓地響，洗米的聲音也是嚓嚓的。魯迅先生很喜歡吃竹筍的，在菜板上切著筍片筍絲時，刀刃每劃下去都是很響的。其實比起別人家的廚房來卻冷清極了，所以洗米聲和切筍聲都分開來聽得樣樣清清晰晰。

中國人吃了幾千年竹筍也沒人說什麼，但偏偏有一個日本人不知趣，非要說中國人愛吃竹筍和蝦是因為這兩樣東西樣子頗像堅挺的生殖器，這實在是異想天開、大放厥詞了，這種性聯想大概是當時日本人心理共性的一部分。而這種荒謬論調當然也得到了魯迅的迎頭痛擊，他必須要站出來為竹筍和中國人說話了：

安岡氏又自己說道：「筍和支那人的關係，也與蝦正相同。彼國人的嗜筍，可謂在日本人以上。雖然是可笑的話，也許是因為那挺然翹然的姿勢，引起想像來的罷。」

會稽至今多竹。竹，古人是很寶貴的，所以曾有「會稽竹箭」的話。然而寶貴它的原因是在可以做箭，用於戰鬥，並非因為它「挺然翹然」像男根。多竹，即多筍；因為多，那價錢就和北京的白菜差不多。我在故鄉，就吃了十多年筍，現在回想，自省，無論如何，總是絲毫也尋不出吃筍時，愛它「挺然翹然」的思想的影子來。因為姿勢而想像它的效能的東西是有一種的，就是肉蓯蓉，然而那是藥，不是菜。總之，筍雖然常見於南邊的竹林中和食桌上，正如街頭的電線杆和屋裡的柱子一般，雖「挺然翹然」，和色欲的大小大概是沒有什麼關係的。

一場竹筍引起的論戰就這樣結束了，竹筍得到了「正名」，從此中國人可以正大光明的吃，不用顧忌日本人的性猜測了。

胡適與酒和徽州鍋的故事

在民初時期的文化名人裡，胡適可謂「西化」的典型，尤其在做學問寫文章上，把中國過去的那一套完全打破了，但在個人生活方式上，胡適又是最保守的「老土派」，包括穿衣吃飯，全都是少年時習慣的那種。

酒，是胡適最愛之物，但自從二十歲那年喝了一次幾乎讓他死掉的酒之後，他就怕了，成了一個對酒又愛又怕的人。

胡適曾經是一個典型的「問題青年」。出國留學前，他在上海擔任中學教師。和許多人一樣，他曾經也是一個充滿理想的少年，他也革命過，也寫過朦朧詩，但殘酷的現實早就讓他徹底頹廢了。他每天晚上都要和幾個朋友一起吃、喝、嫖、賭。這些上海小混混們最熟練的事他一樣都沒落下，把他帶壞的是一個叫何德梅的德國小混混：

中國新公學有一個德國教員，名叫何德梅，他的父親是德國人，母親是中國人，他能說廣東話、上海話、官話。什麼中國人的玩意，他全會。我從新公學出來，就搬在他隔壁的一所房子裡住，這兩所房子是通地，他住東屋，我和幾個四川朋友住西屋。和我同住的人有林君墨、旦怒剛諸位先生，離我們不遠，住著唐桂梁先生，是唐才常的兒子。這些人都是日本留學生，都有革命黨的關係；在那個時候各地的革命都失敗了，黨人死的不少，這些人都很不高興，都很牢騷。何德梅常邀這班人打麻將，我不久也學會了。我們打牌不賭錢，誰贏誰請吃雅敘園。我們這一班人都能喝酒，每人面前擺一大壺，自斟自飲。從打牌到喝酒，從喝酒又到叫局，從叫局到花酒，不到兩個月，我都學會了。

幸而我們都沒有錢，所以都只能玩一點窮開心的玩意兒：賭博到吃館子為止，逛窯子到吃「鑲邊」的花酒或打一場合股份的牌為止。有時候，我們也同去看戲。林君墨和唐桂梁發起學唱戲，請了一位小喜祿來教我們唱戲，同學之中有歐陽予倩，後來成了中國戲劇界的名人。我最不行，一句也學不會，不上兩天我就不學了。此外，我還有一班小朋友，同鄉有許怡蓀、程樂亭、章希呂諸人，舊同學有鄭仲誠諸人。怡蓀見我隨著一班朋友發牢騷、學墮落，他常常規勸我。但他在吳淞復旦公學上課，是不常來的，而這一班玩得朋友是天天見面的，所以我那幾個月之中真是在昏天黑地裡胡混。有時候，整夜的打牌；有時候，連日的大醉。

後來，他終於有一次喝得酩酊大醉，到了不省人事的地步。送他回家的黃包車夫趁機把他的衣服扒走，然後將他扔在路上。這時，如果隨便哪裡來一輛不長眼的汽車就能把他輾死。偏偏在這極其危險的時候，上海下起了瓢潑大雨，他渾身都濕透了，深一腳淺一腳地靠著最後一點直覺往家走，連鞋都走丟了一隻，即便如此，他還趁著散不去的醉意和過來盤問他的印度巡捕互毆了一頓。這大概是胡適唯一的「反帝運動」吧？

自然，他入獄了。在獄中酒醒的那一刻，他猛然警醒，發現自己身在監獄，而內心已經墜入地獄。他決心重新做人。從此一見了酒就不免想到自己當年的「窘態」，只好望酒興嘆了。

胡適雖然不大講究喝酒，卻十分喜歡吃肉。據說安徽績溪的水所含礦物質太多，不多吃點肉，人是受不了的，所以安徽菜的風格多是大油大肉。在北京時，他最喜歡光臨安徽小菜館，那裡的老店伴一聽他那一口安徽鄉音，便向廚房大聲喊暗號：「績溪老客，樓上請油重！」意思是這一位可是真正的績溪人，菜裡要多多放油。胡適聽到這句話總是微微一笑，然後享受自己的特殊待遇。

平心而論，「油重」雖然是安徽菜的傳統風格，但從現代營養學的角度來看，並不是很健康，胡適老年出席一個宴會時突發心臟病而死，大概就和這種長期的「油重」飲食習慣不無關係。當然，在年輕力壯的時候，誰會知道並把我們現在的這些擔憂放在心上呢？

胡適因為到處吃飯應酬，所以很多飯店都聲稱胡適最愛吃自家某一道菜，其實胡適最愛吃菜的只有一道——徽州鍋。

徽州鍋說白了就是一種精緻的燴菜，是徽州人最普遍的家常菜。如果用一個比較華麗的詞藻來稱呼，大概可以叫做「多層式什錦菜肉大燴菜」。

製作徽州鍋，首先要選一個大型鐵鍋，準備豬肉、雞、蛋、各種時令蔬菜、豆腐、蝦仁等，然後隨客人的要求確認豐盛程度，越多層越豐盛。最豐富的「鍋」有七層：最底層是蔬菜，最好是用冬筍，其次是筍衣，也可以用蘿蔔、冬瓜、乾豆角，時令蔬菜即可；上面一層是豬肉，肉一定要半肥半瘦，一斤豬肉切成八到十塊長條形；再上一層為豆腐包，是用油豆腐填餡做成的；第四層為「蛋餃」；第五層為紅燒雞塊；第六層為油煎豆腐；第七層為綠葉菠菜或其他鮮艷的蔬菜，用來提升賣相。製作方法十分簡單，就是一個「燉」字，開始時用猛火燒，稍後用溫火燒，好吃與否，專靠火候。吃的時候也要一層一層地吃，吃到最後，主食也吃了，湯也喝了，一頓飯才算結束。

不知道胡適的考據癖是不是從小吃這種一層層的徽州鍋時養成的，這徽州鍋與他做學問的程序極為相似——層層撥開表象的迷霧，看到下層的真實。

孫中山——用「建國方略」發揚豬血

從政治上來說，孫中山是中華民國的頭號名人和革命家，但從個人角度看，孫中山也是一個著名的「饕客」，身為革命家和「三民主義」的發明人，他在「吃」的境界上是一般人無法比擬的，因為他能把中國人喜歡的美食提升到「哲學」的層次。在孫中山的名著《建國方略》之中，第一章不是談國家建設，而是談怎麼認識中國的「吃」。「吃」是中國人的命根子，談革命時不忘抓住這一點，孫中山真可謂相當高明：

我中國近代文明進化，事事皆落人之後，惟飲食一道之進步，至今尚為文明各國所不及。中國所發明之食物，固大盛於歐美；而中國烹調法之精良，又非歐美所可並駕。至於中國人飲食之習尚，則比之今日歐美最高明之醫學衛生家所發明最新之學理，亦不過如是而已。何以言之？夫中國食品之發明，如古所稱之「八珍」，非日用尋常所需，固無論矣。即如日用尋常之品，如金針、木耳、豆腐、豆芽等品，實素食之良者，而歐美各國並不知其為食品者也。至於肉食，六畜之臟腑，中國人以為美味，而英美人往時不之食也，而近年亦以美味視之矣。

孫中山一開始就為中國人愛吃的金針菇、木耳、豆腐、豆芽和豬內臟等食物「正名」，晚清後，中國人往往見了洋人的東西就說好，想起自己的東西就覺得差，孫中山偏要振聾發聵，告訴中國人：自己的東西就是好，勇敢地吃吧！他這樣說是因為曾經有外國人當他的面嘲笑，說中國人吃豬血是一種野蠻行徑，這深深刺痛了孫中山的自尊心：

吾往在粵垣，曾見有西人鄙中國人食豬血，以為粗惡野蠻者。而今經醫學衛生家所研究而得者，則豬血含鐵質獨多，為補身之無上品。凡病後、產後及一切血薄症之人，往時多以化煉之鐵劑治之者，今皆用豬血以治之矣。蓋豬血所含之鐵，為有機體之鐵，較之無機體之煉化鐵劑，尤為適宜於人之身體。故豬血之為食品，有病之人食之固可以補身，而無病之人食之亦可以益體。而中國人食之，不特不為粗惡野蠻，且極合於科學衛生也。此不過食品之一耳，其餘種種食物，中國自古有之，而西人所未知者不可勝數也。如魚翅、燕窩，中國人以為上品，而西人見華人食之，則以為奇怪之事也。

作為一名西醫大夫，孫中山非常專業地勸告中國人：勇敢地吃豬血，隨西方人去說吧！豬血補鐵，又健康又衛生，外國人不吃是他們腦袋有問題！當然，出於時代限制，孫中山還認為燕窩、魚翅這些東西是好的，這大概是身為廣東人對這兩樣傳統貴菜的偏愛吧。

繼續讀《建國方略》，我們會驚奇地發現，孫中山在書中討論到了許多我們現代生活中的一些熱門飲食話題，這大概是先知們必然會有的高見吧。

首先是「素食」。這是一個相當時髦的話題，但孫中山早就指出，西方人吃素食的概念簡直是小兒科，就在西方人吃素食吃到營養不良時，中國人早就克服了這種副作用——辦法很簡單，就是「豆腐」：

西人之倡素食者，本於科學衛生之知識，以求延年益壽之功夫。然其素食之品無中國之美備，其調味之方無中國之精巧，故其熱心素食家多有太過於菜蔬之食，而致滋養料之不足，反致傷生者。如此，則素食之風斷難普遍全國也。中國素食者必食豆腐。夫豆腐者，實植物中之肉料也，此物有肉料之功，而無肉料之毒。故中國全國皆素食，已習慣為常，而不待學者之提倡矣。歐美之人所飲者濁酒，所食者腥羶，亦相習成風。故雖在前有科學之提倡，在後有重法之厲禁，如近時俄美等國之厲行酒禁，而一時亦不能轉移之也。單就飲食一道論之，中國之習尚，當超乎各國之上。此人生最重之事，而中國人已無待於利誘勢迫，而能習之成自然，實為一大幸事。吾人當保守之而勿失，以為世界人類之師導也可。

在孫中山看來，豆腐簡直比中國的四大發明都厲害，因為豆腐可以見人心，是先進文明的代表，中國人不僅不要廢除豆腐，還要從豆腐出發，做好成為全世界導師的準備。

其次是食品衛生問題。這是一個太時髦的話題了，但在孫中山時代已經成了社會問題，不過在他看來，食品衛生是西方人製造出來的假議題，中國人在食品衛生上是值得信賴的：

近年華僑所到之地，則中國飲食之風盛傳。在美國紐約一城，中國菜館多至數百家。凡美國城市，幾無一無中國菜館者。美人之嗜中國味者，舉國若狂。遂至令土人之操同業者，大生妒忌，於是造出謠言，謂中國人所用之醬油含有毒質，傷害衛生……後經醫學衛生家嚴為考驗，所得結果，即醬油不獨不含毒物，且多含肉精，其質與牛肉汁無異，不獨無礙乎衛生，且大有益於身體，於是禁令乃止。

美國人先是不知道中國菜為什麼那麼美味，當發現這些美味的祕訣有一半是一種叫作「醬油」的東西製造出來的之後，就起了嫉妒心，因為美國人可不會使用這種看起來一片黑的東西，乾脆直接造謠，說它有毒。這種「手法」在現代的食品行業競爭上，是一種經常使用的「下三濫」手段，使用者大概不知道美國人早就精於此道。好在孫中山時代的中國醬油禁得住考驗，用化學實驗結果封住美國同行的嘴。

第五章

樂。在民國：

那些紅紅火火的大明星與演藝圈

※民初流行歌曲
※「實驗」京劇和史上最早的「裸體替身」
※梅蘭芳和神壇上的「梅蘭芳」
※史達林看京劇
※命運多舛的第五名旦
※娛樂明星「霍元甲」是如何練成的
※阮玲玉——生如夏花，逝如秋葉
※民國時期「怕老婆」群相
※民國的「鬼故事」
※民國的「百家講壇」
※新文化運動——一場娛樂化的革命
※天津——民國時期的娛樂城
※相聲名家馬三立的拜師儀式

民初的流行歌曲

現代人聽民國初期的流行歌曲時，總有一種無以名狀的隔世感，和一九四九年後剛勁的唱歌方式相比，民初老歌太過輕柔。連著名大歌星周璇之子也說母親的歌曲是「靡靡之音」。這種感覺並不奇怪，凡是流行歌曲，總是要以推陳出新為首要原則，大約每三、四年就要換一種曲式，每十年就完全換了風格，過了幾十年，耳朵往往便完全不能接受了。好在人的嗓子也就只能唱出那麼幾種腔調，過了一百年，風水輪流轉，民初老歌的風格或許又會成為最新的流行曲式。

民國流行歌曲聽起來「軟」的原因還在於它們基本上都是上海出產的。上海的吳儂軟語以及濃重的商業娛樂氛圍，將人的嗓子都「薰」軟了。

民初老歌聽起來很老，卻從來不會感覺「土」，因為無論是發音的方式，還是音樂的曲式，從一開始它們就是外來的，這一點先天優勢很容易吸引年輕人，尤其是已經厭倦中國京劇吵吵嚷嚷、鑼鼓喧天的人們。在民初時期達官貴人的客廳裡，一台開著大喇叭花的唱機可說是居家必備，那唱機裡流出來的噥噥低語簡直就是熨燙人心靈的小熨斗，在寧靜的午後顯現出新式生活獨有的舒適。

也正是在民初，中國有了「電台」這種東西，普通老百姓可以用最廉價的方式欣賞到他們喜歡的聲音，從此之後也就有了「明星」這種角色。

有了明星就有了緋聞，有了緋聞就要有分分合合，有了分分合合就必然要有悲傷痛苦，痛苦的終點就是「紅顏薄命」，有了這一切，老百姓的心就容易糾結在這些明星們的生活中，這是現代生活方式帶給人們的一種略帶甜蜜的苦惱。

民初老歌是哀傷的，即使用歡快的節奏來唱，底色仍然是哀傷的。周璇在一九四七年唱了《夜上海》，這幾乎是宣告民國在中國的統治將要結束的一曲輓歌：

夜上海

夜上海、夜上海
你是個不夜城
華燈起車聲響歌舞昇平
只見她、笑臉迎
誰知她內心苦悶
夜生活都為了衣食住行

酒不醉人人自醉
胡天胡地蹉跎了青春
曉色朦朧倦眼惺忪
大家歸去心靈兒隨著轉動的車輪

換一換新天地
別有一個新環境
回味著夜生活如夢初醒

酒不醉人人自醉
胡天胡地蹉跎了青春

民國頭號女歌星——周璇

曉色朦朧倦眼惺忪
大家歸去心靈兒隨著轉動的車輪

換一換新天地
別有一個新環境
回味著夜生活如夢初醒
如夢初醒如夢初醒

這是一首最「民國」的歌：洋氣、憂傷、疲憊，惹人憐愛。後代幾乎大部分以民初為主題的影視作品，都將這首歌視為象徵民初的背景音樂。周璇唱這首歌的時候已經知道，光鮮快樂的自己當年原來是被拐騙的孤兒，她用盡所有力量探尋自己的身世，但一直到死都沒弄清楚。她是民初時期所有離散家庭中特別的一個，但又是普通的一個，其中酸楚，大概只有真正遭遇過的人才能體會。

流行歌曲是「俗」的，但民初時期的流行歌曲出身很高，總是帶著後世流行歌曲再難重現的雅致，因為當時文學大師也經常出手撰寫流行歌曲，流行歌曲作者有很多是當年的人中才子。這個時代無法再次複製。

《自然的孩子》：

珊瑚岸，浪淘沙，海風拂長椰，
白雲深處是我家，青山照晚霞。
草編裙，皮做衣，哪怕風雪雨。

這是一首短歌，但不妨說是一首小詩，一首放在宋詞裡也無法分辨出來的精緻小詩，當然，其中「草編裙」又寫出了現代人的灑脫和靈巧。

第一首流行歌曲是誰寫的？目前已不可考，但傳唱最多的民初流行歌曲大概要數李叔同的《送別》了：

長亭外，古道邊，芳草碧連天。
晚風拂柳笛聲殘，夕陽山外山。
天之涯，地之角，知交半零落。
一觚濁酒盡餘歡，今宵別夢寒。

李叔同撰寫這首歌時，是浙江第一師範學校的音樂教師，他將中國詩詞的意境在流行歌曲中呈現，讓這首源於域外的歌曲音調擁有新的生命。中國人唱了一遍又一遍，一年又一年。而唱起它時，就不免讓人懷念起民初，回首望去，帶著泛黃記憶的時光。

大部分好聽的民初老歌都是一名叫做黎錦暉的年輕人寫的，他來自一個可稱得上一門英傑的家庭：父親是清朝的秀才，生了包括他在內的八個孩子，個個都成了民初時期的精英，依次為錦熙，語言學家；錦暉，音樂家；錦耀，礦業專家；錦紓，教育專家；錦炯，鐵路橋梁專家；錦明，作家；錦光，音樂家；錦揚，作家。

黎錦暉憑藉天才般的創作能力開創了「流行音樂」這個行業，

黎錦熙、黎錦暉兄弟姐妹八人合影。

並帶領自己創辦的歌舞團征服了整個東南亞音樂迷的心。一個個風華絕代的歌星都在他麾下成為巨星。

流行歌曲一出世就如此打動人心，這竟然也讓別有用心的人動起了歪腦筋，也許這種事只有在民國才會發生吧？日本人為了侵入中國人的生活，用一個日本人冒充中國人，並將她捧成了一代明星，她的中國名字叫做「李香蘭」。

李香蘭，或者也可叫她山口淑子，是一個有些讓人困惑的人，她身上有著很濃的民初氣質，黎錦暉的弟弟黎錦光為她寫了《夜來香》，從此幾乎成了典型的民初歌女，不過她的眉宇間似乎永遠有一股難以說明，但和中國人與眾不同的氣質，這個謎題直到抗日戰爭結束後才得以揭開——她雖然精通漢語，並且在中國長大，但確實是個日本人。

查明她的身份後，中國政府便將她釋放了，既然她是日本人，就無法再以「漢奸罪」論處。

《夜來香》

那南風吹來清涼，那夜鶯啼聲淒愴，

月下的花兒都入夢，只有那夜來香，吐露著

歌星李香蘭，本名山口淑子。

芬芳，

我愛這夜色茫茫，也愛這夜鶯歌唱，
更愛那花一般的夢，擁抱著夜來香，吻著夜來香，
夜來香，我為你歌唱，夜來香，我為你思量，
啊……我為你歌唱，我為你思量。
夜來香，夜來香，夜來香。

《夜來香》是一首歌，也是一個傳奇，因為它在不同的時代都曾經被不同政治角度的人認為是「政治錯誤」的歌，日本人認為它是呼喚重慶政府回歸的歌，中國國民政府認為它是靡靡之音，被鄧麗君翻唱的版本曾在中國被認為是「精神污染」。雖然如此，人們還是悄悄地哼唱它，直到現在。

也許是命中注定，《夜來香》具有的民初氣質最終超越了政治意涵，把最簡單的自己留了下來。

「實驗」京劇和史上最早的「裸體替身」

長久以來，京劇都被稱為「國粹」，但實際上京劇在清朝時才出現，到了晚清時期，慈禧「老佛爺」等上層人士還是喜歡聽崑曲，是到了民國時期京劇才真正到達興盛。

京劇名角大都是在民初時期出道的，但民初時期的京劇並不只有老派保守的一面，它自發地出現了「實驗性」的京劇，其中最大的實驗就是將傳統戲劇所不敢表現的性行為和性心理表現出來。京劇業界

自然是恥於談論這段「實驗」歷史的，但這實際上是中國戲劇藝術一項重大的探索行動，埋沒不得，記載這段歷程的是周作人，當然，他完全是從反面角度來看待的。

所謂糟粕一面乃是什麼呢？這是戲劇上淫褻的做作。在小說戲劇上色情的描寫是不可避免的，但作公開表演的時候這似乎總應該有個斟酌才對。京戲裡的，特別是我所看到的那可真是太難了。我記不清是中和園或廣德樓的哪一處了，也記不得戲名，可是彷彿是一齣「水滸」裡的偷情戲吧，台上掛起帳子來，帳子亂動著，而且裡面伸出一條白腿來。還有一場是丫鬟伴送小姐去會情人，自己在窗外竊聽，一面實行著自慰。這些在我用文字表白，還要幾費躊躇，酌量用字，真虧演員能在台上表現得出來。這一面與那時盛行的「像姑」制度也有關係，所以這種人才也不難找，若在後來恐怕就找不到肯演這樣的戲的人了。說到底，這糟粕也只是一時的事，但是在我的印象上卻仍是深刻，雖然知道這和京戲完全是分得開的事情，但是因為當初發生在一起，也就一時分拆不開了。

周作人是提倡「人的文學」的五四新文化導師級人物，但對京劇戲台上的前衛實驗竟然也抱著責備心態，這足以看出教授的心靈「解放」實際上仍然是假道學罷了。周作人觀賞的這兩齣「淫褻」京劇之中，事實上完全沒有「淫褻」的表現，在「水滸」戲中，「帳子亂動」的場面應該是西門慶和潘金蓮的戲份吧？演員完全是用戲劇的手法呈現，至於身體暴露程度，甚至比不上現代「三級片」的十分之一，「淫褻」這樣的指責未免太過冤枉。

周作人本人雖然指斥這樣的京劇實驗，但也不得不承認這是他看過的京劇裡面印象最深的——這種磊落態度倒是大多數虛偽道學家們做不到的。以周作人的開明尚無法容忍這樣的實驗，可想而知實驗者本身承受了多大的壓力，以致於這樣高明的實驗後來竟湮沒無聞。

歸根究柢，不是中國的演員不夠高明和大膽，而是中國的觀眾觀賞水準尚未提升至一定的高度，若用「淫褻」的眼光觀賞演員的實驗，沒有哪一齣戲是不「淫褻」的，這正是周作人的兄長魯迅所說的，道學家看《紅樓夢》，所見全是「淫穢」，兩者道理相同。

「實驗」京劇中出演「白大腿」的演員，可能是中國文藝史上最早的「裸體替身」。據周作人的說法是「像姑」，「像姑」本來是「相公」，叫久了就訛變成「像姑」，意思正好是「像個姑娘」。「相公」就是那些皮貌姣好、面目清麗的男孩子，舊時達官貴人因為嫖妓會遭到檢舉，於是只好交遊「像姑」。「像姑」現象雖然和賣淫脫不了關係，但「像姑」本人出演戲劇時應當給予尊敬。

「相公」們當然不能只靠「裸體替身」生活，他們為了能在戲台上混出點名堂，不得不出賣「色相」來維持生計，不過，他們和妓女完全不可等而論之，他們沒有肉體交易，大多數情況下只有清雅的閒談，且看民初名人曹汝霖對「相公堂子」的回憶：

「那時北京的相公堂子，收拾雅潔，為士大夫遊玩之處。餘閒時亦常與二三知友，同遊消遣。相公即是幼年學戲的孩子，年紀總在十三四歲，面目清秀，應酬周到。每逛一次，必須擺酒，只費八元，有八碟冷葷，頗可口，能飲者供酒無量，一面飲酒談天，一面聽曲賞花，亦覺別有風味。亦可飛箋，召他處相公來陪侍聽唱，相公貌皆娟秀。亦有老闆，即是師父。亦有娶妻，妻不陪客。出師後方可自立門戶。」

歸根究柢，「相公」就是藝術向社會惡俗的一種妥協，屬於男旦們成長路上一個必然遭遇的「潛規則」。「相公堂子」在一九四九年之後漸漸從北京街頭消失，也算是一種文明的進步吧。當今社會，「裸體替身」和各種暴露畫面已經是影視作品的家常便飯，遠遠超過了「實驗京劇」時社會容忍度的底線，要是周作人老先生看見了，豈不直接暈倒？

梅蘭芳和神壇上的「梅蘭芳」

民國六年春天。北京城寒意逼人。當時民國大總統是黎元洪，他雖然是「國家元首」，但沒有半點實力，為了是否參加第一次世界大戰和總理段祺瑞鬧得不可開交，但在這種時候，他還有閒情逸致請全中國最有名的京劇名角——譚鑫培到他的總統府唱「堂會」。

此時譚鑫培已經七十一歲了，身體雖然硬朗，但氣力已大不如前，作為梨園領袖，京劇界的徒子徒孫們沒有一個不尊敬他，但在總統府看來，他就是一個唱戲的，必須召之即來揮之即去。譚鑫培沒辦法，只得拖著老邁身軀前往總統府演出。

這次演出十分順利，唯一遺憾的是譚鑫培的化妝間離舞台太遠了，春寒料峭之下，老人著涼了，回到家之後就一病不起。不過巧合的是，這時候黎元洪又要宴客拉攏「兩廣巡閱使」陸榮廷，再次請譚鑫培唱堂會。譚鑫培無奈之下第一次對總統府說了「不」。但總統府正想讓譚鑫培撐場面，他不來不就全搞砸了？第二天就有人帶著恐嚇的語氣來勸他：「你要是不唱這個堂會，小心明天就把你抓去關起來；你要是唱了的話，明天連你的孫子也可以放出來，眼前擺著兩條路，你揀著走吧！」當時譚鑫培的一個孫子不爭氣，正遭到警察局拘留，譚鑫培迫於形勢，只好掙扎起身，踉踉蹌蹌地去這場堂會演唱。

譚鑫培像

「堂會」向來是由幾個名角一起演的。譚鑫培作為梨園領袖，理所當然地排在最後一個節目的位置，也就是「大軸」，排在倒數第二個位置，又稱「壓軸」的則是梅蘭芳，從當時的聲勢來說，梅蘭芳確實是僅次於譚鑫培的名角。當時梅蘭芳剛滿二十三歲，論輩分得叫譚鑫培一聲「爺爺」。

沒有人預料到這是譚鑫培最後一次演出，當然，也沒有人預料到這是譚鑫培與梅蘭芳的「梨園領袖」交接典禮。

譚鑫培拖著病體化好妝在後台等著出場。包括梅蘭芳在內，所有人都看出了他的病態，雖然心疼但也無可奈何。他要出演的劇目是《洪洋洞》，講的是宋朝楊延昭收回父親楊繼業遺骨後病發而死的故事，這似乎冥冥中也預示著譚鑫培與這個世界的訣別。

梅蘭芳演完自己的《黛玉葬花》之後就趕場到別的堂會去了。譚鑫培踉蹌著登台。他的琴師怕他這一天生病嗓子上不去，故意把調門調低了幾度，但沒想到，譚鑫培卻唱出了他一生中最高的調子，震驚了後場的所有人。

這齣戲最後一個動作是楊延昭直挺挺地躺在台上，這向來是譚鑫培的絕活，不過終於到了這個動作時，他已經體力不支，直接在台上呈萎頓狀。眾人見狀趕緊將他抬回家裡。諷刺的是，這場堂會的主客——陸榮廷早就吃完飯走了，根本就沒看這場專門為他準備的「大軸」，作為廣西人，他可能連「大軸」是誰都不知道。

不久後譚鑫培就在家裡去世了。這是戲曲界永恆的悲劇命運之一。譚鑫培的離世象徵著清朝遺留下來的大牌藝人時代正式宣告結束，他的「壓軸」梅蘭芳則在這股悲情中走到了戲曲神壇的正中央。

二十三歲的梅蘭芳這時已是名角，不過十年前他還是個被人厭棄的笨孩子。八歲時，家裡人替他請了一位戲曲老師朱先生。朱先生一看這孩子就有點洩氣：其貌不揚，眼皮下垂，雙眼無神，雖說是著名京劇旦角之後，但看不出有任何戲曲天份，沒教幾天，落下一句「祖師爺不賞飯吃」後就走了。

梅蘭芳女子時裝照

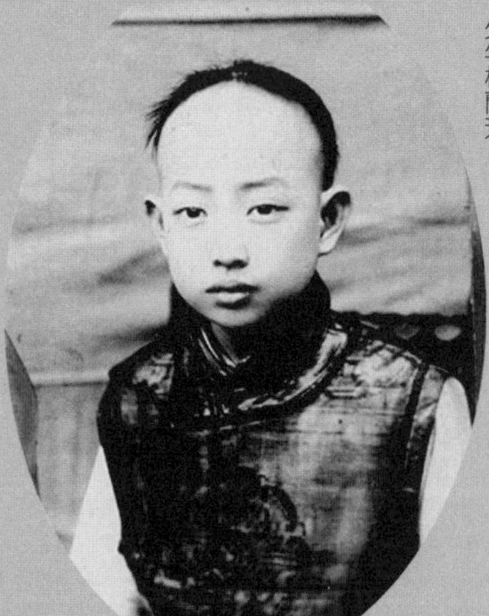

少年梅蘭芳

朱先生說的是事實，但正因為他說出了事實，才有了後來的梅蘭芳。梅蘭芳被朱先生的話刺激到了，他立志要超越自身極限，成為如同他祖父梅巧玲一般的名角，為了這個目標，他想出了用養鴿子的方式來鍛鍊眼神等許多好主意來訓練自己。

朱先生說梅蘭芳條件差是事實，但他說的「祖師爺不賞飯吃」卻是大錯特錯。或許是祖師爺的眷顧，過了青春期後，梅蘭芳長得越來越漂亮，他身體的各個部位都越來越適合扮成女人——這是他的祖父以及所有男旦的夢想，只有少數人才能達到這個條件。先不說嗓子，只要他的扮相一出現在台上，就已經贏得了觀眾們的心，唱功反倒是其次了。

梅蘭芳的成功還得益於另一個不可缺少的條件——民國。民國建立後，婦女地位上升，女戲迷開始在戲園子裡出現，也成就了梅蘭芳。對於這個公開的「祕密」，梅蘭芳的好朋友許姬傳很早之前便已提出：

民國以後，大批女看客湧進戲館，讓整個戲劇界起了急遽變化。過去是老生、武生佔優勢，因為男看客聽戲已有悠久歷史，對於老生和武生的技藝，普遍能夠加以批判與欣賞。女看客才剛開始看戲，自然比較外行，無非是來看熱鬧，那就一定先要挑漂亮的看。像譚鑫培這樣的乾癟老頭，若非懂得欣賞他的技藝，觀賞後絕不會對他產生興趣。所以旦這個角色，就成了她們最愛看的對象。不到幾年工夫，青衣擁有了大量觀眾，一躍而居於戲劇界裡的領導地位，後來加入的這一大批新觀眾也成了造成此現象的中堅力量。其實民國以降，社會風氣逐漸開放，女性受教育者愈來愈多，她們從家庭邁入了公共場所，獲得了更多的閱讀能力和娛樂的餘暇。戲院裡的女性觀眾與傳統推崇老生的觀眾相比，更愛看獨具陰柔之美的旦角。

許姬傳的話，換句話說即是：內行看門道，外行看熱鬧。一個美麗的梅蘭芳橫空出世，很容易吸引外行來看熱鬧，而戲曲明星們要的就是熱鬧，只有熱鬧起來才能紅，只有紅才能生存下去，只有生存下去才談得上「技藝」。

梅蘭芳就這樣糊裡糊塗地紅了。他知道自己的水準尚有不足，所以非常謙和地邀請各界粉絲來替他說戲改戲。與高傲的譚鑫培相比，梅蘭芳的性格太受粉絲喜愛了，越來越多人加入了他的鐵桿粉絲團——這個團有齊如山這樣的大文人，還有李釋戡、許伯明、羅癭公、黃秋岳、吳震修、王夢白、陳師曾等一系列社會中堅人士。這個粉絲團幾乎是義務地承擔了一個現代藝人一切所需：經紀人、文學助理、舞蹈設計、美術設計、音樂設計等等。在這樣的條件下，梅蘭芳只要做到「言聽計從」就能大紅特紅。當然，梅蘭芳確實是這麼做的，他的態度讓粉絲團越來越團結，後來大家乾脆稱他們為「梅黨」。

「梅黨」不同於傳統藝人粉絲團之處，在於他們擁有足夠的國際視野和財力，在他們精心策劃下，梅蘭芳到美國和蘇聯各演出了一次。而到美國演出的一次，歷時最長，不僅奠定了梅蘭芳的國際地位，還大大提高了他的商業價值。

「梅黨」策劃的美國演出本來並非「商演」性質，一方面是這次演出的初衷是要替梅蘭芳增加人氣，一方面則是要弘揚國粹，所以聯繫演出劇場時，「梅黨」提出的條件為：一、劇場主人須以禮相聘，並用最好的禮儀對待梅蘭芳；二、須給梅蘭芳自由演輟權；三、劇場的身份，須夠高尚；四、劇場不要太大，因為恐怕不容易滿座；五、劇場主人不可抱持全為營業的目的。對於主要以商業經營為目標的美國劇院來說，「不可抱持全為營業的目的」等條件頗為苛刻，所以花了很長時間都無法接洽到戲院。後來，在燕京大學校長司徒雷登斡旋下，紐約戲劇界的一位劇場老闆哈布欽斯答應接手這檔很可能賠本的生意。

為了讓美國人看懂梅蘭芳，「梅黨」將自己的社會資源發揮到了極致——請最好的音樂家把梅蘭芳的戲記下譜子，請最好的美術設計，請最好的戲劇導演，請英語最好的人來報幕……在所有人的齊心協力下，梅蘭芳成功了。

我們不知道美國人是否確實聽懂了梅蘭芳的京劇——因為直到現在，美國人對京劇還是一知半解。但在當時的環境下，一個男人將女人演得這麼好這個事實就足以讓美國人大吃一驚了，加上不遺餘力的商業宣傳，梅蘭芳甚至得到了加州普蒙納大學和南加州大學兩間大學授予他的榮譽文學博士學位，這比另一個得到榮譽博士學位中國人——胡適還要早多了。

有了這一系列商業奇蹟，神仙下凡般的「梅蘭芳」就此誕生。「梅蘭芳」就像任何一個現代娛樂明星般，持續地為中國社會提供傳說、緋聞、行業恩怨、藝術創新等新聞，這是維持一個現代明星熱度所必須的重要能量來源。從這個角度來看，譚鑫培的地位被梅蘭芳代替，不僅僅是換了一個人，而是真真切切換了一個時代。

史達林看京劇

史達林也看京劇嗎？是的，他唯一看過的一齣京劇便是梅蘭芳的演出。

一九三四年十二月，國際大明星梅蘭芳接到了來自蘇聯的一封邀請信，這封信客客氣氣地請他到莫斯科訪問。這時梅蘭芳已經四十歲，扮相已經沒有年輕時那麼美了，演技也因為離開北平，離開了齊如山而有所退步，但是，他的名聲已經到達人生的最頂峰。全世界的明星，總能在任何時候得以超越政治上的限制，因為粉絲的狂熱會像感冒那樣迅速傳染。

梅蘭芳十分得意。他已經出訪過美國和日本，再去一趟蘇聯，自己的演藝生涯可謂是圓圓滿滿了。

但是這個時候前往蘇聯卻有一個天大的困難：道路。當時，中國人要想去莫斯科，最方便的道路是坐火車，轉道西伯利亞，但是，日本已在中國東北扶植了一個「滿洲國」，火車必然要經過「滿洲國」。梅蘭芳向來以愛國為最高原則，要他經過滿洲國，那簡直和逼他當漢奸沒什麼兩樣。

蘇聯方面知道梅蘭芳的顧慮後一笑，要解決這個問題實在太簡單了，因為蘇聯現在財大氣粗，可以直接用船把身在上海的梅蘭芳接到蘇聯的海參崴上火車，繞過滿洲國。梅蘭芳的團隊一聽，更加振奮，蘇聯專門派船來接，這「架勢」可是擺大了。

一九三五年二月，梅蘭芳終於成行。在蘇聯的「北方號」輪船上，他看著浩瀚大海，心情本應很好，但國內一位名流對他的評價卻讓他倍感鬱悶，這位名流就是魯迅。

一個是文壇領袖，一個是梨園領袖，魯迅和梅蘭芳的關係卻不那麼和諧。梅蘭芳向來入不了魯迅的眼，首先是那副人人愛羨的扮相，在魯迅看來就是很醜。魯迅看到北京大大小小的照相館都掛著梅蘭芳的戲裝照，心裡就噁心到不行，專門寫了《論照相之類》來諷刺：

倘若白晝明燭，要在北京城內尋求一張不像那些闊人似的縮小放大掛起掛倒的照相，則據鄙陋所知，實在只有一位梅蘭芳君。而該君麻姑一般的「天女散花」、「黛玉葬花」像，也確乎比那些縮小放大掛起掛倒的東西標緻，即此就足以證明中國人實有審美的眼睛，其一面又放大挺胸凸肚的照相者，蓋出於不得已。

我在先只讀過《紅樓夢》，沒有看見「黛玉葬花」的照片的時候，是萬料不到黛玉的眼睛如此之凸，嘴唇如此之厚的。我以為她該是一副瘦削的癆病臉，現在才知道她有些福相，也像一個麻姑。然而只要一看那些繼起的模仿者們的擬天女照相，都像小孩子穿了新衣服，拘束得怪可憐的苦相，也就會立刻悟出梅蘭芳君之所以永久之故了，其眼睛和嘴唇，蓋出於不得已，即此也就足以證明中國人實有審美的眼睛。

在一般人眼中「厚厚的嘴唇」「鼓鼓的眼睛」這些俊美且性感十足的美女特徵，卻成了魯迅的嘲笑對象，這倒也罷了，魯迅還把人們喜歡梅蘭芳的心理上升到了性心理分析的層次：

我們中國最偉大最永久的藝術是男人扮女人。異性大抵相愛。太監只能使別人放心，絕沒有人愛他，因為他是無性了——假使我用了這「無」字還不算什麼語病。然而也就可見雖然最難放心，但是最可貴的是男人扮女人了，因為從兩性看來，都近於異性，男人看見「扮女人」，女人看見「男人扮」，所以這就永遠掛在照相館的玻璃窗裡，掛在國民的心中。外國沒有這樣的完全的藝術家，所以只好任憑那些捏錘鑿，調彩色，弄墨水的人們跋扈。

梅蘭芳自然很容易就得知魯迅的嘲諷，這對一個以扮相為重要賣點的大明星來說打擊實在太大了。梅蘭芳本想靠這次蘇聯的邀請讓自己在知識界揚眉吐氣一番，但報紙上一頓肉麻吹捧，又讓魯迅大發嘲諷，當時的報紙這樣報導梅蘭芳的訪蘇事件：

我國美術名家劉海粟、徐悲鴻等，近在蘇俄莫斯科舉行中國書畫展覽會，深得彼邦人士極力讚美，揄揚我國之書畫名作，切合蘇俄正在盛行之象徵主義作品。爰蘇俄藝術界向分寫實與象徵兩派，現寫實主義已漸沒落，而象徵主義則經朝野一致提倡，引成欣欣向榮之概。自彼邦藝術家見我國之書畫作品深合象徵派後，即憶及中國戲劇亦必採取象徵主義。因擬邀中國戲曲名家梅蘭芳等前往奏藝。此事已由俄方與中國駐俄大使館接洽，同時蘇俄駐華大使鮑格莫洛夫亦奉到訓令，與我方商洽此事。

這種吹捧不是以梅蘭芳的技藝有多好，而是以他切合了人家正時髦的「象徵主義」來讚揚，洋奴嘴臉太過明顯，魯迅本來就對梅蘭芳沒什麼好感，加上社會上的庸人又這麼亂捧亂搞，氣憤之下，又寫文章，把即將啟程的梅蘭芳以及吹捧眾人徹底罵了一頓：

後來有名的梅蘭芳可就和他不同了。梅蘭芳不是生，是旦，不是皇家的供奉，是俗人的寵兒，這就使士大夫敢於下手了。士大夫是常要奪取民間的東西的，將竹枝詞改成文言，將「小家碧玉」作為姨太太，但一沾著他們的手，這東西也就跟著他們滅亡。他們將他從俗眾中提出，罩上玻璃罩，做起紫檀架子來。教他用多數人聽不懂的話，緩緩的《天女散花》，扭扭的《黛玉葬花》，先前是他做戲的，這時卻成了戲為他而做，凡有新編的劇本，都只為了梅蘭芳，而且是士大夫心目中的梅蘭芳。雅是雅了，但多數人看不懂，不要看，還覺得自己不配看了。

士大夫們也在日見其消沉，梅蘭芳近來頗有些冷落。

因為他是旦角，年紀一大，勢必至於冷落的嗎？不是的，老十三旦七十歲了，一登台，滿座還是喝采。為什麼呢？就因為他沒有被士大夫據為己有，罩進玻璃罩。

名聲的起滅，也如光的起滅一樣，起的時候，從近到遠，滅的時候，遠處倒還留著餘光。梅蘭芳的游日，遊美，其實已不是光的發揚，而是光在中國的收斂。他竟沒有想到從玻璃罩裡跳出，所以這樣的搬出去，還是這樣的搬回來。

他未經士大夫幫忙時候所做的戲，自然是俗的，甚至於猥下，骯髒，但是潑辣，有生氣。待到化為「天女」，高貴了，然而從此死板板，矜持得可憐。看一位不死不活的天女或林妹妹，我想，大多數人是倒不如看一個漂亮活動的村女的，她和我們相近。

然而梅蘭芳對記者說，還要將別的劇本改得雅一些。

這位魯迅先生雖然說不喜歡京劇，也幾乎不看，但從他老人家寫的文章來看，對京劇界的大小事竟然全都瞭若指掌，連哪個人叫座，哪個人受了冷落都一清二楚。梅蘭芳最得意之處就是有齊如山替他寫新戲、改造種種細節，最風光的就是訪問美國，但這一切都被魯迅徹底否定，甚至把梅蘭芳年輕時的「猥褻」「骯髒」都抖了出來。這回要去蘇聯了，魯迅還不放過，連寫文章拆台，梅蘭芳心裡能好受嗎？

梅蘭芳沒有能力和魯迅打筆仗，作為娛樂明星，他向來也以不得罪人為原則，因此，他只能選擇沉默。

船上的梅蘭芳十分鬱悶，但好在有一個意外的驚喜：胡蝶。中國最著名的電影明星胡蝶剛巧也收到蘇聯邀請，蘇聯人精打細算，乾脆將她和梅蘭芳放在同一條船上。中國頭號真美女和頭號假美女齊聚一堂，這真是歷史撮合出的一大奇蹟。

從上海到莫斯科要航行好一段距離，梅蘭芳和胡蝶百無聊賴，只好由梅蘭芳教胡蝶唱京劇來打發時間，可惜的是，大影星胡蝶根本沒有京劇細胞，教來教去就是學不會，梅蘭芳自覺無趣，也就作罷。

既然是蘇聯官方邀請的，莫斯科的大小機構自然要大肆宣傳這場演出，梅蘭芳的海報鋪天蓋地，貼滿莫斯科大街小巷，人還沒來就已引起轟動，蘇聯雖然是社會主義國家，不過當時對這種商業早期行銷還是掌握得十分嫻熟。

梅蘭芳和胡蝶乘坐的火車終於到達莫斯科車站了，歡迎的人群摩肩接踵，人們翹首以盼，等著海報上那位大美女的出現。當梅蘭芳和胡蝶出現在月台上時，人群響起熱烈的掌聲：「是啊，太美了！」蘇聯人激動地喃喃自語，但是好幾千人同時犯了相同的錯誤：他們都把胡蝶當成梅蘭芳了……。

如果胡蝶真的是梅蘭芳，這個「梅蘭芳」也許就紅不起來了。等到蘇聯人知道原來那個大老爺們才是梅蘭芳時，興致更加高漲，這種對男扮女裝獵奇心理的號召力比明星原來的號召力要大多了。

接下來的事情當然就是演出了。和在美國的演出一樣，梅蘭芳選了外國人最能接受的劇目，和美國不同的是，蘇聯的舞台上除了京劇布景外，還有中國和蘇聯的國旗懸掛在正中央——說到底，這是官方演出，照例是少不了國旗的。

根據當時蘇聯報紙報導，梅蘭芳的演出讓蘇聯人「如痴如醉」，一口氣演了十四場，官方和梅蘭芳團隊還促成了一樁文壇佳話：梅蘭芳和著名戲劇大師史特拉汶斯基以及布萊希特的會面。這些中國文人崇拜的現代戲劇大師，用更高的技巧吹捧梅蘭芳——這是一種不落痕跡、充滿技術的高級吹捧，也許就是要給魯迅等人看看：看！你不喜歡梅蘭芳，人家外國大師可喜歡！

梅蘭芳真是累並快樂著。他的團隊也跟著喜氣洋洋，這一次沒有齊如山跟著，但效果似乎比在美國還好，人們頗有樂不思蜀之感。不過，梅蘭芳也有一個天大的遺憾：沒見到史達林。對這位大人物，梅蘭芳心裡也是有那麼一點追星的想法。每次演出他都要往劇場的包廂裡看看，盼望史達林會在那裡出現。在此之前，蘇聯的政府高官們全都看過了梅蘭芳的戲，唯獨最高領導人史達林還沒來。

梅蘭芳等人收拾行裝準備回國了，他們正慨嘆此行的順利以及沒見到史達林的遺憾，蘇聯人來了一封通知：請再加演一場。

梅蘭芳不知道為什麼還要加演，但冥冥中他感覺到這事實上是為史達林專門準備的一次加演，因為只有他還沒來看戲。他一如既往地再次準備開戲了。

梅蘭芳在蘇聯的第十五場演出開始了。觀眾們陸續進場。和往常不同的是，劇場的包廂裡沒幾個人，會發生這種情況顯然是要為某個大人物預留大量包廂座位，因為大人物總是要有安全警戒的。

梅蘭芳在鑼鼓聲中上場了。他的職業素養讓他將注意力集中在演出上，但好奇心又驅使他往包廂裡偷偷察看——還是那幾個人。他努力找了一下其中是不是有那個著名的「濃眉大鬍子」，可惜的是仍然沒有。梅蘭芳雖有些失望，但臉上的戲一點也沒走樣。就在這時，劇場的大燈突然亮了起來，所有光線都投射在舞台上。梅蘭芳的眼睛被光線罩住，完全看不清台下以及包廂，他本能地眨了眨眼睛。

光線在十幾秒鐘後恢復了正常，但包廂裡也成了漆黑一片，除了裡面的人影晃動外，什麼也看不見。

梅蘭芳演完了他在莫斯科的最後一齣戲。

第二天，蘇聯人告訴他：昨天，史達林來看戲了。

梅蘭芳又驚又喜，他自己終於在這個大人物面前展示了自己的本事，但最終還是沒能親眼看到那副著名的「濃眉大鬍子」。

命運多舛的「第五名旦」

人人都知道京劇界有「四大名旦」：梅蘭芳、程硯秋、尚小雲、荀慧生。其實當初本來是「五大名旦」，第五名是徐碧雲，但老天爺似乎不喜歡單數，想盡辦法將徐碧雲除名，結果「五大名旦」終於變成了整整齊齊的「四大名旦」。

徐碧雲是一個才華比梅蘭芳還高的奇才，這從他的從藝經歷就可以看出來：他先學老生，後學小生，最後決定學青衣，有時還能客串花臉，京劇中的角色都不夠他用了。經紀人覺得傳統的京劇劇目已經不足以表現徐碧雲的才能，只好為他編了一齣新戲《綠珠》，講的是西晉時石崇和小妾綠珠的故事，這齣劇最後一場戲是綠珠跳樓自殺，扮演綠珠的徐碧雲從三層高的桌子上空翻而下，再把身體拉直如僵屍一般倒在台上，能完成這個高難度動作的，在當時乃至現在的京劇界恐怕都沒有第二人。徐碧雲靠著這個高難度空翻和各種高水準的動作與唱腔，在京劇界打下了一片江山。但是，凡事總是樂極生悲，空翻的難度太大，難免就有失手的時候，在一次《綠珠》演出中，徐碧雲一著不慎，摔傷了腿，從此便跟這項絕活天人永別。這是徐碧雲最倒楣的一件事。

徐碧雲和梅蘭芳的關係十分奇特，他是梅蘭芳的妹夫，同時又是梅蘭芳姨夫徐蘭沅的親弟弟，這種一圈套一圈的親戚關係注定了他和梅蘭芳糾纏不清的命運。徐碧雲確實是處處學習梅蘭芳：演戲的行頭和梅蘭芳看齊，演戲的配角和梅蘭芳看齊，連梅蘭芳的「梅黨」他也想學，他也有個實力不俗的粉絲班底，頭號粉絲是北京城最有錢的「瑞蚨祥」掌櫃孟覲侯，有了這個粉絲，他就擁有京城最好的經紀人團隊和經濟支持，這讓他真的要和梅蘭芳比肩了，連梅蘭芳都承認，在中國除了他就是徐碧雲。但是，徐碧雲哪裡都可以和梅蘭芳比個高下，就是扮相不行。光聽名字，「徐碧雲」似乎比梅蘭芳還要女性化一些，但是徐碧雲原本是唱生角的，長相實在就是大老爺的模樣，扮成女人怎麼看怎麼不像，先天條件上，他的粉絲便大大減少了。

正因為徐碧雲更像是個「純爺們」，所以也會有桃色新聞。一位國會議員的姨太太看上了徐碧雲，一來二去兩人便「勾搭成姦」。就在徐碧雲享受著偷情的快樂時，國會議員發覺了，他當即把徐碧雲送進了監獄。這位國會議員還別出心裁地要了自己那位姨太太一把，他要姨太太拿著自己的親筆信去找警察局，姨太太自從事情敗露後，一直請求國會議員原諒，見丈夫要自己拿信去警察局，以為是替自己疏通，就欣喜若狂地去了，誰知警察拿到信一看就把姨太太抓起來了——那封信的內容就是要警察當面將這個女人抓起來。

徐碧雲就這樣垮了。民初時期，通姦是犯罪行為，但算不上重罪，徐碧雲關了四個月之後放出來，從此一蹶不振。

越是一蹶不振的人越容易染上毒癮，徐碧雲也不例外，他從第五名旦一夕之間成為癮君子，這不光讓他經濟吃緊，也讓他的長相更不適合扮演女性了。戲迷們本來就不喜歡他的長相，若是讓他這位乾瘦的癮君子扮演綠珠、林妹妹，場面實在是不好看。

如果徐碧雲的命運到此為止也就罷了，但他雖然生活潦倒，當初畢竟還是有名氣，這個無用的名氣到一九四九年後重新被人想了起來，於是在文革中被打成了「反動學術權威」，受到了高規格的批鬥。

這位名旦可真夠淒慘的！

娛樂明星「霍元甲」是如何練成的

歷史上真的有霍元甲這個人，但他在一九一〇年時便去世了，根本沒活到民國。但奇怪的是，霍元甲卻成了民初最知名的民間人士，他的名聲像滾雪球一樣，在他去世後越滾越大，凡是中國人都知道他「拳打俄國大力士」、「創建精武門」等事跡，他還有一個著名的徒弟叫做「陳真」，在有關霍元甲的影視作品中，一定要有陳真闖日本武館，讓日本人吃掉「東亞病夫」字紙的畫面。凡此種種，讓人以為歷史上真有這些事，但實際上這一切都不過是娛樂產業的一場「娛樂盛宴」，它們和歷史無關，而是和民初人士的娛樂心理有關。

事情還是從一九〇九年時一位英國大力士奧比因說起。這位奧比因本來是英國一個三、四流的業餘拳擊選手，主要的工作是「健美先生」，靠著展示自己的肌肉賺錢，因此，他算不是什麼「大力士」，而是類似中國常見的街頭賣藝者。這位「大力士」到了中國之後發現，中國人對自己一身的漂亮肌肉根本沒有任何興趣，一般中國人有時連飯都沒得吃，還想什麼健美？再者有一說，西方列強向來喜歡欺負中國人，現在來了一個強悍的英國鬼子，一見就來氣，怎麼會掏錢看他那一身橫肉呢？

奧比因急了，他的團隊也急了。熟悉中國國情的人建議他：不如將自己的形象改成「大力士」，然後向中國所有練家子挑戰，等中國人的民族心被挑起，媒體自然會上門報導，那時就可以打廣告賺錢了……由此可見，這種靠愚弄老百姓來吸睛的把戲早就有人在做了。

奧比因照著做了，用各種方式嘲笑中國人，於是他成功了。中國人的民族自尊心太脆弱，太強烈，尤其受不了外國人脫口而出的那一句「東亞病夫」，在輿論的喧嘩之下，急需有個人站出來和這個奧比因打上一架。

聰明的中國人們自然早就看出了此中門道，所以沒人願意陪這個英國佬扮家家酒。但是，更聰明的中國人卻在這件事情中嗅出商機——或者說是政治機會，這個中國人就是同盟會人士陳其美。陳其美現在已經不是太出名了，但他的兩個姪子陳立夫、陳果夫在蔣介石主政時代是著名的「四大家族」之一，他們的基業就來自於陳其美。陳其美經常出入青幫，是江湖上的「大佬」，他天天盯著社會上可能發生的大變動以為他所用，當奧比因在報紙上叫陣、輿論沸騰的時候，他發現民心可用，決定派出自己早就備好的一個棋子——霍元甲出馬。霍元甲是陳其美的手下農勁蓀培養已久的民間武師，本來武藝也就一般，但在眾人包裝下已經小有名氣。農勁蓀通知各大媒體：大力士奧比因既然這麼猖狂，那就和我們的霍元甲大師當眾比試一下好了。

在群眾千呼萬喚下始出來的是霍元甲，於是霍元甲頓時成了天津乃至全國的大名人。大力士奧比因的團隊一看，竟然真有人出來挑戰！他們也有些心虛了，原本炒作的目的已經達到，其實沒必要真的打一場，但在霍元甲這方堅持下，不打也太沒面子，只好派人和霍元甲團隊接洽。

霍元甲團隊雖然躍躍欲試，但對這場比武心裡也沒有十足把握——說實話，先不說霍元甲的功夫如何，但就身體來說確實不行，不光是因為他身子單薄，更因為他年輕時就患有肺病，真打起來體力是個問題，萬一輸了，陳其美和農勁蓀的炒作計畫也就全數泡湯了。

這場比武原本誰也不想真打，這種情況下自然會出現各種理由好讓它打不成。雙方都在比武規則上花了心思：奧比因團隊一定要求用西方拳擊的比賽規則：戴手套，不許用腳等等，但中國武術自然是要用腳的，霍元甲團隊堅持要按中國武術的規矩來。奧比因團隊心裡明白，要是用腳，自己這位大力士先生失敗的可能性相當大，於是堅持拒絕。

雙方各自堅持，互不相讓，比武只好泡湯。群眾的期待落空了，但好事的媒體把這件事宣傳成「奧比因畏戰逃跑」，群眾的心理正需要這樣的結果來安慰，於是不假思索地接受了這一解釋。一時間霍元甲的名聲更響亮了。

陳其美和農勁蓀的目的達到了：有很多的年輕人投到霍元甲門下學武，後來乾脆成立了「精武體育會」，這支隊伍越來越龐大，一旦到了革命發生，自然是可以為革命黨所用的。

霍元甲的故事本來僅止於此，但因為「霍元甲」這個名字已如同現代著名運動員一般擁有強大的商業價值，各界人士紛紛跑來分一杯羹。頭號分一杯羹人士就是著名武俠小說家「平江不肖生」——向愷然。向愷然是以寫武俠聞名的，霍元甲太適合當他的小說主角了，他嗅覺敏銳地抓住了這個暢銷書選題，寫了一部以「霍元甲」為主角的現代武俠小說《近代奇俠傳》，在這部書中，霍元甲成了和大刀王五等著名武術家交情莫逆的武林豪傑，還將各種不可靠的傳聞都寫了進去，最後還把霍元甲的死因寫成了是遭到日本人謀害——這最符合讀者的心理，如果將實情說出來，說是病死的，豈不是大大無趣？

霍元甲終於成了「霍元甲」。基本上他已經面目全非。他成了民初娛樂記者、革命家、武俠小說作家共同製造出來的大明星。為了滿足讀者想藉霍元甲之手痛揍日本浪人的心態，娛樂至死的人們又發明了「陳真」，當做「霍元甲」的徒弟，將「霍元甲」所代表

霍元甲真實的面貌。

陳其美——「霍元甲」的幕後推手

的國仇家恨都寄託在陳真頭上，讓他狠狠地一次又一次痛揍日本人。

這就是故事的全貌。

平江不肖生製造了一個武俠小說中的「霍元甲」，但為了讓「霍元甲」更真實可信，他下了很大功夫來設計「霍元甲」的武術理念。這是任何一部成功的武俠小說必須要做的，總得讓手上的大俠與其他大俠有所區別，下面這段引自《近代奇俠傳》中「霍元甲」論「迷蹤拳」的片段，可說是將中國武俠提升到了哲學層次。

「霍元甲」論「迷蹤拳」：

王子春問霍元甲道：「我在天津的時候，聽說霍先生家傳的武藝，從來不傳給異姓人，不知這話可實在？」霍元甲點頭道：「這話是不假。敝族的祖先當日定下這不傳異姓的規則，並不是完全自私的心思，只因見當時一般傳授武藝的人，每每因傳授不得其人，受徒弟的拖累，至於自家子弟，有家規可以管束，並且子弟常在跟前，如有不法的行動，容易知道，容易教訓。異姓人雖有師徒之分，總比自家子弟來得客氣，教訓管束都很為難，所以定出這不傳異姓的家規，以免受累。實在我霍家的迷蹤藝，身法手法和現在流行的武術，並無多大分別，絕無祕密不傳異姓之必要。」

農勁蓀接著說道：「霍先生從來對於這種祖傳的家規，極不贊成，因他既抱著提倡中國武術的志願，便不能和前人一樣，不把迷蹤藝傳給異姓人。不過這事與霍家族人的關係很大，不能由霍先生個人作主，擅自傳給異姓人，須先徵求族長的同意。我已與霍先生商量過多次，並已寫信去靜海縣，如經族人同意之後，不但可以收異姓徒弟，或者辦一個武術專門學校亦未可知。」王子春道：「霍先生不能獨自破壞歷代的家規，我也不勉強說要拜師的話。不過我特地從天津到此地來，為的就是要見霍先生，不知能不能把迷蹤藝的拳法，使一點兒給我開一開眼界。」霍元甲笑道：「這有何不可？不過這地方太小，只能隨便玩玩。」說著起身脫了長袍，來回使動了幾手拳腳。

王子春見霍元甲舉手動腳都極遲緩，並且顯出毫無氣勁的樣子，而形式又不似北方最流行的太極拳，竟看不出有何好處，等霍元甲表演完了，忍不住問道：「我去年在北京看了太極拳，心裡已懷疑那不是學了和人廝打的拳術，後來向人打聽，才知道果是由道家傳出來的，原是修道的一種方法，不是和人廝打的。現在看霍先生的身手步法，雖與在北京所見的太極拳不同，然動作遲緩，及一點兒不用氣勁，似乎與太極拳一樣，不知是否也由道家傳出來的？」霍元甲道：「我這迷蹤藝，最初是不是傳自道家，我不敢斷定。至於動作遲緩，及不用氣力，卻與太極拳是一個道理。迷蹤藝的好處，就在練時不用氣力，因為不用氣力，所以動作不能不遲緩，練架式是體，和人廝打是用，練體時動作遲緩，練用時動作便能迅速。太極拳雖說傳自道家，但不能說是不和人廝打的拳術，不僅能和人廝打，練好了便是極好打人的拳術。」

王子春聽了，似乎不大相信的神氣說道：「練的時候這麼遲緩，又不用力，何以和人廝打起來能迅速呢？並且練時不用力，氣力便不能增長，本來氣力大的人還好，倘若是這人本來沒有多大的氣力，不是練一輩子也沒有氣力增加嗎？沒有氣力，即算能迅速也推不動人，何況不迅速呢？」霍元甲道：「依照情理說，自然是快打慢，有力勝無力，不過所以貴乎練拳術，便是要以人力勝自然。太極拳我不曾練過，不能說出一個所以然來，至於我這迷蹤藝，看來似慢，實際極快，只是我之所謂快，不是兩手的屈伸快，也不是兩腳的進退快，全在一雙眼睛瞧人的破綻要快。人和人動手相打，隨時隨地都有破綻，只怕兩眼瞧不出來，因為人在動作的時候，未動以前沒有破綻，既動以後也沒有破綻，破綻僅在一眨眼的工夫，所以非武藝十分精強的人，不容易看出。不曾看出破綻，便冒昧出手，不但不能打翻人，有時反被人打翻了。我迷蹤藝也極注重氣勁，不過所注重的不是兩膀有幾百斤的氣力，也不是兩腿能踢動多重的沙包，只專心練習瞧出人家何等破綻，便應如何出手，打在人家什麼地方，使用若干氣勁，方能將人打倒，氣勁斷不使用在無用之處。譬如一個人在黑暗地方行走，要捉弄他的人，只須用一條小指粗細的麻繩，將他的腳一絆，就能把他絆跌一個跟斗。這小指粗細的麻繩，能有多大氣力，何以能把人絆跌一個跟斗呢？這就是利用他一心只顧向前行走，不曾顧到腳下的破綻，而使用氣勁得法的緣故。假使這麻繩提的太高，絆在腰上或大腿上，無論如何也不能把人絆倒。照這樣看來，可見打人不在氣勁大，全在使用得法。練迷蹤藝的打人，簡直是教人自己打自己，哪裡用得著什麼氣勁！」

傳說中的「霍元甲」打敗了英國大力士，成為中國頭號民間民族英雄，他的名氣太大，光環太強烈，以致於掩蓋了另一位真正打敗過大力士的武術家——王子平。

霍元甲的祖籍是河北滄州，而王子平也是河北滄州人，滄州就是當年林沖發配之地——之所以經常將犯人發配到此處，是因為這裡十分荒涼。發配的江洋大盜多了，這些武功非凡的大盜有時難免技癢，無奈之下只好將一身絕藝都傳給當地百姓，幾百年下來滄州竟成了「武術之鄉」。王子平繼承了祖輩留下來的各路絕藝，成為民國歷史上首屈一指的大武術家，正因為如此，中華民國政府曾設置「中央國術館」，請王子平當副館長。

前面提過，所謂的「大力士」都是在自己國內混不下去，來騙中國人的肌肉男小混混，一個「大力士」在中國嘗到了甜頭，於是更多大力士也都來中國撈金，結果天津、上海、北京經常有「大力士」來做挑釁式的宣傳，有一次，王子平正在北京擔任武術教練，就碰上了一位俄國「大力士」康泰爾。

打敗「大力士」雖然不算什麼，但打一打總是比不打好。

王子平打聽到俄國大力士的出場時間，一早就帶著徒弟趕了過去，實際打敗大力士的過程可沒有電影上那麼唯美——王子平上台之後，台上台下都一陣大亂，王子平只一抬手就把「大力士」打趴下了。

政府因為怕鬧出國際糾紛，出面制止了這場比武。「大力士」是不是故意摔倒「純屬詐騙」呢，還是真的被打倒了？我們不得而知。但第二天「大力士」就灰頭土臉地逃跑了卻是事實。

王子平打了大力士之後，當然也成了大英雄，並且演變成教訓大力士專業人士，凡是有大力士來，大家都想請他來教訓對方一頓，但大力士們本來就是肌肉男之類的無用之輩，總是還沒打就找各種原因退出，以致於這位教訓大力士專業人士竟無從施展。

這樣說起來，王子平的武功可比霍元甲高多了，但可惜的是並沒有媒體幫著推波助瀾來「造神」，加上王子平人稱「千斤神力王」，體格比霍元甲好上許多倍，一直活到了一九七三年，還擔任中國武術協會的副會長。他的長壽對他自己來說當然是幸福的，但也阻礙了武俠小說家將他改造成如同「霍元甲」一般的明星，這大概也算是一個小小的遺憾吧？

阮玲玉——生如夏花，逝如秋葉

一九三五年三月八日，這時候中華民國已經有「婦女節」了。不過這一天發生的事件大概並不是因為婦女節才發生的。

真正打敗過「大力士」，功夫在霍元甲之上的「千斤神力王」——王子平。

這天晚上，電影明星阮玲玉在上海新閘路沁園村的住所，已經決心赴死。但是，赴死需要很大的決心。她手裡拿著滿瓶安眠藥，一直躊躇到半夜零點，還是捨不得這個讓她心碎的世界。

就在整整兩年前，上海灘電影皇后評選中，鋒頭強勁的阮玲玉輸給了自己的好朋友胡蝶。阮玲玉也許存著些許醋意。但這個評選本身似乎預示著普通人的一種直覺：胡蝶並不算太漂亮，但在胡蝶身上，人們可以看到一種灑脫，阮玲玉很漂亮，但她的眉宇間似乎總帶著一種隱憂，一種不祥之感。

其實，這一年阮玲玉只有二十五歲，她幾乎和中華民國這個國家同齡，也和這個國家一樣，正走在生死邊緣——日本戰爭的陰雲正覆蓋著整個中國，山雨欲來的前夜，人心都帶著緊張和恐懼。

但是，阮玲玉和所有外界事務全然無關。她還愛著這個世界，但她必須要死。

時鐘已經指到凌晨兩點。阮玲玉終於吞下了那瓶安眠藥。生命的溫度在她身上一點一滴地消逝。

她的男友回來了。他叫唐季珊，是一個茶商兼電影投資人，是她的第二任同居男友，而她是他的第幾任已經沒人說得清楚了。唐季珊發現了已經昏睡的阮玲玉，久經風月的他似乎對這個場面並不陌生，他著急地將阮玲玉送至醫院。作為精明的商人，他知道隱藏阮玲玉自殺這個祕密的重要性，所以他放棄了大醫院，而選擇了一家隱私較高的日本醫院，但沒想到大半夜的，日本醫院並沒有急診，唐季珊有些慌了，趕緊又送到另一間私人醫院，但到達私人醫院的時候，醫生看到病人是阮玲玉，並且生命跡象已經快要消失了，也拒絕接收，無奈之下，還是將阮玲玉送往大醫院，這時候，阮玲玉已經回天乏術了。

阮玲玉的死訊很快就公諸於眾，對媒體來說，這是一條爆炸性的大新聞。上海灘幾乎每一個人都伸出了八卦天線，記者蜂擁而至，對死因的各種猜測鋪天蓋地而來，一場媒體的盛宴就此展開。

就當時人們都知道的消息判斷，阮玲玉的死肯定和兩任男友之間正在打的官司有關。而唐季珊也利用了這個公眾心理，在媒體的呼喚下，交出了一份阮玲玉的「遺囑」，這份著名的遺囑如下。

季珊：

我真做夢也想不到這樣快，就會和你死別，但是不要悲哀，因為天下無不散的筵席，請你千萬節哀為要。我很對你不住，令你為我受罪。現在他雖這樣百般的誣害你我，但終有水落石出的一日。天網恢恢，疏而不漏，我看他又怎樣的活著呢。鳥之將死，其鳴也悲，人之將死，其言也善，我死而有靈，將永永遠遠保護你的。我死之後，請你拿我之餘資，來養活我母親和囡囡，如果不夠的話，請你費力罷！而且刻刻提防，免他老人家步我後塵，那是我所至望你的。你如果真的愛我，那就請你千萬不要負我之所望才好。好了，有緣來生再會！另有公司欠我之人工，請向之收回，用來供養阿媽和囡囡，共二千另五元，至要至要。另有一封信，如果外界知我自殺，即登報發表，如不知請即不宣為要。

阮玲玉絕筆

二十四、三月七日午夜

在這份「遺囑」中，阮玲玉提到了另一份給社會的遺囑，那份遺囑將「人言可畏」這四個字連寫了兩遍。當時大眾便懷疑這兩份遺囑是唐季珊所偽造，因為遺囑所說的理由實在不致於讓一個人去死。事實上，當時還有另外一個消息來源公布了另一個版本的「遺囑」，這份遺囑中最重要的話就是「沒有你迷戀『ＸＸ』，沒有你那晚打我，今晚又打我，我大約不會這樣做吧！」這份遺囑簡直和唐季珊公布的遺囑大相逕庭，完全是兩種口吻，而且這一版本是比較可信的，原因也很簡單：它交代了足以讓一位弱女子自殺的理由——家庭暴力和背叛。

不管哪一個版本的遺囑為真，畢竟都還是阮玲玉個人的八卦事件，讓上海人最耿耿於懷的是那一句「人言可畏」。這句話為將近一百年的明星與大眾的關係定下了定義：大部分時間裡，明星和大眾不是名人和粉絲之間的關係，而是話題人物和議論者的關係，二者之間聯繫的管道則是狗仔隊。

一句「人言可畏」驚動了許多人，包括當時就在上海的魯迅。這時魯迅已是帶病之身，距離他離世也只剩一年多的時間。他拿起筆，以他一貫的立場，向所有齷齪中國人的齷齪心靈開刀，寫了《論「人言可畏」》：

「人言可畏」是電影明星阮玲玉自殺之後，發見於她的遺書中的話。這哄動一時的事件，經過了一通空論，已經漸漸冷落了，只要《玲玉香消記》一停演，就如去年的艾霞自殺事件一樣，完全煙消火滅。她們的死，不過像在無邊的人海裡添了幾粒鹽，雖然使扯淡的嘴巴們覺得有些味道，但不久也還是淡，淡，淡。

這句話，開初是也曾惹起一點小風波的。有評論者，說是使她自殺之咎，可見也在日報記事對於她的訴訟事件的張揚；不久就有一位記者公開的反駁，以為現在的報紙的地位，輿論的威信，可憐極了，那裡還有絲毫主宰誰的運命的力量，況且那些記載，大抵採自經官的事實，絕非捏造的謠言，舊報具在，可以復按。所以阮玲玉的死，和新聞記者是毫無關係的。

這都可以算是真實話。然而——也不盡然。

現在的報章之不能像個報章，是真的；評論的不能逞心而談，失了威力，也是真的，明眼人絕不會過分的責備新聞記者。但是，新聞的威力其實是並未全盤墜地的，它對甲無損，對乙卻會有傷；對強者它是弱者，但對更弱者它卻還是強者，所以有時雖然吞聲忍氣，有時仍可以耀武揚威。於是阮玲玉之流，就成了發揚餘威的好材料了，因為她頗有名，卻無力。小市民總愛聽人們的醜聞，尤其是有些熟識的人的醜聞。上海的街頭巷尾的老虔婆，一知道近鄰的阿二嫂家有野男人出入，津津樂道，但如果對她講甘肅的誰在偷漢，新疆的誰在再嫁，她就不要聽了。阮玲玉現身銀幕，是一個大家認識的人，因此她更是給報章湊熱鬧的好材料，至少也可以增加一點銷場。讀者看了這些，有的想：「我雖然沒有阮玲玉那麼漂亮，卻比她正經」；有的想：「我雖然不及阮玲玉有本領，卻比她出身高」；連自殺了之後，也還可以給人想：「我雖然沒有阮玲玉的技藝，卻比她有勇氣，因為我沒有自殺」。花幾個銅元就發現了自己的優勝，那當然是很上算的。但靠演藝為生的人，一遇到公眾發生了上述的前兩種的感想，她就夠走到末路了。所以我們且不要高談什麼連自己也並不了然的社會組織或意志強弱的濫調，先來設身處地的想一想罷，那麼，大概就會知道阮玲玉的以為「人言可畏」，是真的，或人的以為她的自殺，和新聞記事有關，也是真的。

但新聞記者的辯解，以為記載大抵採自經官的事實，卻也是真的。上海有些介乎大報和小報之間的報章，那社會新聞，幾乎大半是官司已經吃到公安局或工部局去了的案件。但有一點壞習氣，是偏要加上些描寫，對於女性，尤喜歡加上些描寫；這種案件，是不會有名公巨卿在內的，因此也更不妨加上些描寫。案中的男人的年紀和相貌，是大抵寫得老實的，一遇到女人，可就要發揮才藻了，不是「徐娘半老，風韻猶存」，就是「豆蔻年華，玲瓏可愛」。一個女孩兒跑掉了，自奔或被誘還不可知，才子就斷定道：「小姑獨宿，不慣無郎」，你怎麼知道？一個村婦再醮了兩回，原是窮鄉僻壤的常事，一到才子的筆下，就又賜以大字的題目道：「奇淫不減武則天」，這程度你又怎麼知道？這些輕薄句子，加之村姑，大約是並無什麼影響的，她不識字，她的關係人也未必看報。但對於一個智識者，尤其是對於一個出到社會上了的女性，卻足夠使她受傷，更不必說故意張揚，特別渲染的文字了。然而中國的習慣，這些句子是搖筆即來，不假思索的，這時不但不會想到這也是玩弄著女性，並且也不會想到自己乃是人民的喉舌。但是，無論你怎麼描寫，在強者是毫不要緊的，只消一封信，就會有正誤或道歉接著登出來，不過無拳無勇如阮玲玉，可就正做了吃苦的材料了，她被額外的畫上一臉花，沒法洗刷。叫她奮鬥嗎？她沒有機關報，怎麼奮鬥；有冤無頭，有怨無主，和誰奮鬥呢？我們又可以設身處地的想一想，那麼，大概就又知道她的以為「人言可畏」，是真的，或人的以為她的自殺，和新聞記事有關，也是真的。

然而，先前已經說過，現在的報章失了力量，卻也是真的，不過我以為還沒有到達如記者先生所自謙，竟至一錢不值，毫無責任的時候。因為它對於更弱者如阮玲玉一流人，也還有左右她命運的若干力量的，這也就是說，它還能為惡，自然也還能為善。「有聞必錄」或「並無能力」的話，都不是向上的負責的記者所該採用的口頭禪，因為在實際上，並不如此——它是有選擇的，有作用的。

至於阮玲玉的自殺，我並不想為她辯護。我是不贊成自殺，自己也不預備自殺的。但我的不預備自殺，不是不屑，卻因為不能。凡有誰自殺了，現在是總要受一通強毅的評論家的呵斥，阮玲玉當然也不在例外。然而我想，自殺其實是不很容易，絕沒有我們不預備自殺的人們所藐視的那麼輕而易舉的。倘有誰以為容易嗎，那麼，你倒試試看！

自然，能試的勇者恐怕也多得很，不過他不屑，因為他有對於社會的偉大的任務。那不消說，更加是好極了，但我希望大家都有一本筆記簿，寫下所盡的偉大的任務來，到得有了曾孫的時候，拿出來算一算，看看怎麼樣。

是的，阮玲玉的死是盛大的，不僅在於它曾經是一場娛樂盛宴，更因為它在中國人脆弱的神經上又刺了一刀。她的死太過戲劇性，以致於她的死成了一個永遠的娛樂話題，她的死為她帶來的知名度，比她本人拍電影所帶來的知名度還要大，這是娛樂力量戰勝真實的可悲範例之一。

這場盛大的死亡後，就沒有人繼續關心還活著的當事人了。他們是唐季珊、阮玲玉的前任男友張達才，以及阮玲玉的母親和養女，其實他們才是與她的死關係最緊密的人。

唐季珊在阮玲玉死後又找了新女友，這並不奇怪，畢竟這本來就是他生活的一部分，新女友之後還有新女友，直到他終於經商被騙，窮困潦倒為止。也許是為了對阮玲玉的死有所補償，也許是真的要執行那份「遺囑」，唐季珊一直供養著阮玲玉的母親到死。

阮玲玉的前任男友張達才則比較逗趣，他竟然在第一部以阮玲玉為題材的電影中扮演其中的角色，當然，最適合他的角色就是他自己，他比阮玲玉的命運好不了多少，因為他不久後就因為瘧疾在香港病亡。

民國時期「怕老婆」群像

（一）、胡適：怕太太協會主席

將「怕老婆」提升至哲學層次的是哲學家胡適。

民國後，當名人們忙著拋棄元配妻子時，胡適卻和小腳太太江冬秀過了一輩子，江冬秀屬虎，胡適屬兔，單看生肖都已經有些「不祥」。江冬秀雖是舊時代女子，但是性情卻在「獅吼」之列，胡適固然是為了不讓寡母傷心而維持與江冬秀的婚姻，但江冬秀本人的剛強卻也是重要的婚姻安全網。

以胡適的聲名和光鮮，必然會有女子主動投懷送抱，其中最令胡適動心的是表妹曹誠英。

大家一直稱曹誠英為胡適的「表妹」。實際上她是胡適三嫂的妹妹，正確叫法應該還是「妹妹」，不過叫「表妹」似乎能讓他們

胡適和曹誠英

更「安全」些。曹誠英叫胡適作「糜哥」（胡適小名嗣糜）。曹誠英早就是胡家的常客，以至於胡適和元配江冬秀一九一七年成婚時，曹誠英還是四位伴娘中其中之一。江冬秀自然也早就與小表妹十分熟稔。

這是上天賞賜給胡適的一段戀情。一九二三年，胡適隻身從北京去上海開會，這個地方離小表妹曹誠英讀書的杭州太近了。這一年他三十三歲，她二十一歲。

此時胡適已是兩個孩子的父親，曹誠英則是一個剛剛離婚的人。他們的共同點就是沒真正享受過戀愛的快樂。曹誠英很漂亮，比江冬秀漂亮，但更重要的是她比江冬秀更懂胡適，他們自然而然地談起戀愛了。

胡適寫了《西湖》，字裡行間，都是對曹誠英的愛：

西湖

十七年夢想的西湖，
不能醫我的病，
反使得我病的更厲害了！
然而西湖畢竟可愛。
輕煙籠著，月光照著，
我的心也跟著湖光微蕩了。
前天，伊卻未免太絢爛了！
我們只好在船篷陰處偷覷著，不敢正看伊了。

最好是密雲不雨的昨日，

近山都變成遠山了，
山頭的雲霧慢騰騰地捲上去。
我沒有氣力去爬，
只能天天在船上蕩來蕩去，
靜瞧那湖山諸峰從容地移前退後。
聽了許多毀謗伊的話而來，
這回來了，只覺得伊更可愛，
因而不捨得匆匆就離別了。

胡適的理智讓他多年來得以控制感情，但是，面對曹誠英，這些理智都消失得一乾二淨。他們以養病為名住在一起，對外宣稱曹誠英協助「表哥」料理生活，而胡適則是幫「表妹」補習功課。可憐的江冬秀不知道此中隱情，還寫信囑託胡適，要照顧好曹誠英，因為曹誠英的身體不好。

這段美好的戀情持續了三個月，讓胡適過了整整三個月的「神仙生活」，也悄悄留下了愛的結晶，曹誠英懷孕了。胡適不得不回北京了，他要接著當他的北大教授和青年導師。在婚姻問題上，他過去的信念開始動搖。一封來自曹誠英的信更堅定了他的心。

「糜哥！在這裡讓我喊一聲親愛的，以後我將規矩地說話了。糜哥！我愛你，刻骨的愛你。我回家去之後，仍像現在一樣的愛你，請你放心。……祝我愛的安樂！」

胡適默默來到妻子江冬秀面前，將一切和盤托出。他提出離婚。

江冬秀沒想到自己的伴娘竟然成了情敵，自己還曾傻傻地要胡適好好照顧曹誠英。江冬秀大怒，她永遠不會同意離婚。她不會像其他舊時代女子那樣逆來順受，她採取了最激烈的措施來對付胡適：要麼維持現狀，要麼自殺。自殺之前會一併將兩個兒子殺死。

根據各種資料，胡適顯然經過了頑強的抗爭，他太愛曹誠英了，不願辜負她的愛情。但是，這位大師再次在現實面前敗下陣來。他認輸了。

後來的結果簡單明確：胡適和江冬秀「濤聲依舊」，曹誠英獨身終老。更可嘆的是，胡適去了美國，後來又到台灣，而曹誠英留在了中國，因為和胡適的特殊關係，成為受到嚴重批判的對象之一。

胡適在和江冬秀的「戰爭」中一敗塗地後再也沒能「翻身」。有一次，他在一枚外國硬幣上發現了「P.T.T」縮寫，這三個字正好也可作為中文「怕太太」的簡稱，胡適大喜，決定用這種硬幣做為「怕太太協會」的會徽，「怕太太協會」正式成立。不僅如此，胡適還逢人就講述怕太太的好處和哲學根據，真是怕太太到成精了。

（二）、辜鴻銘怕老婆：因怕而「崇拜」

辜鴻銘什麼都不怕，只怕老婆，而且怕得義正詞嚴，曾說過：「老婆都不怕，那還有王法嗎？」辜鴻銘也曾特地寫了自己怕老婆的文章，宣揚自己的怕老婆美德：

我妻為湖南人，湖南人者，在我書中，皆言其為中國之蘇格蘭人者也。我妻惟為湖南人，故有極強烈之責任心。我妻為欲盡其責任，至於不恤惡衣惡食，盡力撙節，以贍養其十六口之夫家。我因此驚嘆吾妻，至於崇拜，而吾友群相嘲笑，以為吾畏吾妻，乃遠過於畏吳佩孚之率全軍而至也。

然吾妻之責任心，有時乃使我難甚，且覺其為自私之衝動，我嘗至唱歌女郎之室，聽細小與美好之音樂與唱歌（按：辜鴻銘在北京經常到天橋聽女落子）。但我妻之責任心，大不謂然，彼但知其責任，而不顧其勞苦之丈夫，遂致耳提面命，無夕不與吾以閨中之教訓。Curtain lectures 使我不得安睡，以致肺炎發作。

我常見乞丐來余，輒畀以銅元一枚，平均記之，日必費二十枚，而我妻以為慈善事業當先施諸家，一日為此問題，大起爭論，竟以踏腳凳，擲我頭顱矣。

辜鴻銘每天拖著一根花白的小辮子，出入於北京大學和娛樂場所之間，是北京城的一景，他的「怕老婆」是真的，但和別人的怕老婆不同之處在於，就連怕老婆這種事他都能用來替自己「歌功頌德」，不放過任何吹噓自己的機會，聰明人自然能看出他藉著怕老婆之名行說笑之實。可以這麼說，辜鴻銘就連怕老婆也怕得很有學問。

民國的「鬼故事」

世界上到底有沒有鬼？這是個科學問題，或者也算是個哲學問題，實際上並沒有結論。但世界上有「鬼故事」倒是毫無疑問的。「鬼故事」成為娛樂生活的一部分是從民國時期開始的。現代有很多鬼故事的背景也都是民初。這大概是因為民國時期社會治安混亂，意外死亡的人太多，因此以「凶宅」為題材的鬼故事也如雨後春筍般接連冒出來。

絕大部分的「鬼故事」都是捏造的，但也有些鬼故事是某些說話可靠的人親身經歷，這些鬼故事便有資格成為經典。

最有名的鬼故事是「魯迅踢鬼」，不過這個故事中的「鬼」當場讓人揭穿了，故事講述人是蕭紅：

那時魯迅先生從日本讀書回來，在一個師範學堂裡也不知是什麼學堂裡教書，晚上沒有事時，魯迅先生總是到朋友家去談天。這朋友住的離學堂幾里路，幾里路不算遠，但必得經過一片墳地。談天有的時候就談得晚了，十一二點鐘才回學堂的事也常有，有一天魯迅先生就回去得很晚，天空有很大的月亮。魯迅先生向著歸路走得很起勁時，往遠處一看，遠處有一個白影。魯迅先生不相信鬼的，在日本留學時是學的醫，常常把死人抬來解剖的，魯迅先生解剖過二十幾個，不但不怕鬼，對死人也不怕，所以對墳地也就根本不怕，仍舊是向前走的。走了不幾步，那遠處的白影沒有了，再看突然又有了。並且時小時大，時高時低，正和鬼一樣。鬼不就是變幻無常的嗎？

魯迅先生有點躊躇了，到底向前走呢？還是回過頭來走？本來回學堂不只這一條路，這不過是最近的一條就是了。魯迅先生仍是向前走，到底要看一看鬼是什麼樣，雖然那時候也怕了。

那時從日本回來不久，所以還穿著硬底皮鞋。魯迅先生決心要給那鬼一個致命的打擊，等走到那白影旁邊時，那白影縮小了，蹲下了，一聲不響地靠住了一個墳堆。魯迅先生就用了他的硬皮鞋踢了出去。那白影噢的一聲叫起來，隨著就站起來，魯迅先生定眼看去，卻是個人。魯迅先生說他踢的時候，他是很害怕的，好像若一下不把那東西踢死，自己反而會遭殃的，所以用了全力踢出去。原來是個盜墓子的人在墳場上半夜作著工作。

魯迅先生說到這裡就笑了起來。

「鬼也是怕踢的，踢他一腳就立刻變成人了。」

其實，這個故事關鍵不是被提升至哲學層次的「鬼也是怕踢的，踢他一腳就立刻變成人了」，而是作為一個「不信鬼」的人，魯迅在看見墳地裡白色影子時的恐懼。這種恐懼讓我們知道不是像魯迅這種解剖過屍體的人就一定不怕「鬼」。「鬼」是背負著中華文明包袱的中國人永遠擺脫不掉的恐懼對象。

魯迅碰到的終究不是鬼，而另一個解剖過更多屍體，同是日本學醫歸來的趙元任夫人楊步偉則是真的見過「鬼」了，仔細分析她的紀錄，如果不是「鬼」，還真是讓人難以置信：

楊步偉《一個女人的自傳》：

崇實學校那房子可是真大，又裝得下一個學校，又夠柏公館住。這個房子因大的緣故，又多年沒有人住在裡面，多半是空的，所以向來相傳鬧狐鬧鬼的。我們是辦學校和軍隊駐紮在裡面，總以為不要緊，又以為我們的陽氣能夠給什麼妖氣陰氣鎮壓下去了。豈知人的心理作用，還是想像的鬧，今天晚上說這兒響，明天晚上說那兒看見巨人了，又聽見唱的，又聽見笑的，前前後後的都哄著鬧。我對他們說，因為你們知道張勳時代駐紮過軍隊在裡面，又在邊院裡殺過三十幾個兵，所以幻想出許多事來了。我因領導他們的身份，每晚自己一個人拿一個保險燈在手內，各處走轉一趟，以示不怕和無怪事的意思來安慰他們大家。其實好多學生比我的歲數大，嚇得站在我背後看看。我笑他們，你們這樣怎麼以前還打算當北伐軍到前敵去打仗殺人呢？因我如此說了，他們當中有不迷信的都佩服我膽大，迷信的都說我有福氣鎮壓得住，所以連辦公處和柏家公館裡都來找我查看去，簡直一天到晚忙得不得了。其中有兩次不可解的，連我一直到現在還不明白。若說信，我是實在沒有理由信，我常禱告說，若是要我信鬼怪的話可得好好的顯出來給我看看，否則我總不會信的。若說不信，我可親眼看見，親耳聽見過兩次事的發現，可是還不值我就可以信了，說出來只可以作一個不明白而已。

一次我已經睡上床了，聽見堂屋椅子拖來拖去的響，並且還有很大的笑聲。那個房子是一排五大間，正中一間是開會用的，兩面四間是職員住的。我住在靠堂屋的右邊一間，教務長和齋務長兩個人住在靠堂屋的左邊一間。兩邊大聲說話是可以聽得見的。那時已經是十二點鐘了，我聽見聲音響我就大聲問，你們還不睡啊？笑些什麼？做了什麼可笑的事情了？他們不答應我，聲音也沒有了。等了一會兒，又來一陣哈哈大笑了。我就一聲不響拿了一個大洋燈，給門栓趕快一撥，忽然門大開出來，看見桌布還在動，椅子橫七豎八的，可是一個人都沒有，一點聲音也沒有了，兩頭隔扇門關的好好的。對面她們聽我出來了，才抖抖的聲音問我，校長你聽見了嗎？你真大膽，還出來呢，我們都嚇死了。我還怕是她們偷偷出來做了成心嚇我的。我說，什麼都沒有，你們開門出來啊。她們才給門開了出來，兩個人還在抖，臉上蒼白的，手冰冷的，話都說不清。我看那樣子不像在安心嚇我的。同時對面裡間屋內的兩個人和我裡間屋內的一個人也叫起來了，說她們也聽見了，怕得不敢說話，現在知道我出來看了，才敢叫出聲來。我就在她們屋內坐了一下，對她們說，明天不要給大家知道，恐怕學生們起恐慌不好。但是人的嘴哪裡可以關得住，自然不久大家都偷偷的傳說出去了。我總是鎮靜的樣子對她們，所以大家也不敢說。

隔了有一個月的光景，有一天晚上學生都在溫課。（中國那時的學校，住堂的學生每晚都到大課堂裡去溫習兩個鐘頭的課，就是後來所謂叫自修。同時有教員每日輪流的在課堂裡指點她們，大約總是規定的時間約晚上八點到十點，各學校的時候有時不同一點。）這個大課堂是五間打通了的，對面的五間也是打通了放了三十架織布機，她們常常告訴我裡面響，我從來沒聽見過，我想也許老鼠什麼的，所以很久都是我自己每下午去鎖門去。一天也正是我監課堂，在十點要完的時候，對面織布室內織起布來了，大約有半分鐘的光景就停了。大家嚇得都叫起來，我想是誰和我開玩笑的，也是拿了一盞大燈，叫了幾個大膽的學生和我一同過去看。開開門隨手給門關上恐怕有什麼東西會跑出去。回頭再一看，就在開門的地方第二架織布機手拽的繩子還在兩面擺，布上有一根熱乎乎的玉米根子在上面。我就和七個人找來找去的，一點東西也沒有。我就說，要是鬼怪，快顯出來我看看！也沒有東西，貓狗老鼠都沒有，人是更沒有了。我一點不覺得怕，也沒有風，牆窗都沒有風。

我一直到現在還不明白這回事。那回以後學校內也沒再有過聲音什麼的了。

究竟是什麼東西在楊步偉的隔壁客廳裡挪動那些椅子呢？挪動椅子的和大笑的是同一種東西嗎？那根熱騰騰的玉米是誰丟在織布機上的？這些問題讓楊步偉想了一輩子也沒能想明白。楊步偉是名可以信賴的敘述者，講述的都是親身經歷，應該不是虛妄的言詞。其實，正如許多經典鬼故事的背後都是人在作怪一般，楊步偉這次「見鬼」應該也不例外，她的回憶中值得玩味的一句話是「那回以後學校內也沒再有過聲音什麼的了」，這句話其實巧妙地點出了楊步偉對這些「靈異」事件的基本態度，那「鬼」實在是鬧得有些沒意思了，也就不玩了。即使真的有鬼，對楊步偉這種精神上刀槍不入的現代女性也是毫無辦法。

以民初為主題的鬼故事中，經常以「姨太太」作為主角，這是一個相當有意思的文化現象。民初時期是個盛產姨太太的時代，主要是這個時代男權十分強盛。坐守空房是姨太太的生活常態，為了打發無聊的時光和青春，拿「鬼」當擋箭牌，行通姦之實便成了她們最常使用的招數，一旦被發現，姨太太馬上就會變為受害者，或被休，或被殺，絕對沒有好結果。這樣一來，這類事蹟反過來又成為新鬼故事的素材——姨太太住過的地方往往因為下人、鄰居、親友的諸般恐懼，很快就會變成「凶宅」，然後依據後人的想像力添加更多故事情節。

據說民初的「副刊大王」孫伏園就講過一個關於「姨太太」的鬼故事：

民初時期的一個小城裡有一個大宅子，大宅子的主人是個大人物，大人物養著十幾個姨太太，大人物經常不在家，宅子裡空盪盪的，經常鬧鬼。鬼製造的「靈異」事件太多了：有時他會在深夜莫名其妙地聽見從房間裡傳出說笑聲，這說笑聲誰都沒聽過；有時是陰森森地哭泣聲，緊接著就是幾聲大罵和喊叫；有時奇怪留下很多菸頭，還燒著了衣櫃裡的衣服；有時竟然親自出現，以軍官的模樣在三姨太的房間裡一閃而逝，模樣還挺好看……這些靈異事件越來越多，人們也越來越害怕。對方請孫伏園訪問這所「鬼宅」，孫伏園就在好奇心驅使下去了，他仔細檢查這間鬼宅的後院。每個地方都沒發現任何異常，只是西北牆角處有個坍塌造成的洞，洞裡不時傳過來牆外軍隊操練的聲音。孫伏園一想就明白了，對這家人微笑不語。人家問他，你去外國見過世面，那外國有沒有鬼呢？孫伏園答：外國沒有鬼，因為外國人不娶那麼多姨太太，「鬼」都覺得沒必要來。於是那家人大為羞愧……

上面這些「鬼故事」不管是真鬼假鬼，都只是當事人的回憶罷了，真正「有圖為證」的鬼故事是民國十七年發生的「熱河鬼影案」。

民國十七年，天津《北洋畫報》的編輯收到了一封信，這封信附帶著一張照片，照片上的人是個普通的北方年輕人，但該人的腰部影影綽綽有另外一個人的頭像。編輯仔細閱讀那封信的內容，原來是一位叫做包亞平的人寫的，內容在說一位叫做蕭澄章的熱河人在照相館照相後，發現腰部竟然出現了他已死去的父親蕭振聲的頭像，這可真是平白無故大白天鬧鬼了。寄信的包亞平唯恐編輯不信，還隨信寄上了蕭振聲去世時的訃告。

《北洋畫報》的編輯開始覺得有些可笑，這種民間迷信向來是荒誕不經的，但是看那張訃告千真萬確，而揆情度理，蕭澄章似乎也沒有必要拿自己死去的父親開玩笑，想到這裡，編輯的脊梁骨上也不禁冒出了涼氣，那張照片上的「鬼影」經此提示，越來越清晰了。編輯馬上就把這張照片發排登上報紙了。

這個「鬼影」照片大概是民國史上證據最明確的鬧鬼事件了。從情理上來說，包亞平、蕭澄章兩人似乎沒有必要為了登一篇豆腐大的報導花力氣偽造這麼一張照片，更不會別出心裁地將「亡父」頭像放在腰上，唯一合理的解釋恐怕就是那張照片的底片出了問題，結果腰部斑駁，出現的曝光圖紋恰好類似「亡父」的頭像。即使這樣，也算是千古奇觀了。

民國的「百家講壇」

中國真正的大學是從民國之後才開始設立。這裡所說的「百家講壇」實乃各著名大學課堂上的精彩實錄，非指特定的娛樂節目。讀者諸君或許覺得「民初的大學課堂」不應該放在「娛樂」這個章節，其實，如果我們見識到當時大學課堂裡的搞笑情景，恐怕會覺得那景象比真正的「娛樂」還要「娛樂」。

民初時期全國首府是北京大學，也是名流學者們薈萃之處。當年北京大學的教授們大概沒想到，他們有一位同事周作人是「日記達人」兼課堂笑話收集愛好者，教授們在課堂上的糗事他都一一記錄在案。

北大名教授們雖然都是各自領域的「大師」，但講課能力天差地別，以學生的頑皮，哪位教授如果突然怯場或出了洋相，自然會成為傳之後世的段子，周作人這個老教授也頗愛搜尋這樣的典故，在出糗教授中，以戲曲教授許守白最為逗趣：

> 許守白是在北大教戲曲的，他的前任，也就是第一任的戲曲教授是吳瞿安。當時上海大報上還大驚小怪的，以為大學裡居然講起戲曲來，是破天荒的奇事。吳瞿安教了幾年，他是南人，吃不慣北方的東西，後來轉任南京大學，推薦許守白接替他的位置。許君與林公鐸的個性正好相反，對人異常客氣，甚至可說是過分有禮了，一般到了公眾場所，對於在場眾人只要點個頭示意即可，等到發現特別熟識的人，再另行打招呼，他則不然。剛進門，他就一個一個找人鞠躬，有時哪邊漏了，還要重新鞠過。看他樣貌像個老學究，可是打扮卻有點特殊，穿一套西服，剃光頭，只在

腦門上留著一撮手掌大的頭髮，狀如桃子，長約四、五分，不知原因為何，有些愛挖苦的人便送給他一個綽號，叫做「餘桃公」[5]，這句話是有歷史背景的。他這副樣子在北大還好，因為他們見過世面，畢竟曾看過辜鴻銘的裝扮，可是到女學校上課時，就免不了得稍受欺侮了。其實那裡的學生，倒也不是特別要讓他出糗，從上課情形可看出他某些窘狀。

北伐成功後，女子大學劃歸北京大學，改為文學理學分院，隨後又成為女子文理學院，我在那裡給劉半農代理國文系主任的時候，為一二年級學生開過一班散文習作，有一回作文叫寫教室裡印象，其中，一篇寫得頗妙，即是講許守白的，雖然不曾說出姓名來。她說有一位教師進來，身穿西服，光頭，前面留著一個桃子，走上講台，深深的一鞠躬，隨後翻開書來講。學生們有編織東西的，有寫信看小說的，有三三兩兩低聲說話的。起初說話的聲音很低，可是逐漸響起來，教師的話有點不大聽得出了，於是教師用力提高聲音，於嗡嗡聲的上面又零零落落的聽到講義的詞句，但這也只是暫時的，因為學生的說話相應的也加響，又將教師的聲音沉沒到裡邊去了。這樣一直到了下課的鐘聲響了，教師乃又深深的一躬，躥下了講台，這事才告一段落。

周作人講述許守白的段子時，多少帶著幸災樂禍的意思在，其實他本人也不是什麼上課高手，據他當年的學生回憶，這位大名人一站上講台就拿出一本講義，低頭照著講義讀下來，聲音小到連前排的學生都聽不清楚，他也不以為意，直到學生終於適應了他的紹興國語時，課也差不多上完了。這時他會心滿意足地抱著講義，趕緊回他的苦雨齋讀書去了。

這群老派教授中，講課最精彩的當屬梁啟超。梁啟超在政界失意後，由吳宓親自請到清華大學，成為「四大導師」之首，他到了講台上就會成為一個單人獨幕劇的表演者，煞是精彩，這種表現跟他奔放的性格不無關係。

梁啟超走上講台後，先打開講義，眼光向下面橫向一掃，然後是令人意想不到的一句開場白：「啟超是沒有什麼學問的——」學生們聽到這裡，頓時微微出了喧聲，心裡想「這個老頭可真謙虛」，但緊接就見他眼睛向上一翻，輕輕點點頭，好像想起一點什麼來，說道：「可是也有一點嘍！」學生見他謙遜之後又如此自負，頓時哈哈大笑。梁啟超的記憶力與舊學底子深厚，中國古代的東西，不管是諸子百家還是詩詞歌賦，往往張口即來，有時偶爾頓住，用手敲一敲光禿禿的腦袋，便馬上想起來，又繼續大段大段往下背。學生們被他的風采吸引，心情也跟著他的思路高低起伏，見他想不起來時從不嘲弄，而是全都緊張地替他捏把汗，直到他想起來才鬆一口氣。梁啟超有時講到緊要處，便開始不由自主地表演，手舞足蹈，情不自禁，或掩面、或頓足、或大笑、或嘆息。因為嗓門太大，講到快樂的地方就哈哈大笑，聲音震得屋梁都在抖，講到悲傷處則痛哭失聲乃至涕泗滂沱。學生都以聽他的課為享受。

老派教授都有些老脾氣，新派教授也有些新花樣，清華大學外文系主任葉公超留在學生們記憶中的滑稽場面就數不勝數，他有個知名的學生季羨林曾這樣回憶：

公超先生的教學法非常奇特，他幾乎不講解，一上課，就讓坐在前排的學生由左到右，依次朗讀原文，到了一定的段落，他大聲一喊：「Stop!」……有人偶爾提一個問題，他斷喝一聲「查字典去！」這一聲獅子吼有大威力，從此天下太平，宇域寧靜，相安無事，轉瞬過了一年。

這種教學法是不是太像是著名教授？不過要知道這種教學法教出來的是錢鍾書、季羨林等這些外

5語出韓非子《說難篇》：「昔者彌子瑕有寵於衛君。衛國之法，竊駕君車者罪刖。彌子瑕母病，人聞有夜告彌子，彌子矯駕君車以出。君聞而賢之曰，孝哉，為母之故，忘其犯刖罪。異日，與君游於果園，食桃而甘，不盡，以其半啖君。君曰，愛我哉！忘其口味，以啖寡人。及彌子色衰愛弛，得罪於君，君曰，是固嘗矯駕吾車，又嘗啖我以餘桃。故彌子之行，未變於初也，而以前之所以見賢，而後獲罪者，愛憎之變也。」

語能力極佳的學生，我們大概也無法置喙。一句「查字典」其實就道出了學外語的精髓之處，聰明的學生們自然能聽到心裡去。

民初時期最會講課的教授當然是胡適。為了宣傳自己的理念，胡適相當用心地將自己的課講得津津有味，好讓學生接受。有個學生曾將胡適講述《水滸》的授課片段保留下來，從這個片段就能看出，胡適總是善於從講課的內容中選出那個最令人眼前一亮之處，讓學生立刻產生興趣：

現在要說到《水滸傳》。現在《水滸傳》的故事，完全是四百年，到五百多年的，演變的歷史。最初呢，是無數個極短極短的故事，編成了一部。到了明朝——到了明朝中葉——才有一個整個的，大的故事。這個時候，《水滸》的本子呢，就是一百回的，一百二十回的，一百二十五回的，後來又刪改成一百回，七十一回的故事。元劇裡面的李逵很風雅，會吟詩，也會逛山玩水。從這個樣子的李逵，變到雙手使板斧的黑旋風的李逵，而宋江呢，由人人敬愛，變到被罵。這種演變，都是由於一點點的，小小的差異。

作為教師，快速的反應能力是必要的，胡適在這方面是當仁不讓的冠軍，他最有名的「段子」就是那個「白話電報」的故事：

一九三四年秋天，胡適在北大講課時大肆頌揚白話文的優點。一位學生提出反對意見：「胡先生，難道說白話文就沒有絲毫缺點嗎？」胡適對著他微笑說：「沒有的。」那位學生更加激動地反駁道：「肯定是有的！白話文語言不精鍊，打電報用字多，花錢多。」胡適柔聲細氣地解釋道：「不一定吧！前幾天行政院有位朋友打電報給我，邀我去做行政院祕書，我不願從政，覆電拒絕。覆電是用白話文寫的，看來也很省字。請同學們根據我的意願，用文言文編寫一則覆電，看看究竟是白話文省字，還是文言文省字。」十五分鐘後，胡適要學生們報告用字數，然後從中挑選出一份用字最少的文言文電稿，電文是這樣寫的：「才疏學淺，恐難勝任，不堪從命。」胡適說：「這份電稿寫得確實簡練，僅用了十二個字。但我的白話文電報只用了五個字：『幹不了，謝謝。』」

在這個故事裡，胡適其實是耍了一個小聰明，因為文言文雖然簡練，不過在社交場合使用時，有許多不得不遵守的禮貌習慣，這也是即便最短的文言電報稿也要說「才疏學淺，恐難勝任」的原因。

也許是受了這封白話文電報的刺激，著名的「八部書外皆狗屁」的大學者黃侃在北大上課時反擊胡適的言論，他也舉打電報的例子說：「如胡適的太太死了，他的家人電報必云：『你的太太死了趕快回來啊』，長達十一字。而用文言則僅需『妻喪速歸』四字即可，可省下三分之二的電報費。」黃侃在這個例子中也耍了小聰明，他舉了一個不需要客氣的情境為例，自然是文言文勝出。

胡適和黃侃兩個人看起來打成了平手，但實際上還是胡適獲勝——黃侃舉例時直接對胡適人身攻擊，而胡適舉例時則是開自己的玩笑，在品德上就已勝出一籌。

新文化運動——一場娛樂化的革命

新文化運動是娛樂事件嗎？當然不是。但是新文化運動的過程卻和典型娛樂事件極為相似，這樣說吧，新文化運動是一場娛樂化的革命，正因為如此，這場運動才得到了世人的關注。

一九一八年，胡適、陳獨秀、錢玄同、劉半農等人大力推動「白話文運動」。他們在《新青年》上吆喝了好長一段時間，根本沒人理會。這讓各位大師們相當鬱悶。對明星來說，沒人理會就沒有票房，對思想大師來說，沒人理會就無法引發革命的效果，箇中苦惱完全相同。新文化導師群中的一員——魯迅回憶當時的情形時說：

他們正辦《新青年》，然而那時彷彿不特沒有人來贊同，並且也還沒有人來反對，我想，他們許是感到寂寞了。

沒人理會就沒人買書，《新青年》的銷售量岌岌可危，後來乾脆討論是否要停刊，這樣下去不是辦法。劉半農曾寫信給錢玄同抱怨說：

文學改良的話，我們已鑼鼓喧天的鬧了一鬧，若從此陰幹，恐怕不但人家要說我們是程咬金的三大斧，便是自己問問自己，也有些說不過去罷！

現代社會，即使再好的想法也需要現代化的行銷手法予以推廣，否則效用不大。如此險峻的形勢，逼著《新青年》所有同仁腦力激盪。後來還是錢玄同想到了一個好主意，那就是「炒作」。炒作不是娛樂產業的強項嗎？各位學術大師也是迫不得已，只好出此下策。大師不出手便罷，一出手就知有沒有，他們雖然不屑這類九流手段，不過對這種手段本身還是十分拿手。

好戲開始了。向來說話有如大炮般張狂的錢玄同化名「王敬軒」，用舊式文人，尤其是那種肚子裡有點墨水的頑固小市民筆調，使出各種看家厚黑本領，大罵《新青年》諸位導師，並有意在文章中「不知不覺」地將林紓等舊文人扯進來。然後，在同期《新青年》中，由劉半農撰寫一篇反駁文章，將新青年諸位的思想和文化主張一一公諸於世，反罵過去，言辭同樣激烈刻薄。

炒作的引信就此點燃。中國人向來愛看熱鬧，只要有人打架，或者有打架跡象之處，一定引來大批圍觀群眾。劉半農和錢玄同偷笑著，準備面對大批圍觀群眾的到來。

這些對罵文章刊登於一九一八年三月的《新青年》。

為了讓戲盡量地逼真，「王敬軒」的「來信」，故意排印成舊式的圈點式，完全不使用現代標點符號。編者兼真實作者還裝模作樣地加了一句「圈點悉依原信——本社誌」。而劉半農寫的「回信」則完全使用現代標點符號和白話文。

「王敬軒」用了很多人身攻擊的下三濫詞彙，劉半農也跳著腳罵「王敬軒」，務求使其狗血噴頭，看那個架勢，兩人見面時或許連刀子都會拿出來。為了將他們的假想敵——林紓、嚴復等人拉進這場論戰，「王敬軒」主動提及這些守舊派人物的大名，拉大旗作虎皮。而劉半農自然是對這些大名人極盡挖苦諷刺之能事。

這種戲在民間叫「雙簧」。一開場就很厲害，簡直到了血肉橫飛的地步。錢玄同和劉半農等了好幾個星期，以為會有人來叫罵，但是出乎意料的是，和以前一樣，根本沒有任何反響。林紓、嚴復等人一點也不想理睬他們這些新派人物，或許他們連看也沒看到。

怎麼辦？怎麼辦？新青年諸位更加著急了。戲演到現在總不能就這麼熄火，守舊派雖然沒有任何動作，但劉半農和錢玄同還是決定繼續將戲演下去。一九一八年四月二十日，一位讀者化名「崇拜王敬軒先生者」寫信給《新青年》的主編陳獨秀，對「記者」劉半農的批駁文字提出異議：

「讀《新青年》，見奇怪之言論，每欲通信辯駁，而苦於詞不達意，今見王敬軒先生所論，不禁浮一大白。王先生之崇論宏議，鄙人極為佩服；貴報記者對於王君議論，肆口辱罵，自由討論學理，固應如是乎！」

不用說，這封信也是精心偽造出來的。為了讓戲中的「敵人」出醜，編者故意在信中加了幾個錯別字，讓讀者產生厭惡感。六月十五日，陳獨秀也裝模作樣地加入了演出，他以向來奔放的文風寫了《答崇拜王敬軒者》一文，幫「記者」劉半農說話：

「其不屑與辯者，則為世界學者業已共同辨明之常識，妄人尚復閉眼胡說，則唯有痛罵之一法。討論學理之自由，乃神聖之自由也；倘對於毫無學理毫無常識之妄言，而濫用此神聖自由，致是非不明，真理隱晦，是曰『學願』；『學願』者，真理之賊也。」

接著，扮演「王敬軒」的錢玄同本人又在《新青年》上藉批「戴主一信跋」來反駁「王敬軒」，為劉半農辯護：

「本志易卜生號之通信欄中，有獨秀君答某之語，請足下看看，便可知道半農君答王敬軒君如此措辭的緣故。來書中如『胡言亂語』、『狂妄』、『肆無忌憚』、『狂徒』、『顏之厚矣』諸語，是否不算罵人？」

為了吸引真正的假想敵人來罵自己，新青年各位簡直是絞盡腦汁，演技也越來越高超，如果拿到現在，簡直可以在世界大賽中得獎了。這戲雖然演得不錯，但畢竟是越來越齷齪，越來越不像大教授的作為。後來鬧得連《新青年》的編者之一胡適都看不下去了，胡適認為，再這樣惡搞下去，正經人誰還看《新青年》？

還真讓胡適猜對了，不管《新青年》的人如何叫罵，真正的敵人林紓還是沉默以對。錢玄同、劉半農和陳獨秀等人真的著急了，乾脆不演了，跳出戲外，直接下戰書，約北大法政系學生張厚載寫稿，這當然也是一個計策，因為張厚載是林紓的忠實弟子。張厚載當然不是糊塗人，一看就知道新青年諸位的用意，毅然拒絕約稿。

一場熱熱鬧鬧、苦心孤詣的雙簧大戲眼看著就要徹底失敗，新文化運動簡直就要灰飛煙滅了。

話分兩頭，再回到林紓這邊。林紓雖然一直沒有做聲，但已經看到了罵他的文字，確實已被激怒，到了一九一九年時，他終於忍不住了，在《新申報》上發表一篇小說，名字是《荊生》，連載了十八天。緊接著，又在同一報紙上發表小說《夢妖》，將陳獨秀等人都罵了一頓，錢玄同等人的叫罵手段有些惡劣，不過他的罵法也不算高明，把陳獨秀等人的名字稍加變換，然後直接當成草人一樣狠揍，名字的變換方式動用了漢語傳統的隱晦之術，但仍然讓聰明人一看就知道是怎麼回事：

小說裡的人物	現實裡的人物
田其美	陳獨秀
金心異	錢玄同
狄莫	胡適

林紓可不是好惹的，他還懂得中國的官場之道，他直接寫信給錢玄同等人的領導者。錢玄同等人的領導者是誰？當然是北京大學校長蔡元培。因為蔡元培曾經是清朝的翰林，翰林又常尊稱「太史」，所以林紓的信就叫《致蔡鶴卿太史書》，說是信，但公開發表在報紙上，等於是直接叫陣。林紓這一鬧不要緊，陳獨秀、錢玄同、劉半農想要的局面終於出現了。

林紓加入了。北洋軍閥政府也很不識趣，想用行政手段介入，這一來又起了煽風點火的作用。整個議題迅速在社會上發酵，《新青年》也開始大紅大紫。

魯迅曾經這樣評論：「舊式文人的醜算是出盡，新派則獲得壓倒性的輝煌勝利」。該來看熱鬧的人終於都來了，他們當中很多人在這件事中得到了最初的思想啟蒙。

新文化運動竟然是以這種方式炒作起來的。不過這並不損害運動本身的價值，事件的當事人和策劃者之一周作人後來回憶說，這種做法雖然頗欠厚道，但在社會急需革命進步的時期，不使出這種招數，又能怎麼辦呢？

天津——民國的娛樂城

天津是北京的影子。沒有哪兩座民初時期城市之間的關係，像北京和天津這般有趣。民初政府大員們都在北京替自己買了大房子，同時他們也都在天津購入了更豪華的房子。在天津買房子的原因是要隨時為自己下台做準備——那裡有各國列強的租借地，只要政治失意，馬上可以獲得庇護，天津的存在對於北洋政府的走馬燈政治來說是絕對必要的。

北京城裡住的永遠是那些當政者，天津城則是接收了所有失敗者，像是滿清遺老遺少們和丟掉軍隊的光桿軍閥們。為了伺候這些人，又需要大量的僕人、侍女、保安、廚子，為了監視這些隨時可能鹹魚翻身的大佬們，當政者還要在他們身邊安插各種間諜和特務。光是這些人的消費能力就足以讓天津成為一個消費型城市。

天津既然是失敗者的「失樂園」，自然需要各種世俗娛樂來撫慰那些失意者的心。民國建立後，各種各樣的娛樂方式也漸漸在此興盛：文藝一點的有歌舞、京戲、相聲、大鼓，低俗一點的有妓院、賭城。只要能想到的娛樂方式，天津是應有盡有，全國的民間藝人都到這裡來一顯身手，這樣一來又吸引了更多花花公子和交際花名媛們前來玩樂，一來二去，民國頭號「娛樂城市」的美名就落在天津頭上了。

天津的娛樂風氣是在有名的「三不管」漸漸培養出來的。「三不管」本來是天津南市南邊一塊低窪土地，夏天一窪水，冬天一層冰，沒人願意住在這裡，所以有人稱此地為「亂葬崗子沒人管；打架鬥毆沒人管；坑蒙拐騙沒人管」，其實，這塊地正好處於法國租界、日本租界和中國政府管轄地域交會點，屬於「無政府區域」，這才是「三不管」的真正意義。沒人管的地方向來都是黃金商業地帶，大批的小商販、雜耍藝人、地痞流氓紛紛前來討生活，反倒讓這裡成了越來越繁華的地方。

「三不管」因為繁華，各門雜耍「藝術」的市場競爭十分激烈，為了能站穩腳步，藝人們往往拚了命來取悅觀眾，相聲名家馬三立就是在這裡出道的。出道時的艱辛是他一生難忘的記憶：

我帶著妻兒搬進南市三不管，以撂地為主，有時也到東興市場小書場去說一段，因為那時候我還沒有什麼名氣。別看沒有名氣，那些地痞流氓、把頭惡霸「飛帖打網」卻總忘不了我。帖子飛來，我就得掏一塊錢，少了不行，不出更不行，你不買他的帳，等於自找苦吃，輕則挨頓打，弄不好「帽子」一扣，押進大牢也不新鮮。我膽小怕事，帖子飛來，一家人勒緊肚皮，

老天津衛的「三不管」

也要湊上一塊錢送上去。「雜霸地」的喜慶事還格外多，老太爺的「壽辰」，少爺小姐「滿月」，外帶老太太做「陰壽」，帖子滿天飛，平均一月得花個十塊八塊的。為了多掙幾個，只有豁出命去說。上午說，下午說，晚上說，再趕著妓院落燈之前，到侯家後、同慶後妓院裡去說，說一段混個兩角錢。生活的重壓，真是叫人喘不過氣來，妻兒等著我拿錢回家買棒子麵，債主等著我的利息，「飛帖打網」的還得應付，我是肉體凡胎的人，沒有鋼筋鐵骨，如何肩得起這樣的重壓。在三不管撂地，混了不多日子就一病不起。撂地賣藝人的收入，刮風減半，下雨全無，臥病不起，那就分文無有。什麼「病假工資」、「勞保工資」，沒這種新鮮事，也沒有這詞彙。我一病三個月，多虧我的師兄弟、夥伴劉桂田、高桂清、趙佩茹、劉寶瑞、焦少海等人的接濟。三個月，差不多一百天，無論刮風下雨，他們幾位天天往我家送煤、送糧，從他們微薄的收入中，抽出一部分，送到我家，以保我的妻兒不致餓死。這種藝人中的江湖義氣，實在是難能可貴得很。

「三不管」雖然險惡，但畢竟能討口飯吃，也提升了藝人的表演水準。後來「三不管」便成了民間藝人們鍛鍊本事的必來之地。

一九四〇年，天津「三不管」燕樂戲園的老闆到北京出差時發現了一個相當有才華的相聲演員，這個演員二十三歲，雖然沒什麼名氣，但一看就知道將來能紅，老闆問這個演員願不願意到天津去演出，這個演員樂壞了，相聲雖然是北京人發明的技藝，但北京城並沒有足夠的娛樂人口來養活這些藝人，所有的相聲藝人都要到天津去演出「鍍金」，才能真正紅起來。這個演員很快就跟著老闆出發，來到了曲藝的大觀園——三不管。這個演員就是後來的頭號相聲大師侯寶林。

戲園老闆為了一炮打響侯寶林的名號，採取了各種商業手段：首先他把侯寶林首演的日子定在六月十六日，是個「黃道吉日」，而且是星期天，其次，最重要的，他事先聯繫當時的電台，要他們「現場直播」。侯寶林不負眾望，和搭檔郭啟儒兩人接連演了《空城計》、《改行》等節目，天津人向來最富娛樂精神，善於鼓勵藝人，突然間有這麼一個才華橫溢的新人橫空出世，更是大聲叫好，侯寶林於是瞬間竄紅。

「三不管」雖然名義上沒人管，但只要缺乏政府管理的地方必然會有黑社會出來擔負「管理」職能。馬三立演出時不用交稅給政府，卻要付給黑幫各種名目的「份子錢」。「三不管」出名後很快就落到了天津黑幫頭目袁文會控制之下。藝人們一旦紅起來，也馬上會成為他壓榨的對象。

和侯寶林一樣同為北京人的相聲演員戴少甫也是在天津闖出名聲，他比同時代的相聲名家馬三立大一歲，比侯寶林大五歲。戴少甫是一個半路入行的相聲演員（所謂「相聲演員」是現代的稱謂，同行人當時只稱這一行是「作藝的」），因為比一般的相聲演員文化水準要高而自成一格。

北京人戴少甫憑著自己的才能在天津一炮打響名氣，一時間無人敢攖其鋒。但是所有曲藝，包括相聲這個行業，向來講究「行規」，即進入這行必須先拜這行的某一個人為師，有了師承才能執業，否則同行就會排擠你。「行規」是民初（乃至更早的清朝）行業自我保護的一種辦法，但「同行相輕」，戴少甫自恃才高，遲遲沒有拜師，這讓相聲界的人有些不滿情緒，後來甚至鬧到暗中拆台，讓戴少甫沒法繼續表演，戴少甫沒辦法，只好同意拜師，但又有人暗中出主意，讓戴少甫拜藝名「小蘑菇」的常寶堃為師，因為常寶堃在相聲界輩分不高，所以讓戴少甫成為「徒孫」，以便行羞辱之實。戴少甫當然不同意，後來幾經權衡，總算拜了常寶堃的老師張壽臣為師，認常寶堃為師兄，這才算了結了同行們的牴觸情緒。

正當相聲演員這個小圈子裡的人忙著內戰時，所謂「螳螂捕蟬，黃雀在後」，天津市的頭號流氓袁文會出面了。

袁文會是個徹底的混混：開賭場、開妓院，收買警察、軍隊，投靠日本特務機關，總之把好勇鬥狠、仗勢欺人的事都做盡了。曲藝名角的票房也成了他眼中肥肉，他想將曲藝行的人一網打盡，全數掌控以為他所用，於是正好趁機拿戴少甫開刀。

那時，戴少甫和他的搭檔在「燕樂升平」劇場演出，場場滿座。袁文會的流氓伎倆就從這裡出招。

有一天，演出開始了，與往常不同的是，演出過程中同時出現好幾位「點活」的（即觀眾點播自己想聽的段子），巧合的是每位點的「活」（段子）竟然都不一樣，（當然都是袁文會的安排。）坐在包廂裡的袁文會也帶著一幫打手點了。後台一陣手忙腳亂，告訴戴少甫下一段該表演什麼，可戴少甫上台一說，恰巧不是袁文會點的那段。而偏偏戴少甫說的段子又是《打白狼》，這個段子講的是「我」——某司令率領人馬攻打叫做白狼的土匪。這是個傳統節目，介紹自己手下有幾個軍長、幾個師長以及旅、團長等，由演員中的「逗哏」說出那些部下的名字，而實際說的都是說相聲、變戲法、賣藝演員的名字，「捧哏」的聽完之後問一句：「你怎麼盡帶這些人？」逗哏的回答：「對，我就專帶這些王八兔崽子！」這本是舊時相聲藝人在台上常用的技巧，逗聽眾一樂，沒人計較，不過戴少甫這次卻是犯了袁文會的大忌。原來袁文會此時剛當上日本特務機關統治下的「袁部隊」司令，身邊的大小流氓們也都成了「團長、營長」。越是流氓就越忌諱別人拿自己看玩笑，他們聽戴少甫這麼一說，個個火氣都冒了上來，懷疑他是故意指桑罵槐，於是主子奴才大發脾氣，一大堆人馬上站起來，闖進後台要揍戴少甫。後台的人拚命說情，當時在社會上聲望頗高的京韻大鼓老藝人白雲鵬也一再講情，但袁文會一夥人不願就此罷休，後來戴少甫只好向袁文會和眾嘍囉們磕頭賠禮才了結這件事。不過之後戴少甫就被趕出天津，後來竟氣病交加，含恨而死。

戴少甫受辱一事讓相聲行裡的人噤若寒蟬——這正是袁文會想要的結果，在霸佔了一處劇場之後，他先後連抓帶騙，將張壽臣、馬三立、常寶堃等大角都控制住，成了自己的演藝奴隸。其中馬三立被軟禁了五年之久，直到抗日戰爭勝利，袁文會的靠山垮台後，才總算重獲自由。

天津的曲藝觀眾們日復一日地欣賞相聲帶來的歡樂，卻對演員背後這些辛酸毫不知情。戴少甫去世後，侯寶林演完節目，在舞台上長跪大哭，講出戴的往事，觀眾才知道此中內幕，於是紛紛解囊相贈，捐給戴少甫的後代一大筆錢——這是天津這個娛樂城市對到此藝人所能做出最好的報答了。

相聲名家馬三立的拜師儀式

民國十五年、西元一九二六年冬天，東北的奉天城天氣十分寒冷，有一個身材高大的人正渾身顫抖地走在大街上，他衣服單薄，看得出來已經病入膏肓。走著走著，他身子猛然一歪，腳下踉蹌，倒在路邊的壕溝裡，過了好久才有人發現已經去世的他，又過了好久才有人認出他——原來他是當時中國最有名的相聲演員「萬人迷」李德錫。

這一年，中國因為北伐軍和北洋軍閥之間的內戰死了很多人，一個相聲演員的去世可說是微不足道。在李德錫全盛時期，全中國說相聲的不過幾十個人，相聲行業的家譜一張紙便可寫完，但李德錫已經為相聲這個行業豎立了一定的地位，他的藝名是「萬人迷」，也是當時鋒頭最盛的演員。

李德錫最著名的兩次相聲演出，一次是為民國大總統袁世凱表演《吃元宵》，一次是為張宗昌在堂會演出。袁世凱本來非常喜歡李德錫，但身為總統，肯定不能到天橋的雜耍場子去聽，只能將李德錫請來「唱堂會」，袁世凱當時正被全國各界討伐，內心煩亂，聽到李德錫的「元宵」段子，他越想越不吉利，因為段名跟「袁消」同音，一氣之下命人將李德錫趕了出去，大總統公然表現出對一個民間藝人的厭惡，若是正常情況下這個藝人肯定活不下去了，但好在袁世凱很快就貨真價實地「袁消」了，李德錫幸運地活了下來。

僥倖逃過一劫後，李德錫名氣更加高漲，在「狗肉將軍」張宗昌的堂會上，他逗得張宗昌笑得合不攏嘴，嗜好賭博的張宗昌興致一來，將面前賭桌上的錢都送給了李德錫。李德錫從沒見過這麼多錢，拿到錢之後趕緊回家把多年的欠債全數清償，還娶妻、買房子，成了有錢人。不過，令人惋惜的是，李德錫從賭桌上得來的錢似乎感染了賭博細菌似的，又慢慢地讓李德錫在賭場上輸得一乾二淨，四十歲的李德錫只好再次出山，到寒冷的瀋陽繼續說相聲，但這一去就再也沒回來了。

李德錫的去世，帶走了一代相聲演員的才華，同時也帶來一個十分糟糕的後果——他的搭檔馬德祿因此失業了。和李德錫一樣，馬德祿也是「德」字輩的相聲演員，算是李德錫的師弟。李德錫一死，天津的燕樂戲園旋即解聘馬德祿，一家老小頓時面臨到連飯都沒得吃的窘境。

唉聲嘆氣的馬德祿想來想去，無計可施，只好讓自己正就讀高中的二兒子輟學跟自己搭配說相聲養家餬口。他的二兒子雖不情願，也只好答應，他的名字是——馬三立。

相聲在當時是小眾行業，但行業越小就越講求「行規」，行規要求，一個人若想靠說相聲賺錢，必須拜本行的一位演員為師，否則整個行業的人都可以禁止其演出。這種規矩自然是為了行業壟斷所需。馬三立的父親就是說相聲的，但父子不能直接成為師徒，只好拜父親同輩的周德山為師。

一場相聲歷史上劃時代的拜師儀式就此展開。

那是一九二七年中秋節過後某天，天津南市燕樂戲園旁邊的「恩華公」飯館裡非常熱鬧。天津和北京的相聲演員、大鼓演員、評書演員差不多都到齊了。每個人都穿上了自己最好的衣服，和在「三不管」討生活時的可憐扮相判若兩人——越是窮人就越有強烈的自尊心，社會不尊重他們，他們就用嚴肅的儀式撫慰自己的自尊心。

相聲界拜師時不僅要拜老師本人，還要配有「保師、引師、代師」三人，這種設計充分利用了社會資源，同時也更加深拜師的莊重感。馬三立的保師是李四把，引師是華子元，代師是張子俊，這些要麼是其他行業的藝人，要麼是茶社經理，對於馬三立以後的演出有很大幫助。

賓客中最後一位到來的是玉德隆，他是「德」字輩藝人的「掌門人」，聽他的名字就知道他並非漢族，而是純粹的旗人，民國之後因生活所迫才學了相聲，但就架勢來看，他還擺著旗人特有的威風。

賓客到齊，拜師儀式正式開始。主持人照例要念一段「合同」：「今天約請各位光臨，是為馬德祿的兒子馬三立拜周德山為師，又算拜門，又算授業。言明滿師後，替周老師效力一年。授業期間，衣、食、住、行概由師父承擔，出師後自理。三節兩壽拜望師父，禮有厚薄，各憑天良……授業期間，死走逃亡，業師概不負責……」這段「合同」中，「死走逃亡，業師概不負責」聽起來有些令人不寒而慄，其實這是當時必要的法律約定，老師教學生的做法無非是打和罵兩種，很多學生忍受不了後逃跑，師父先定下這個規矩，就是要提前規避責任。

主持人將四、五十位來賓按照輩分、資歷依次報出，天津曲藝界幾乎全員到齊。然後是焚香，由玉德隆執禮，他抬起雙手手腕，將一束香高舉過頭，緩步走近供奉中堂的相聲界的「祖師爺」——東方朔神位下，恭謹地插香入爐，一時全場肅立，鴉雀無聲。相聲業以東方朔為祖師爺是件相當有趣的事，因為相聲是晚清到民國初年才出現的技藝，當然和東方朔這個漢朝人毫無關連，但因為東方朔是歷史上最早以深具幽默感成名之人，說相聲的就把他拉來當做祖師爺。人們當然不知道東方朔長相如何，只好將戲曲界的祖師爺——唐明皇塑像借了過來，貼上了幾綹鬍子以示區別。焚香過後，馬德祿代替兒子向師父敬獻「見面禮」，這個禮是一包提前包好的錢，照例多少不拘，師父也不能挑剔，一拱手笑笑就收下了。

接下來的主角就是馬三立。他也沒有別的任務，就是向師父和自己行業裡的長輩磕頭。按規矩，馬三立將寫著拜師字據的紅帖——俗稱「小帖」頂在頭上，向師父下跪，師父接過小帖，徒弟再三叩首。那小帖是事先請人代寫的，內容也是一段套好的說法：

> 「嘗聞之宣聖曰：自行束脩以上，吾未嘗無誨焉。由是推之，凡人之伎倆，或文或武或農工或商賈或陶冶，未有不先投師受業而後有成者。雖古之名儒大賢，亦上遵此訓。今人欲入學校讀書求學者，亦先具志願書，贄敬脩金，行禮敬師。非有他求，實本於古也。況行遊藝，素於求財，更當投師訪友，納贄立書為證……今在祖師駕前焚香叩稟。自入門後，倘有負心，無所為憑，特立關書，永遠存照……」

說相聲的文化水準本來就不高，弄這一套文縐縐的話無非也是想為自己增加莊嚴的感覺。磕頭才是最實在的儀式。馬三立磕了很多頭，以致於頭都磕得有點暈了，不過他慶幸自己在相聲業的輩分比較大，磕的頭還算少的。磕完頭，掌門人、師父、長輩接連講話訓誡，這都是必要程序。從此，馬三立可以正大光明地在三不管，乃至全國的任何一個自己站得住的地方說相聲了。

李德錫去世和馬三立拜師兩件事互有因果，但也在無形中成為兩代表演大師之間的交接儀式。「拜師」儀式能帶給在場眾人很大的安慰，但畢竟改變不了相聲藝人的社會地位和生活現狀。為了生存，馬三立還要在露天的市場裡演出，或者穿行在污濁不堪的妓院裡，忍著屈辱為有錢的嫖客們說相聲。和李德錫一樣，馬三立也曾經被迫到奉天混生活。這時候的奉天已經是「滿洲國」的領地，馬三立懵懵懂懂地，還不知道自己已經「出國」了，結果莫名其妙就在火車上挨了一頓打：

由天津直達奉天的火車，行程是一天一夜。頭一天上車，天亮以後車過山海關，到了綏中縣車站，兩個日本憲兵，四、五個偽軍上車，逐個地斥問旅客：「幹什麼的？」「帶了什麼東西？」旅客必須站起身，戴帽子的必須脫帽，一一回答。那時候，火車一過山海關就算是入了「滿洲國」境。我先是看著同車廂的旅客接受盤查，後來一名偽軍問到我頭上：「你是什麼人？」我起立回答：「我是說相聲的。」偽軍一揚手，啪！打了我一巴掌，問我：「什麼說相聲的，你是哪國人？」我連忙說：「我是中國人。」啪！又一巴掌，「什麼的中國人？」我忙改口：「我是日本人。」啪！這一巴掌打得更重，「這小子冒充日本人。」那隻手又揚起來了，我說：「我是法國人。」「我不是人，行不行？」那傢伙樂了，坐在我身旁的一位旅客捅捅我，輕輕給我提詞：「你說是滿洲國人，滿洲國人。」一場災禍總算過去了，那傢伙喝斥我說：「坐下！」我咽著眼淚說：「謝謝老總。」當時我嘴裡不敢罵街，可在心裡把這班傢伙狠狠地罵了一頓。本來，在火車上顛簸了一夜，肚子很餓，摸摸腰裡還有半張妻子揣給我的餅子，可是，一口也吃不下，抹抹眼淚，心裡想：闖關東，歷來是窮苦人傷心的事，我算是一出關就嘗到了這個滋味了！

對「你是什麼人」的問題，馬三立以相聲藝人特有的機智回了一句：「我不是人，行不行？」這時候，縱然是驕橫跋扈的偽軍也樂了，這是相聲幽默的力量，可惜就算這樣，馬三立也無法避過那記耳光。

因為以上種種原因，馬三立經常是內心含著淚在演出，最可憐之處，在於他的職業是逗人笑。慢慢地，他也有了徒弟，徒弟又有了徒弟，民國中期時，相聲這個行業已經有幾百人了。他們是中國各階層人士最廉價的快樂來源。

第六章

愛。在民國（一）：

那些愛在心裡口難開的事

※郭沫若和胡適——一吻生波瀾
※一場撼動民國的同性戀命案
※冰心的「同性戀演講」
※民國的妓女和嫖客
※一個香吻五十元
※聞一多與「紅色保腎丸」
※郁達夫——性的苦悶
※裸模風波
※《性史》——一本人人喊打又人人愛看的書

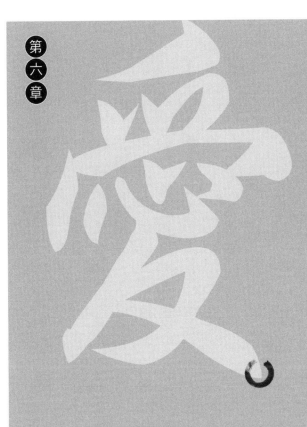

郭沫若和胡適——一吻生波瀾

胡適和郭沫若會是「同性戀人」嗎？大多數人可能會搖頭不可置信。但他們兩人卻是近代歷史上唯一接過吻的兩個男人。這又是怎麼一回事呢？

從歷史脈絡來看，胡適和郭沫若本應該是理所當然的好朋友，因為胡適是白話詩的提倡者，而郭沫若是白話詩界中最早立下一番成就之人，二人不惺惺相惜才怪。還有一個共同點是：二人都熱中於政治與學術。所以，一九四九年後，郭沫若成了中國的中國科學院院長，胡適則擔任台灣的中央研究院院長，就學者來說，俗世的官職和榮譽，二人恰好都達到了最高點，但又身處兩個不同陣營，成為歷史上一段絕妙對照。

只是看著郭沫若和胡適兩人年輕時候的照片，大概就能猜得到他們的性格：他們面對鏡頭的角度相同、眼鏡形狀也相同，甚至兩人的長相也都稱得上「帥氣」，但郭沫若的嘴角和腮邊透著一股孤傲之氣，似乎隨時都準備對面前的人冷嘲熱諷，胡適則是和善許多，面露微笑，似乎隨時都可以跟面前的人相談甚歡。事實上，這正是他們二人一生的性格寫照。

郭沫若比胡適小一歲，但當郭沫若還在日本九州帝國大學擔任一名普通的醫學生時，胡適已經是北京大學知名教授了，並且因為新文化運動而成為學界領袖。雖然同是絕頂聰明之人，但郭沫若之於胡適，簡直就是同齡魯蛇和同齡「三高男子、學術大師、意見領袖」之間的差別。郭沫若很早就產生了一種相當矛盾的心態——一方面，他嫉妒胡適的成功，千方百計想超越胡適的地位，另一方面，他又想得到胡適的認可和友誼。後來兩人之間發生的一切，都是在這兩個極端中間搖擺的結果。

一九一九年夏天，胡適提倡的白話文運動也傳播到遠在日本的高中生郭沫若處，向來自恃才高的郭

胡適（右）
郭沫若（左）

沫若或許感到有些失落，因為他這位才子和這個偉大的運動失之交臂，於是有些著急地寫了白話文詩作《女神》，投稿至北京的《時事新報・學燈》，希望國內文壇快點知道世上還有他這樣一位遭到埋沒的大才子，可惜的是，這份報紙的編輯根本不把這些詩當一回事，一放就是好長時間，幸虧後來編輯換成了美學家宗白華，才慧眼識珠，將郭沫若的詩從廢紙堆中挑了出來，終於讓他躋身詩壇。

得到宗白華的讚賞顯然不足以讓郭沫若滿意，他心中最希望的，就是得到胡適的讚許。不過，這個讚許遲遲沒有來。或許是胡適沒看到他的詩？或許是胡適被他的詩作震懾住了？郭沫若急需和胡適見上一面，解開心中的疑惑。一九二一年，胡適和郭沫若在一次偶然的機會中相見，這是上海的一個飯局。在後來的記述中，郭沫若有些一廂情願地將這個飯局視為因幫他餞行而辦的：

郭沫若《創造十年》：

大約是帶著為我餞行的意思罷，在九月初旬我快要回福岡的前幾天，夢旦先生下了一通請帖來，在四馬路上的一家番菜館裡請吃晚餐。那帖子上的第一名是胡適博士，第二名便是區區，還有幾位不認識的人，商務編譯所的幾位同學是同座的，伯奇也是同座的。

不知情的讀者會以為兩個人已經是很好的朋友了，但只要查看一下當時胡適的日記，就會發現這個飯局根本就不是以郭沫若為主角，而且胡適對這個內心極度渴望獲得他認同的同齡人士並沒有什麼好印象：

《胡適日記》：

周頌九、鄭心南約在「一枝香」吃飯，會見郭沫若君。沫若在日本九州島學醫，但他頗有文學的興趣。他的新詩頗有才氣，但思想不大清楚，功力也不好。

沒有得到夢寐以求的讚許外，還被認定「思想不大清楚」，郭沫若的失落之情可想而知。他心中那股巨大的仰慕之情迅速轉變成嫉恨，郭沫若再也不想當他的窮魯蛇了，他要對這位學界領袖開炮，用諷刺甚至謾罵來平衡他受傷的心。他幾乎是用咬著牙的語氣，冷嘲熱諷地描寫了他和胡適的第一次見面：

大博士進大書店，在當時的報紙上早就喧騰過一時。我聽說他的寓所就是我晚間愛去散步的那Love Lane的第一號，是商務印書館特別替他租下的房子，他每天是乘著高頭大馬車由公館裡跑向閘北去辦事的。這樣煊赫的紅人，我們能夠和他共席，是怎樣的光榮呀！這光榮實在太大，就好像連自己都要紅化了的一樣。

胡適當然看到了這些文字，但向來寬厚的他似乎並不認為郭沫若已對他懷恨，從他的性格來看，他應當仍想繼續和郭沫若往來。一九二三年十月，兩個人又見面了，這次是詩人徐志摩帶著胡適等人前往拜訪郭沫若。此時郭沫若已有些名聲，但對於胡適此次拜訪，他似乎沒有心理準備，加上當時生活困窘，這次見面就在十分尷尬的氣氛中開始，又糊裡糊塗地結束了：

《徐志摩日記》：

與適之、經農，步行去民厚里一二一號訪沫若，久覓始得其居。沫若自應門，手抱襁褓兒，跣足，敝服，狀殊憔悴，然廣額寬頤，怡和可識。入門時有客在，中有田漢，亦抱小兒，轉顧間已出門引去，僅記其面狹長。沫若居至隘，陳設亦雜，小孩摻雜其間，傾跌須父撫慰，涕泗亦須父揩拭，皆不能說華語；廚下木屐聲卓卓可聞，大約即其日婦。坐定寒暄已，仿吾亦下樓，殊不話談，適之雖勉尋話端以濟枯窘，而主客間似有冰結，移時不渙。沫若時含笑睇視，不識何意。

經農竟噤不吐一字，實亦無從端啟。五時半辭出，適之亦甚訝此會之窘，云：「上次有達夫時，其居亦稍整潔，談話亦較融洽。然以四手而維持一日刊、一月刊、一季刊，其情況必不甚愉適，且其生計亦不裕，或竟窘，無怪其以狂叛自居。」

以一副落魄模樣出現在自己嫉妒的對象面前，真是令人感到丟臉，摻雜了這種心情，賓主之間必然無話可談。胡適一向愛交朋友，事事總為對方著想，或許他也察覺到了郭沫若心中那份微妙的情緒，也就是對讚許的渴望一直沒有消退，而且越是嫉恨，渴望就越深。胡適終於在一次由郭沫若召集的宴會上，用他自己的方式滿足了郭沫若的願望：

《胡適日記》：

沫若邀吃晚飯，有田漢、成仿吾、何公敢、志摩、樓（石庵），共七人。沫若勸酒甚殷勤，我因為他們和我和解之後，是第一次杯酒相見，故勉強破戒，喝酒不少，幾乎醉了。是夜，沫若、志摩、田漢都醉了。我說起我從前要評《女神》，曾取《女神》讀了五日，沫若大喜，竟抱住我和我接吻。

胡適並沒有讚許《女神》，只不過藉著酒勁說曾連讀《女神》五天。但這已足夠讓鬱悶已久的郭沫若欣喜若狂了，所以才會有近代史上這驚天的一吻。當時男人在大庭廣眾下接吻實在罕見，在座的人大概都感到十分驚訝，並且對此一事件印象深刻：

《徐志摩日記》：

沫若請在美麗川，樓石庵自南京來，胡亦列席。飲者皆醉，適之說話誠懇，沫若遽抱而吻之。

多年後，這件事還在人們的記憶中揮之不去，而且傳得越來越誇張，甚至連當事人也記不大清楚為何接吻，只記得接吻這個關鍵事實了，請看接吻事件的各種版本：

唐德剛《胡適雜憶》：

胡先生也常向我說：「郭沫若早期的新詩很不錯！」他並且告訴我一個故事，有一次在一個宴會上他稱讚郭沫若幾句，郭氏在另外一桌上聽到了，特地走了過來，在胡氏臉上kiss了一下，以表謝意。

胡頌平《胡適之先生晚年談話錄》：

今天先生說起：「郭沫若這個人反覆善變，我是一向不佩服的。大概在十八、九年之間，我從北平回到上海，徐志摩請我吃飯，還請郭沫若作陪。吃飯的中間，徐志摩說：『沫若，你那篇文章（是談古代思想問題，題目忘了），胡先生很賞識。』郭沫若聽到我賞識他的一篇文章，他跑到上座來，抱住我，在我的臉上吻了一下。我恭維了他一句，他就跳起來了。」

胡適顯然對接吻這個舉動十分不以為然，並且承認他當時對郭沫若的讚許實際上是「恭維」。郭沫若終於得到了他想要的東西，受傷的心也不再淌血，但沒過幾天，就發生了一件讓郭沫若更為嫉恨的事情，他原有的喜悅也因此消失得一乾二淨，對這件事，郭沫若後來帶著慣有的譏諷語氣回憶說：

他那時住在法租界杜美路的一家外國人的貸間裡，我們被引進一間三樓的屋頂室，室中只擺著一架木床；看那情形不是我們博士先生的寢室。博士先生從另一間鄰室裡走來，比他來訪問時，更覺得有些病體支離的情景。那一次他送了我們一本新出版的北京大學的《國學季刊》的創刊號，可惜那一本雜誌丟在泰東的編輯所裡，我們連一個字都不曾看過。

郭沫若一定要強調《國學季刊》他「一個字都沒看過」，正是要掩蓋他內心的驚慌，實際上，他不僅看過，而且受到極大的震驚。當郭沫若終於在新詩領域趕上胡適的時候，以為自己已經差不多獲勝了，但沒想到人家胡適早已不怎麼寫新詩了，而是做起學術研究，自己又大大落後了！這個意想不到的轉變對郭沫若造成了重大打擊，導致他攻擊胡適的強度比過去更加猛烈，但在攻擊的同時，他也悄悄開始做起「國故研究」來，並抓住胡適不擅長的領域——甲骨文、考古等，開始大肆研究，為的就是盡快超過胡適。以郭沫若的聰明，加上當時世界上還沒有幾個人研究甲骨文，他迅速拿出了成績——這也成為後來他當上中華民國中央研究院院士的主要資本之一。不過，仇恨的種子已經在郭沫若的內心生根發芽，而且逐漸長成了參天大樹，在他人生的後半段，大部分時間都專門用來攻擊胡適，包括在一九四九年之後參與以胡適為對象的全國大批判。

郭沫若對胡適的攻擊越來越刻薄，用詞越來越狠，後來竟然到了直接謾罵的地步：

郭沫若《創造十年》：

胡大博士真可說是見了鬼。他像巫師一樣，一招來、二招來的，所招來的五個鬼，其實通是些病的徵候，並不是病的根源。要專門談病的徵候，那中國豈只五鬼，簡直是百鬼臨門，重要的是要看這些徵候，這些鬼是從甚麼地方起來。

博士先生，老實不客氣的向你說一句話：其實你老先生也就是那病源中的一個微菌，你是中國的封建勢力和外國的資本主義的私生子。中國沒有封建勢力，沒有外來的資本主義，不會有你那樣的一種博士存在。要舉實證嗎？好的，譬如擁戴你的一群徒子徒孫，那便是你一門的封建勢力；替你捧場的英美政府，那便是我們所說的帝國主義者。你便是跨在這兩個肩頭上的人，沒有這兩個跨足地，像你那樣個學者，無論在新舊的那一方面；中國雖不興，實在是車載斗量的呀！

一九四九年以後，和胡適較勁超過半輩子的郭沫若終於取得了最後的勝利。他當上了「中國科學院首任院長」、「中央人民政府政務院副總理兼文化教育委員會主任」、「全國人大常委會副委員長」、「中國文聯首任主席」、「中國科學技術大學首任校長」等顯赫的職務，這種官方認可便是郭沫若所追求的。他隨便講幾句罵人或歌頌的話語，都有人迅速地發表、傳誦，所有體面的場合少不了他。而此時的胡適在中國成了戰犯和全國性大批判的目標，所有跟他有關的人都遭到批鬥。他本人也已流落美國，在一所大學圖書館裡拿著稍嫌可憐的薪水，連買菜、做飯等這些從沒做過的家務都得自己動手，雖然後來蔣介石將他請到台灣擔任「中央研究院院長」，但沒過多久就在一次宴會上驟逝了。

郭沫若於一九七八年去世。他臨終前是否對自己的一生感到心滿意足呢？我們不得而知。但是，歷史似乎沒那麼天真地和他一樣認為他「勝利」了，尤其是當人們重新記起、討論胡適過去的一切事蹟，且將郭沫若的所作所為全數攤在陽光下檢視之時。

一場撼動民國的同性戀命案

郭沫若和胡適雖然發生過「驚天一吻」，但畢竟是虛驚一場，他們各自的情史足以證實他們的性向並非同性戀。

中國古代，「同性戀」並非大事，甚至社會大眾也以正常行為視之，民國時期處於古代和現代的交會，社會大眾對同性戀的接受度也在剛剛好的程度。但是，一場震驚中外，將魯迅、蔡元培、潘光旦等幾乎所有民國大人物都捲入其中的凶殺案，讓「同性戀」成了民國感情史上必不可少的關鍵詞。

一九二二年，二十五歲浙江青年許欽文在老家紹興混不下去了，他是一個文藝青年，而北京是文藝青年的大本營，於是他決定去當一個「入北者」。

許欽文從北京前門火車站下車的時候，他正式成了「入北者」。與其他同在北京的文藝青年相比，除了他的妹妹許羨蘇是魯迅的弟弟周建人的學生之外，與他人並無任何特別之處。這個八竿子才能打到的關係給了他很大的希望，如果能得到魯迅的提攜是再好不過了。

滿懷希望的許欽文大概不會預料到，自己這個人生抉擇就像蝴蝶效應般，即將引發蔓延整個民國的大風暴。

許欽文的入北者生涯是從旁聽魯迅的課展開。他和魯迅本是同鄉，上前相認本無不可，但他暗自忍耐，想讓魯迅主動發現自己，那樣才有面子。許欽文拚命地寫，直到他的名字終於出現在著名的《晨報副刊》上。魯迅是《晨報副刊》的忠實讀者和撰稿人，就這樣自然而然地「發現」了許欽文。看著這個名字，魯迅似乎覺得有些熟悉，找《晨報副刊》的編輯孫伏園一問，孫才將許欽文的來歷說了出來：「就是許羨蘇的哥哥。」

激動的許欽文以「作家」身份來到了魯迅面前。「入北者生涯」正式宣告結束。魯迅很喜歡自己這個小同鄉，也認為他有成為大作家的才智，於是想了一個巧妙的辦法來拉抬許欽文：將自己一篇重要的小說《幸福的家庭》副標題寫成「擬許欽文」，意思是「模仿許欽文的風格」。這小小的一筆可不得了，大作家魯迅竟然還要模仿一個叫「許欽文」的，那這個許欽文該有多厲害啊？於是許欽文聲名大噪，這大概是史上最早的「置入性行銷」吧？

終於進入文藝圈的許欽文除了寫作之外，朝思暮想的就是把自己的「好朋友」陶元慶也拉進來。這個「好朋友」之所以要加上引號，是因為他們的關係似乎超出了一般「朋友」的定義，與現代意義上的「同性戀」有些相似。陶元慶是一個清瘦白淨的年輕畫家，性格極其內向，但在藝術上相當有才華。二人是同性戀的證據源自於另一個畫家好友豐子愷——豐子愷曾發現許欽文經常購買手帕、雪花膏等令人遐想萬千的小玩意送給陶元慶。

許欽文將陶元慶介紹給魯迅。不意外的，魯迅相當欣賞陶元慶，將自己一些重要的「工程」——包括小說集《徬徨》的封面等都交給陶元慶設計，於是陶元慶也出名了。

事情如果到此為止，那不過就是民國最普通的一段師友交往罷了，但後來發生了一件讓所有人的生活都迅速捲入血肉模糊漩渦的事件——陶元慶死了。

陶元慶是在杭州去世的，病因可能是流行性感冒。出乎很多人意料的是，許欽文對朋友之死表現出異乎尋常的傷心，並且決定辦一件大事——建一個陶元慶紀念館。許欽文雖然已經是作家，但生活水準也就跟一般人相差不遠，他咬著牙借了一大筆錢，在杭州西湖邊上買了一大塊地用來建造陶元慶的墓地，又花了大錢蓋了一座洋樓作為「陶元慶紀念堂」。自己反倒住在洋房旁的兩間小屋裡。這一系列舉動讓人瞠目結舌，但人們也都沒多想，只認為這是古今

畫家陶元慶。

中外最好的朋友情誼而已。

許欽文不僅為陶元慶做了他能做的一切，而且還想做更多——他想接收陶元慶的妹妹。陶元慶的妹妹陶思瑾是個瘦削的白皙女孩，和當時普通的女學生沒什麼不同。許欽文這個舉動暴露了他令人迷惑的性向，太複雜了，他追求陶思瑾是不是出於對陶元慶的愛屋及烏，我們不得而知。

許欽文也許覺得這樣做沒什麼，卻沒想到自己已經闖入一個感情大火坑。陶思瑾有一個同學女友劉夢瑩，是一位非常漂亮的女孩，兩個人已經到了海誓山盟、「大被同眠」的程度，後來法官調查她們日記時，曾發現了這樣熱情的句子：

《陶思瑾日記》：

今晚上我是感到怎樣的快活啊，夢瑩對我是輕輕的呢喃著，她說她是很愛我，她說她已屬於我的了，她是再不去愛別人了，她說她是不會去和一個男人結婚的，她說她以後對於一切人，都是在靈感上的愛，她的肉體已經屬於我的了，我放心她，她始終是我的了啊！這一切話，使我的心坎中，感到無限的興奮呀！她是真的屬於我了嗎？我們是已經訂著了條約，我倆是永遠不與男子去結婚的，我們預備新年去買二個的戒指，表示我們已經訂婚的條約，是我們的紀念呀！我是多麼的高興呀！我們的同性愛，是多麼的偉大與聖潔呀！

《劉夢瑩日記》：

愛是神祕同偉大的，同性愛尤其是神聖純潔的，思瑾你是一個美妙天真的姑娘，你那熱烈真摯的情感，使我是怎樣感激！

陶思瑾和劉夢瑩兩人正如此熾烈地戀愛著，怎麼會容許一個大男人許欽文闖進來？許欽文始終沒能贏得陶思瑾的芳心，更因此帶來了一些嫌隙。

我們可以從各種道德的角度評判陶思瑾和劉夢瑩之間的同性戀情，但兩人擁有強烈感情是毋庸置疑的，令人感慨的是，當時的人知道這一切之後也並沒有因同性戀而攻擊她們。不管這段感情曾經多麼美，不管是異性還是同性，感情終究是感情，它會變淡，會有外遇，會有猜忌，會有怨恨。

許欽文、陶思瑾、劉夢瑩這一男二女同住在「陶元慶紀念堂」旁邊的小房子裡。這種有些奇怪的組合很快就出事了。陶和劉兩人開始不停猜忌對方是否對自己不忠：

陶思瑾：我是深深地愛著她，對她我是不知耗化了多少的精神和金錢了，然而對我，她是這樣地冷淡，我是怎樣的感到悲傷呵。

劉夢瑩：我的心在慘然了，一切都是無真實嗎？天呀，我的瑾，是不會愛他的。

陶思瑾：昨晚因為我對她說了諷刺話，她今天對我的態度很冷淡，見我不理睬。到了晚上，她對我的神氣還是不更改，在我的心裡，感到非常的痛苦，為了這樣一句話，而竟成了這樣的一個悲劇嗎？昨夜我是怎樣的痛苦著，我哭，我幾乎哭得瘋了，但是我得不到她的一點憐憫和同情。我是對她訴了不知多少的言語，求她饒我恕我，而竟說我會向你下跪，你發一點慈心，答我一聲，原諒愛我。唉，她沒有應許，而簡直連回音也沒有。

這是兩個人各自在日記中的獨白。從其他資料看來，她們已經互相猜忌到瘋狂的地步，有時，劉夢瑩發現陶思瑾有了男朋友，於是竟然用和對方男朋友同居的方式來報復，這類瘋狂事蹟迅速積累，終於如火山一樣爆發了。

在一次激烈的爭吵後，陶思瑾和劉夢瑩在許欽文的住所大打出手，陶思瑾手持菜刀對抗劉夢瑩的木棍，最終陶思瑾將劉夢瑩殺死，現場畫面的殘忍與兩個弱女子溫柔形象反差太大。當下感到無比恐懼的陶思瑾也假裝暈倒，躺在血泊中。

許欽文對這一切都不知情，等他回家時才發現這悲慘的一幕。因為他是房東，兩個房客一死一傷，他也成了關係人，遭到警察廳逮捕，並以謀殺罪名起訴。

向來嗜血的媒體密集報導這樁離奇案件。許欽文朝思暮想的出名竟然以這種方式實現了。警察廳和法院調查了兩名女子所有的日記手札，終於發現其中的真相，讓這件刻骨銘心的同性戀愛纖毫畢現於世間喜歡獵奇的眼睛底下。

眼看許欽文就要被判刑了，於是魯迅、蔡元培等紹興名人出手襄助，他們力保許欽文的清白，法院也因此輕判許欽文，但因為死者劉夢瑩是湖南人，這個結果又惹怒了寄居杭州的湖南人。杭州當地的湖南人請當時擔任浙江省長的湖南人出面給法院壓力。不過，最終法院還是根據事實輕判許欽文。

這場案件包含了同性戀、兄妹戀、凶殺、省籍矛盾、民國名人等多種熱門話題，成了社會各界爭相討論的議題，所有大作家都對此案做了道德上的表態，連知名社會學家潘光旦也特別寫了一篇《陶劉妒殺案的心理背景》。

這樁案子本來也就到此為止，不過最終結局卻令人啼笑皆非：本來被輕判的許欽文，因為警察後來發現死者劉夢瑩是「共黨分子」而被追訴「窩藏共黨分子罪」，再次入獄，而殺人兇手陶思瑾竟然在抗日戰爭一片混亂時出獄，並嫁給了曾經審理他案子的法官。也許是命運覺得這個案件還不夠離奇吧，故意添加了政治、司法腐敗等各種民國時期必不可少的社會調味品。

冰心的「同性戀演講」

一九三六年，燕京大學教師謝婉瑩要出國了，她的學生們都捨不得她走。提起「謝婉瑩」可能有人不知道此人的來歷，不過她的筆名「冰心」在當時已是人盡皆知。冰心於一九〇〇年出生，這一年正好三十六歲，她在文壇上向來是以一個和藹的母親形象著稱，學生們對她也有一種如同孩子對母親般的感情。依依留戀著她的學生們——尤其是女學生們，請她到慕貞女校去演講。一聽這個學校的名字就知道它是一所教會學校，作為一名從教會學校走出來的成功女性，冰心覺得有必要去開導一下女校的學生們，所以思考再三後，決定接下這場演講。

為什麼要思考再三呢？因為演講的內容有些驚世駭俗——同性戀。看到題目就知道，這次演講注定成為中國歷史上最重要的演講之一，或許也會是爭議最大的演講之一。下面我們來賞析一下這篇讓人目瞪口呆的演講：

余最初至此間求學時，來自東魯，負笈貝滿。此時所感受之最大痛苦，莫如算學與國語兩門，在家庭中，僅僅恃一些自修成績，僥倖而平地高升，考入中學國文一科，尚能勉強應付。可是算學一竅不通，「如之何其可」。雖能拚命加工陶煉，究非種田插秧，一學便會者可比。每見同學精通此道者，輒自慚自怨，然第一月考，即獲六十三分，評定雖短少七分方能及格，但退一步想，亦足以自慰矣。經過努力不斷之猛烈練習，三四月後，即增至八十三分，與其他同學可云並峙。至於國語一層，使余窘絕，無論如何留心注意拗腔撇舌，終不免「茄兒」意詠。由此即為許多促狹姐妹作為調笑原料，余只能含笑受之。

大作家往往數學不好，這幾乎成了鐵律，錢鍾書高考數學只考了十六分，這比冰心的六十三分少多了，而冰心竟然還要感到慚愧，需要發奮努力，終於考到了八十三分。至於「國文」不好，不是說寫作不好，而是指國語說得不好，要冰心這個福建人說出道地的普通話，確實有些難為她了。

> 彼時風氣初開，各同學競以交友為時髦課程之一。乃又格於校章，管理嚴密，平時不能越雷池一步，不得已，在可能範圍中，捨遠求近，棄異性而專攻同性戀愛之路途。初則姐姐妹妹，親熱有逾同胞，繼則情焰高燒，陷入特殊無聊恨海，終則竟超越情理之常，來一下卿卿我我，雙宿雙飛，若婦若夫，如膠如漆。
>
> 當局者迷，旁觀者清，此中醜相百呈，怪事不能勝數。常見有第三者參預其中，居然吃醋拈酸，打雞罵狗，或則婦啼婉轉，搶地呼天，如喪考妣，如失靈魂。我非超人，未能免俗，亦曾一度為同性戀愛之魔絲沾惹，幸智理戰勝丟曲之思維，遂能勒馬於懸崖，未墮黑暗骯髒之深谷。

現代人常把同性戀謔稱為「基情[6]氾濫」，從冰心的描述看，教會學校內才算得上是真正的「基情氾濫」。教會學校校規嚴厲，正值青春期的少女們只能從同性戀愛中發洩荷爾蒙。這裡令人驚訝的是，冰心本人也曾經是其中一員。冰心顯然不是一名同性戀者，從後文便可看出她明顯反對同性戀，並且，演講時她已經為人妻、為人母——但冰心身處那種環境時也受到了荷爾蒙的影響，從中可見「基情」氾濫的威力。至於後來為何「懸崖勒馬」，冰心沒有明說，但同性戀團體中種種激進舉動恐怕是讓她望而生畏，以至於迅速退縮的原因。

6粵語中gay與「基」同音，因此「基情」意指「同性戀情誼」。

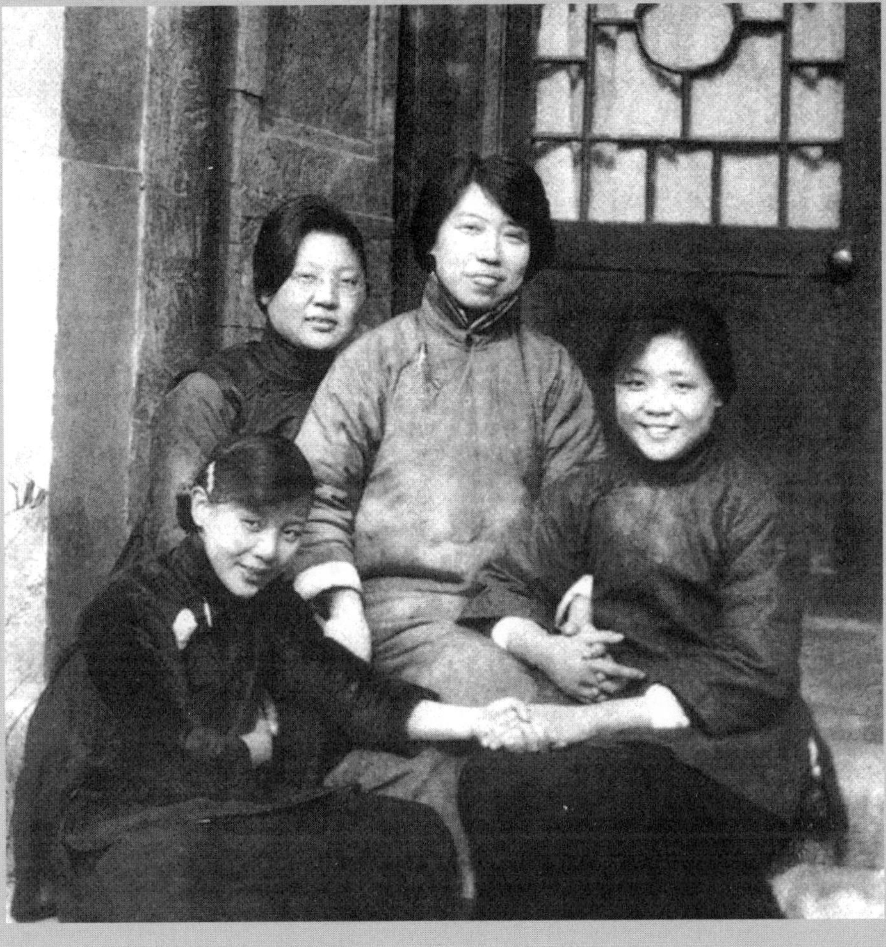

冰心和女校女同學們，前左一為冰心。

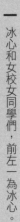

她那時的容貌和打扮與後來的「母親」形象截然不同，當時她還是個時髦俏皮的小女子，和同學親暱無比，這其中或許含有她「懸崖勒馬」前的情感。中間坐著的女同學著男裝，也頗有男子氣概，難怪會成為中心人物。

余自學齡終了後，思想亦隨之變化。此際本人認為最迫切需要者，除戀愛為當然條件之外，但跨入社會，尋覓事業，亦屬當前急務。在中學時代，對於此種前程，十分淡泊，當時最喜探討理科之各種原則，所以在此時即有滿懷熱望，去作醫生，借此可以多與社會做深切之接觸。初不料在某一個殘秋季節中，因小病無聊，拿各種不曾寓目之創作詩語或論文小說之類來消磨沉悶歲月，更是夢想不到會引誘我發生濃郁趣味。同時又烘起滿腔投稿烈焰。如此，逐步便趨入女作家之途道。

冰心數學雖然不好，卻很喜歡「探討理科之各種原則」，這是因為她意識到自己終究得步入社會，這份對理科的喜愛或許也是後來她愛上著名社會學家吳文藻並與之成婚的原始動力。冰心如同許多「文藝青年」一般，因為生了一場大病而文藝了起來，於是一發不可收拾。她比一般的「文青」幸運的地方在於，她很快就成名了。

現在余將一談女學生進一步向女校長或女教員作不健全不合理之單面的或雙面的表示親熱戀愛。其事較學生與學生之間發生「那個」，尤臭尤醜。平時格於種種環境，不敢或不便與教員談話，或作其他進一步之熱烈舉動。唯一至西曆新年耶誕節時，藉此機會，恭而敬之，正楷端書，送一份藏頭露尾之匿名賀年信片，與其平日所愛慕之教員。因為教員多數在改卷時，已認清各生之筆跡，雖不具名，亦可知悉誰氏之手筆。教員自愛者，當然付諸紙簏，佯作不知。設有不能自檢者，必將就此上了圈套，而陷入痛苦無謂之地獄。雖如此說，然竟有若干女子，認為與教員戀愛為特殊光榮者，可謂悖謬人道，乖舛倫常之可憐蟲耳。該問同性戀愛，意義何在？根據何在？生活趣味又何在？滿盤盡錯，尤欲認為光榮，罪過罪過。今之辦女子中學者，對於此點之絕大污點，絕大錯誤，應如何注意，在校女生之言行品德，應如何設法作深切之明朗教導，務使其勿入迷津孽海，然後始無虧於職責。

從冰心的描述看來，女校的學生們已經不滿足於同性戀了，在此基礎上還要加上師生戀，而女校的老師照例以女性為主，女生愛上女老師，基情可謂更加氾濫。從現代角度來看，同性戀與師生戀是有其存在的原因和理由的，照理來說不應歧視，但冰心在當時卻追問「同性戀愛，意義何在？根據何在？」這套追問似乎義正詞嚴，實際上邏輯並不嚴謹，因為同性戀也是一種愛，是自然行為，並不是因為有了某些「根據」才會發生。雖然她自己也曾經是同性戀愛的其中一員，但這時追問「根據」，讓冰心徹底站在了同性戀的對立面。

在學生個人方面，並不需要教師來糾正，也該從道德人格方面大處著眼。須明瞭不健全之戀愛，最是引起感情衝動。而求飢不擇食之非法發洩，實足以戕害身心，等於磨刀使快，而後慢慢自削其骨肌，結果入於死亡悲苦之絕路。為何大學校中即罕有此種現象發現？此理簡單特甚，蓋年齡漸長，智理力健全，猛省過去的可羞無聊之錯誤，不待他人指正，即能幡然改革。因此，中學時代之甜朋蜜友，一升大學之後，百分之八九十，都一變而成淡泊疏遠矣。至婚姻問題，簡略撮要而言之，婚姻必須經戀愛之過程中，譬如二人共建一屋，必須一德一心，始終負責，則此屋必堅固永久。否則一人負責，一人偷安，則雖勉強築成，亦必不能持久而中途崩潰也。

冰心指出了民初時期同性戀的一個重要特徵：大了就不玩了。中學女生上了大學之後就和以前的夥伴漸行漸遠。這和當今世界的同性戀有所不同。冰心這段說法也有邏輯上的矛盾：既然同性戀是中學生們鬧著玩的事，長大了必然要放棄，那包括冰心在內的青年導師們為何要大聲反對同性戀呢？

這段同性戀經歷只是冰心漫長一生中的小小插曲，在後來的生命中，她是一個典型的異性戀者。一九二三年，在前往美國留學的輪船上，冰心因為要找一位吳姓好友的弟弟吳卓，別人卻把吳文藻帶到了面前，從此之後他們就認識了。吳文藻比冰心小一歲，算是「姐弟戀」，但吳文藻高大帥氣，又比冰心博學，又像是典型的兄長與小妹之戀。

冰心當然沒有任何必要證明她是異性戀，但民初歷史上最著名的一場「兩個女人的戰爭」，以客觀的角度為冰心的性情提供了絕佳註腳。

一九三三年，擅長寫兒童文學的冰心突然寫了一篇《我們太太的客廳》，這是一篇諷刺小說，描寫了一位虛榮、做作、文藝風範闊太太交際花般的生活。讓我們看看這篇小說的開頭：

時間是一個最理想的北平的春天下午，溫煦而光明。地點是我們太太的客廳。所謂太太的客廳，當然指著我們的先生也

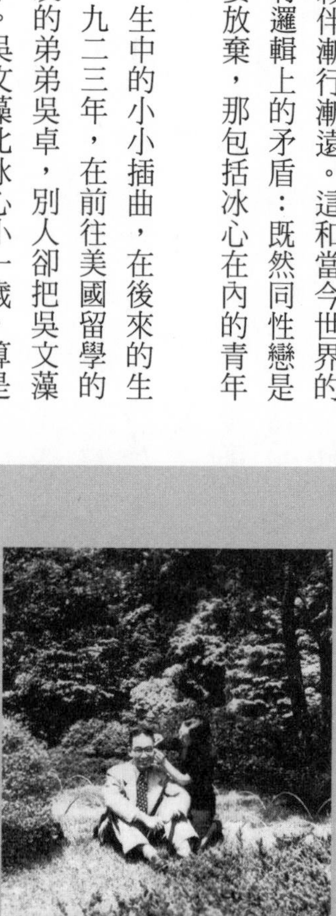

冰心與吳文藻恩愛情景。

冰心、吳文藻結婚照，致詞人為司徒雷登。

> 有他的客廳，不過客人們少在那裡聚會。從略。
>
> 我們的太太自己以為，她的客人們也以為她是當時當地的一個「沙龍」的主人。當時當地的藝術家、詩人，以及一切人等，每逢清閒的下午，想喝一杯濃茶，或咖啡，想抽幾根好菸，想坐坐溫軟的沙發，想見見朋友，想有一個明眸皓齒能說會道的人兒，陪著他們談笑，便不須思索的拿起帽子和手杖，走路或坐車，把自己送到我們太太的客廳裡來。在這裡，各人都能夠得到他們所想望的一切。
>
> ……
>
> 我們的太太從門外翩然的進來了，腳尖點地時是那般輕，右手還忙著扣領下的衣紐。她身上穿的是淺綠色素縐綢的長夾衣，沿著三道一分半寬的墨綠色緞邊，翡翠扣子，下面是肉色襪子，黃麂皮高跟鞋。頭髮從額中軟軟的分開，半掩著耳輪，輕輕的攏到頸後，挽著一個椎結。衣袖很短，臂光瑩然。右臂上抹著一隻翡翠鐲子，左手無名指上重疊的戴著一隻鑽戒，一隻綠玉戒指。臉上是午睡乍醒的完滿欣悅的神情，眼波欲滴，只是年光已在她眼圈邊畫上一道淡淡的黑圈，雙頰褪紅，龐兒不如照片上那麼豐滿，腰肢也不如十年前「二九年華」時的那般軟款了！……

這篇小說一開頭就是諷刺，「我們的太太」是一個交際花，但還要裝出很有學問的樣子，她徐娘半老，但風韻猶存，客廳裡的客人有科學家、哲學家和詩人，他們也都懷著齷齪的目的，在客廳裡虛偽地熱烈交談著。

這篇小說發表後引發軒然大波，誰都知道，北平城裡最有名的太太是林徽因，最有名的客廳是林徽因的客廳，她的客廳裡也是一大堆科學家、哲學家和詩人。不需狗仔隊和小報記者點明，一般讀者也知道小說諷刺的對象就是林徽因。

林徽因和冰心都是福建人，祖上也是世交，她們各自的丈夫梁思成和吳文藻也是同窗，這樣的關係使得她們不成為好朋友才怪，事實上，她們確實曾十分友好。

但是，《我們太太的客廳》刊出後，一切都不同了。所有的人都認為「太太」就是林徽因，連林徽因自己也這麼認為，據說，小說發表時，她正在山西考察建築，回來看到小說後，馬上送了冰心一罈山西老陳醋，意思十分清楚：妳這樣寫其實是嫉妒我的客人多吧？從此之後，這對好朋友就不太往來了。

這是一樁著名的文學公案。真要認真考究，小說裡的「太太」和林徽因相差非常大，客廳的裝飾也完全不同：林徽因崇尚儉樸，「太太」崇尚華麗。多年後，九十多歲的冰心曾向人提起這樁公案，她的辯解簡單直白：「太太」並不是林徽因，而是陸小曼。這大概是事實，因為「太太」的一切做派和交際花陸小曼的做派都太過吻合了。

那當時冰心為何不做辯解呢？是不是小說在諷刺陸小曼的同時也確實意指林徽因呢？真正的答案，我們再也無從知曉了。

民國的妓女和嫖客

妓女是一個特殊的職業，在民國時甚至是一個可以合法經營的職業。「嫖客」是一種行為，可以是達官貴人，也可以是平民百姓，反正是人人都有「沾上邊」的可能性。民國時期的特殊之處在於，妓女和嫖客有時竟成了歷史事件的主角，影響了國家命運，這是民國這個特殊時代獨有的風景。

（一）、小鳳仙：遭到「栽贓」而成為頭號妓女

提起民國的妓女，如果按照名聲排名，「小鳳仙」絕對是第一。後代以小鳳仙為題材的小說、戲劇、電影、電視劇不知道有幾百部，研究她的學術論文不知道有多少篇，好像沒有她，民國就佚失許多段歷史似的。這當然是由於她和蔡鍔的關係而起。資料如此之多，世人簡直以為歷史真是如此。其實，就連小鳳仙本人後來也相信這一切都是千真萬確了。

所有文藝作品都在寫完小鳳仙與蔡鍔之間的故事後便戛然而止，但實際上小鳳仙一直活到了二十世紀五〇年代，她突然現身，讓這樁歷史公案陷入了更深的謎團。

一九五一年某日，京劇大師梅蘭芳到遼寧瀋陽演出，演出中間空檔，住處傳達室的人交給他一封信，這封信是一個求見者寫的，她自稱小鳳仙：

梅蘭芳同志：聞已來沈〔瀋〕，不勝心快。今持函拜訪。在三十四年前，與北京觀音寺某飯店（名字記不住了），由徐省長聚餐一晤，回憶不甚〔勝〕感慨之至。光陰如箭，轉瞬之間，數載之久，離別之情，難已〔以〕言述。茲為打聽家侄張鳴福，原與李萬春學徒，現已多年不見，甚為懷念。梅同志寓北京很久，如知其通訊地址，望在百忙中公餘之暇，來信一告。我現在東北統計局出版部張建中處做保母工作，如不棄時，賜晤一

「小鳳仙」張氏

談，是為至盼。此致敬禮。

原在北京陝西巷住。張氏（小鳳仙），現改名張洗非。

來信通訊處：南市區大西街德景當衚衕門牌二十一號李振海轉交張洗非。

這封信來得太突然了，梅蘭芳當然早就忘了信上所說的飯局，從信的內容來看，錯字很多，不像是傳說中小鳳仙那般文采斐然，派人打聽「家侄」的下落恐怕也是託詞，只是為了能得到與梅蘭芳一見的機會而已。

但小鳳仙的名號實在太大，梅蘭芳不敢怠慢，趕緊把來人請了進來，這是一位老人，已經很難看出傳說中那位小鳳仙的光采，但從行動做派上來看，確實不像一個尋常女子，反而像是見過大世面的。這位小鳳仙和梅蘭芳談了談往事，無非是將傳聞中小鳳仙幫助蔡鍔逃離袁世凱監視的「革命事跡」複述了一遍，但小鳳仙此行重點還是想藉著和梅蘭芳那一點早已八竿子打不著的交情，來改善一下自己的生活條件罷了。

梅蘭芳是個俠義心腸之人，加上這位小鳳仙是大名人，他盡自己能力照料她——將她原本私人保母的工作換成了政府機關的服務員。

這是小鳳仙在歷史上的最後一次出現，並且引起歷史家的強烈興趣，與小鳳仙有關的歷史事實真假再次成為學術研究的焦點。但是透過認真地比對材料，可以十分確定的說：小鳳仙和蔡鍔之間那些「故事」完全是文學上的想像，小鳳仙成為「頭號名妓」也是因為一次「栽贓」造成的美麗錯誤。

要釐清這個事件的真相，還得再次回到一九一五年，從蔡鍔那次驚天大逃亡開始說起。

蔡鍔本來是辛亥革命後的雲南大都督，因為袁世凱重視其才華和實力，於一九一三年調到北京，擔任「經界局督辦」，爵位是「昭威大將軍」，是位頗受重用的才俊，但袁世凱在一九一五年的時候當上皇帝，令蔡鍔十分不滿，但蔡鍔隻身在袁世凱的控制下，也不好脫身，只好徐徐尋找機會。在此之前，蔡鍔為了不讓自己在北京的官場顯得太過另類，也有模有樣地使出一些花招，假意入境隨俗，其中一個花招就是「逛窯子」，不過像他這種大官逛的「窯子」等級比較高，蔡鍔找的妓女正是「小鳳仙」。此時小鳳仙是個十六歲的小姑娘，因為戰亂流落到北京「八大衚衕」之一的「陝西巷」，據見過她的人回憶，小鳳仙長相普通，算不上漂亮，粗通文墨，也只能算認得字而已，更沒見過什麼世面，她也不清楚客人的背景。總之，當時小鳳仙只是個沒什麼名氣的小妓女，遠遠入不了「名妓」之列。

正因為小鳳仙不出名，蔡鍔才和她搭上線——只有這樣才能避免和其他當官的產生矛盾，因為凡是有名的妓女都讓特定大官佔了。其實所謂的「搭上線」無非就是給人一種「蔡鍔也逛窯子」的印象罷了，文藝作品中時常提到蔡鍔和小鳳仙卿卿我我海誓山盟的橋段，其實並未發生。

蔡鍔終於找到機會逃離北京了，辦法就是托辭到日本治病，從天津出海到日本，然後再轉道回雲南起兵。準備偷偷溜走的那天早上，他為了迷惑監視他的人，故意打了通電話給小鳳仙，約她中午一起吃飯，小鳳仙不明就裡，糊裡糊塗地就答應了。不過到了中午，蔡鍔已經在好友哈漢章的幫助下成功溜走了。

如果歷史停在這裡，那整個逃跑事件和小鳳仙其實是毫無關連的，但此時成為後世幾百部文藝作品主要故事的橋段誕生了——逃跑事件的策劃者和執行者哈漢章怕自己被袁世凱查出來，故意編造了一個謊言，說蔡鍔是在妓女小鳳仙的幫助下，喬裝改扮後乘坐小鳳仙的騾車逃走的，跟自己無關。為了自清，哈漢章甚至還裝模做樣地誇獎了小鳳仙的「義舉」一番。

就這樣，一切該發生的都發生了。中國人總習慣以「女人誤國」或「女人報國」為主題，作為茶餘飯後的談資，這樁驚天動地的大事既然和一名妓女產生連結，報紙頭條自然不會放過這個機會，於是小鳳仙的「革命行動」便在坊間迅速傳開了。

當哈漢章在一切塵埃落定後回憶事情真相時，他的聲音一出來就淹沒在中國人無法休止的娛樂盛宴之中，真相如何，已然無關緊要。

從道德上來說，哈漢章貴為民國將軍，卻因畏懼袁世凱的報復，將放走蔡鍔的行為栽贓到一個弱女子小鳳仙身上確實不應該，所幸袁世凱的人馬很快就發現小鳳仙不過是個托詞罷了，並未追究，更萬幸的是，袁世凱很快就死了，蔡鍔成了保護中華民國的元勳，小鳳仙陰差陽錯地成為歷史英雄，這時恐怕連她自己也不願出來辯白了。

小鳳仙和蔡鍔之間最後一次直接聯繫是在蔡鍔的葬禮上——蔡鍔當年藉口到日本治病其實是事實，他在袁世凱死後不久便死於喉病。小鳳仙到蔡鍔的靈前痛哭，並請人寫了輓聯一對：「不幸周郎竟短命，早知李靖是英雄。」這副對聯用來形容蔡鍔真是再貼切不過，但是也遠遠超出了小鳳仙的文化涵養。當時的人大多知道真相為何，對這位文藝作品吹捧出來的「歷史當事人」親自出來祭靈感到十分有趣。他們沒有料到的是，在小說和影視的包裝下，真相已經遠遠背離真相了。

（二）、陳獨秀：第一個因為嫖娼被解職的北大教授

一九一九年三月二十六日晚上，在北京醫專校長湯爾和家中，北大校長蔡元培和北大教授沈尹默、馬敘倫正面色凝重地開著會。他們開會的目的可不是要討論即將到來的學運相關事宜，而是因為北京一家報紙剛剛發了一個頭號娛樂新聞：「北大文科學長陳獨秀因爭風吃醋抓傷某妓女下部」。大致內容是說陳獨秀帶著學生一起去嫖娼，結果因為吃學生的醋而把妓女下體抓傷了。這些不堪的字眼讓各位大教授們感到十分噁心，他們覺得再這樣下去可不行。

湯爾和與沈尹默強力主張將陳獨秀解職，在他們看來，一個提倡新文化運動的意見領袖做出這種低三下四的事情來，他們身為「領導階級」，絕不能視而不見。不過北大校長蔡元培就難為了。這位陳獨秀是他當年三顧茅廬才請來，當代最偉大的人物之一，就憑報紙娛樂版的一條新聞就把堂堂北大文科學長辭退，面子上也說不過去。想來想去，這幾位領導階級想了一個好辦法，就是宣布從第二天起，北大取消「學長」制度，所有的學長都自動免職，改成「教授會」制，陳獨秀繼續當他的北大教授，但「文

科學長」的頭銜就沒了，也算是對輿論的一個交代。

雖然這個解決辦法稱得上是面面俱到，但還是把陳獨秀氣壞了。與會者之一的湯爾和第二天見到陳獨秀，只見他「面色灰敗，自北而南，以怒目視」。陳獨秀一氣之下連北大教授的名分都不想要了，抬腿一走，專心搞革命去。

這個事件中，關鍵在於「抓破某妓女下體」這件事是否屬實，但是教授會成員竟然沒人想到要去查證真偽。畢竟陳獨秀確實是經常嫖娼，大家一想，經常嫖娼的人發生「抓傷某妓女下部」的事情大概也不足為奇。陳獨秀的老同事周作人就是這麼想的：

此外還有一個人，這人便是陳仲甫，他是北京大學的文科學長，也是在改革時期的重要角色。但是仲甫的行為不大檢點，有時涉足於花柳場中，這在舊派的教員是常有的，人家認為當然的事。可是在新派便不同了，報上時常揭發，載陳老二抓傷妓女等事，這在高調進德會的蔡子民（編按：蔡元培），實在是很傷腦筋的事。

陳獨秀的老戰友胡適對這件事一直頗有微詞，因為他不相信陳獨秀會做出「抓傷某妓女下部」這樣的事情，而且從胡適一貫的處世態度來看，他反對以私德來攻擊一個人。所以過了若干年後，一直耿耿於懷的胡適還寫信給湯爾和，指責他刺激陳獨秀太甚，以致於逼得陳獨秀放下文化改良的理想而投身政治革命。

一九三五年十二月二十八日，胡適在致湯爾和信中說：

「三月二十六日夜之會上，蔡先生不願於那時去獨秀，先生力言其私德太壞，彼時蔡先生還是進德會的提倡者，故頗為尊議所動。我當時所詫怪者，當時小報所記，道路所傳，都是無稽之談，而學界領袖乃視為事實，視為鐵證，豈不可怪？嫖妓是獨秀與浮筠都幹的事，而『抓傷某妓之下體』是誰見來？及今思之，豈值一噱？當時外人借私行為攻擊獨秀，明明是攻擊北大的新思潮的幾個領袖的一種手段，而先生們亦不能把私行為與公行為分開，適墮奸人術中了。」

在胡適看來，導致陳獨秀離開北大的「抓傷妓女」事件，實質上乃是當時新、舊思潮之間彼此攻訐的一部分，很可能是敵對陣營揑造出來故意抹黑的。湯爾和自然不同意胡適的這種過於新派的處世觀，一再表示當年自己沒做錯，於是胡適又寫信指責：

「我並不主張大學教授不妨嫖妓，我也不主張政治領袖不妨嫖妓，——我覺得一切在社會上有領袖地位的人都是西洋所謂『公人』，都應該注意他們自己的行為，因為他們自己的私行為也許可以發生公眾的影響。但我也不贊成任何人利用某人的私行為來做攻擊他的武器。當日尹默諸人，正犯此病。以近年的事實證之，當日攻擊獨秀之人，後來都變成了『老摩登』，這也是時代的影響，所謂歷史的『幽默』是也。」

不管怎麼說，陳獨秀這頂「嫖客」帽子是永遠摘不掉的了。

（三）、嫖客和妓女竟是失散的兄妹

一九三三年七月二十八日的《中央日報》刊登了一則奇事。這件事也只有在民初才能發生的，堪稱一個時代的縮影。

有一個女人，她叫吳愛仙。她父親是很有錢的商人，自己也受過高等教育，當過小學老師，這種條件在民初簡直就是中產階級的代表了，但是，讓所有人意料不到的是，她當了妓女。

一切大概都要怪新文化運動。吳愛仙這位新女性對於婚姻問題很有主見，主張婚姻自由，反對父母做主。不過，她是用揮霍這種自由的方式來反抗舊傳統，她工作沒多久，就與當地一個惡少徐某發生了關係。吳愛仙的父親大怒，他深知徐某不是好人，堅決禁止女兒與其交往。誰料，吳愛仙一見「革命」的時機來了，公然登報與家庭脫離關係，高調地與徐某組成快樂小家庭。兩人同居還不到三個月，徐某就露出了真面目，他本來就是一個騙錢的貨色，見吳愛仙從家裡帶出的錢財已經耗盡，便找了個機會一走了之。吳愛仙恍然大悟，但礙於面子，也不想回到已經脫離關係的家庭裡。她一氣之下，前往上海謀生。在大上海這個繁華地帶，以吳愛仙的才能，謀生應該不是太困難的事情，但她卻選擇了最簡單的謀生方式——找男人。

吳愛仙的男人換了一個又一個，這種生活與賣淫幾乎沒有差別，但她天真地以為這就是自己想要的自由。這一天，吳愛仙認識了南京人馬之潔，這個馬之潔又有錢又帥氣，還非常體貼，把吳愛仙哄得開開心心的。然而，吳愛仙並不知道，馬之潔的身份十分可疑，他其實是一名「拆白黨」。

對「拆白黨」的含意，據說有四種：其一：拆者，即拆梢也，這是上海方言，指流氓詐取財物。白者，即白吃白拿，不掏一文錢。其二：拆白可諧音念作「擦白」，就像金銀銅器一樣，時常需要用布或其他東西將它擦光、擦白，外表才能好看，否則本相畢露，為人識破，不值半文錢。其三：拆白可作「撤勃」解。即上海諺語所說「撤爛污」，意思是搞破壞。其四：拆白即拆敗之意，該組織成員專門拐騙婦女，導致人家家破人亡，身敗名裂。由此而得拆白之名。

其實說穿了，這個馬之潔就是專門販賣婦女的人口販子，他的手段就是先利用自己的色相和吳愛仙這種離家女子搞在一起，甜言蜜語將她穩住，自己盡情享受，等到玩膩了，就趕緊「出手」，把女人往妓院一賣了事。吳愛仙鬼迷心竅，哪裡知道此中門道？結果沒過多久就真的被賣到妓院，當上了妓女。

吳愛仙後悔了，但為時已晚。從此，她以「麗仙姑娘」為名，當地坐台。她長得漂亮，氣質又高雅，深受客人喜歡，妓院的生意因此也興隆起來。但妓女的生活並不好過，還不到半個月吳愛仙就染上了梅毒。妓女一染上梅毒，利用價值就減小了，於是妓院老闆就讓她接更多嫖客以維持生意。

一九三三年七月二十六日晚上十一點，吳愛仙在南京花牌樓一帶，勾引到了一位中年客人，兩人三下五除二就談好了嫖資，手挽手走回暗藏的旅館。回旅館的路上，吳愛仙聽出客人講得是她家鄉的口音，這讓她感覺既親切又緊張，她認真看了看這位嫖客，怎麼看怎麼面熟，但一時也想不起來在哪裡見過。著急之下，她不惜違反行業大忌，問起客人的姓名來，怕客人不高興，她先告訴對方，自己是某地某地的人，客人一聽，非常驚訝，說自己與她竟然是同鄉，名叫吳嘉謀，今年三十一歲，因為一筆生意到南京來收帳。

吳愛仙整個嚇傻了。「吳嘉謀」這個名字她太熟悉了，因為她的親哥哥就叫吳嘉謀。在她還很小時，哥哥就出外經商，當年自己離家出走的事情哥哥也是從家書裡知道的。多年未見，兄妹兩人竟然認不出彼此，還以嫖客和妓女的身份聚首。

吳愛仙羞愧難當，禁不住嚎啕大哭。吳嘉謀也感到相當尷尬。但妹妹畢竟是妹妹，他竭力安慰，答應會想辦法救她出來。三天後，吳嘉謀以八百元大洋的代價，將吳愛仙從妓院老闆手中贖出來，並帶她去醫院治療梅毒。吳愛仙這位新女性終於在哥哥救助下回家去了。

女作家謝冰瑩

（四）、一個女嫖客

著名作家冰心的本名是「謝婉瑩」，這個名字很容易和另一位民國女作家「謝冰瑩」搞混。謝冰瑩和冰心的名字雖然接近，性格卻天差地遠，謝冰瑩是民國歷史上唯一的「女兵作家」，甚至後來還被授予少將軍銜。

謝冰瑩最奇妙的一個經歷是她曾經當了一回「嫖客」。這也許是民國歷史上唯一的女「嫖客」。這次經歷正好讓當時《中美週刊》的記者記錄下來：

抗戰初期的重慶，謝冰瑩剛從前線下來，依然像在戰地一樣，火熱地握著筆，用文藝為傷兵和難民服務。

那時候，她除了坐在家裡寫作之外，還時常到貧民窟採訪，記得有一次，為了鼓勵妓女參加抗戰以及更深入了解她們的生活，她曾經單獨一個人到十八梯去逛窯子。

據說，當時她一到窯子裡，便找到了一個姑娘，要和她到房裡去，窯子老闆一把抓住她，不讓她進去。說：「妳來做什麼？」

「我來玩呀！」

「我們這裡沒有女人來玩的。」說著就要趕她出去。

「別慌！」她隨即掏出錢交帳，同時拿出一張名片，老闆才讓她帶著一個姑娘到房裡去了。起先那個姑娘也覺得奇怪，甚至有點害怕，但後來只是聊聊天就結束了，整個窯子裡的人都不知道是怎麼回事。她也沒說出姓名和目的，就算說了，恐怕窯子裡的人也不知道吧。

這位女作家相當大膽地當了一回「嫖客」，讓人不得不佩服她的勇敢，但這種行為實在既傻且天真，以「嫖客」身份號召妓女們為抗戰服務，簡直是匪夷所思。也難怪妓院裡上上下下的人都對她感到疑惑。

在這個事件中，妓院老闆拒絕謝冰瑩的「光臨」一事值得注意，這說明了妓院也有妓院的規矩，女人來了，就算妳是少將也不能破壞規矩。但好在有錢能使鬼推磨，妓院老闆收了錢，也就顧不上規矩不規矩了。那位妓女沒有真的「工作」就拿到了錢，也算是遇到一筆好買賣了。

（五）、湖南的「嫖客委員會」

民國時期在政治上有個偉大發明，即是「委員會」。無論什麼領域都可以組織「委員會」。不過一般來說，無論是什麼新事物或新名詞，很快都會被中國人扭曲成一種戲謔的存在，湖南澧縣曾經出現過的「嫖客委員會」就是一例。

一九三三年的《北洋畫報》報導了這個奇怪而可笑的「嫖客委員會」：

> 世俗奇變，人心澆灕，舉凡一切非常人所意想得到之無恥怪行，幾無一不發現吾人之眼簾，如以前長沙之十姊妹，胡蝶採花團，翻戲黨等等，皆足令人嘆為奇聞。頃據澧縣客談，該縣駐軍第五團羅團長，昨日處決一名妖犯，尤屬駭人聽聞。該犯名項家文，住縣西皀角市，家頗富有，平日素性凶橫，怙惡不悛，尤好淫亂，當地婦女稍有姿色者，彼必多方誘姦，不從者輒施以威嚇。近更聯絡一般無賴，組織所謂「嫖客委員會」，人數既多，益肆凶橫。當地有某寡婦，年華三十，風韻猶存，項以百計誘之，屢遭白眼，至是遂於某日挾眾赴該寡婦家欲行強暴。眾稱「余奉嫖客委員會令，前來姦宿爾寡婦，絕不饒恕」等語。事為羅團所聞，立派兵士將項拘捕。項供認不諱，至其餘一切「嫖客委員」，均聞風逃竄，故僅將項處決云。

「嫖客委員會」樹倒猢猻散，但其中的奧妙卻耐人尋味。一干無賴樂於成立「嫖客委員會」，無非是靠著新名詞來欺負無知老百姓罷了，他們以為那位寡婦必定什麼都不懂，所以才大搖大擺地聲稱「奉了『嫖客委員會』的命令來強姦」，話術雖然粗糙，但也說明了當時各色的「委員會」在老百姓心目中的地位，全都得罪不得。

無賴畢竟是無賴，編造一個「委員會」還不忘冠上「嫖客」之名，真是可笑又可嘆了。

（六）、妓女的「月經避稅」潮

大千世界，無奇不有，只有地球人想不到的，沒有中國人做不出來的，以月經來「避稅」大概是中華民國佛山市妓女的一大發明。

廣東佛山是一座繁華的大城市。凡是大城市，必然少不了妓女。民國初期，因為政府經費左右支絀，經常會巧立各種稅收名目向各行各業收稅，名目多了，就很容易出現許多逗趣的名目，如「馬桶捐」即是一例。凡是用馬桶的，都要繳稅給政府。妓女這行獲利頗豐，自然也逃不了政府的剝削。佛山妓院眾多，若全由政府出面收繳稅款，未免有些不雅，於是當地政府找了一個「白手套」——花捐公司。花捐公司每月向政府繳納所有妓院應繳稅款，然後再出面到各個妓院收款。這種「工具」可說是一大發明，可惜並未用在正途。

上有政策，下有對策，尤其是古靈精怪的妓女們，她們提出了一個例外條件：月經。女人月經來潮時照例是不能進行性行為的，即便妓女也不能接客，既然那幾天不能營業，自然無稅可繳。這一點反映至政府部門後，官員一聽也認為有道理，稅收畢竟也要有人性化的一面嘛！政府規定，凡是月經來潮的妓女，到了日子就到花捐公司報告，如此一來便可免去一大筆稅錢。

有了合法避稅的方法，誰不想避稅？於是各位妓女們月經時間越來越長，鬧到後來，花捐公司收到的錢越來越少，生意已經沒法做了。公司沒有辦法，只好再次請示政府，將妓女的月經日期定死，只許四天，超過了四天妳還來月經，對不起，就算不接客也得繳稅。

這個新政策一出，妓女們大怒。跟妓女們收稅還有話說，現在連月經的週期都定死了，這不是奇恥大辱嗎？妓女們聯合起來，向政府請願，要求撤銷對月經的硬性規定。這個問題真是給政府出了一個大難題，最後終於拗不過妓女們的死纏爛打，只好草草滿足了她們的要求。

一個香吻五十元

「性騷擾」是一個非常新穎的法律名詞，但「性騷擾」這種行為當然是「古已有之」，在民初這樣弱肉強食的時代，自然無法避免「性騷擾」。「劉喜奎遭強吻案」就是一起典型的性騷擾案件，這個案子的特殊之處在於，它是一起確立了性騷擾賠償金額的案件。

民國初年時京劇演出時男女演員涇渭分明，一齣戲要不全是男演員，要不全是女演員，萬萬不能同台演出，就連演員學校也是男女有別。當時有名的專門培養女演員的是「崇雅女科班」，這個班子培養出了第一個能和譚鑫培、楊小樓等男演員同台的「梨園第一紅」——劉喜奎。

「劉喜奎」這個名字聽起來像是男子，但本人卻是妖嬈多姿的美少女。在民國初年這種幾乎完全沒有女演員的時刻，大男人們突然看到這麼一位美貌女子唱戲，自然會趨之若鶩，這固然有劉喜奎技藝高明的因素在，但也很難說大男人們內心不存著骯髒的意淫心態。

劉喜奎很快就出名了，出名到連民國大總統都想將她佔為己有。那些如走馬燈一般在北京露面的「大帥」們幾乎都曾拜倒在劉喜奎的石榴裙下：像是袁世凱（包括兒子袁克文）、張勳、曹錕等等。但讓大帥們掃興的是，劉喜奎根本不吃這一套，就是不往「姨太太」這個火坑裡跳。大帥們雖然垂涎，也是無可奈何。

大師們是這樣，手下的達官貴人們更是想盡了辦法，寫詩的、送錢的、逼迫的、欺騙的，但劉喜奎都一一擋了回去。

在整個京城對劉喜奎覬覦的這股狂潮下，一個超級戲迷終於得手了。有一天，劉喜奎演完了她最拿手的《獨佔花魁》，卸了妝出門回家，這時，戲院門外有一群男人早就等著，其中一個男人大概喝多了，被其他男人慫恿著衝上前吻劉喜奎，這個男人仗著酒勁，見劉喜奎一出來就跑了上去，抱住腦袋就是一陣狂吻。

在男人們的喝彩下，劉喜奎氣壞了。她掙脫男人，馬上叫人報警。當時警察雖然裝備簡陋，做事倒也負責，沒過多久就到達現場，隨即將「強吻男」扭送警察局。這類性騷擾案件在民國初年還沒有法律判例，但警察們都是劉喜奎的粉絲，自作主張，罰了男人五十元大洋了事。五十元大洋的購買力約莫現在新台幣十萬多元，這一吻堪稱昂貴。不過，事後這個男人卻十分得意，他常跟人說：「五十塊錢吻劉喜奎一口，值了！」

據說這個男人不是別人，正是段祺瑞的某個姪子，不過礙於叔叔的面子，從不敢將這件事說出去。

聞一多與「紅色保腎丸」

如果你讀過沈從文的《邊城》，一定會被他的純情所感動；如果你讀過聞一多的詩歌，那一定會為他深沉的胸懷所震撼。但是你絕對想不到，這兩個人會為了一瓶「紅色保腎丸」而交惡。這瓶小藥丸究竟是何種仙丹妙藥呢？

這件事要從聞一多出任青島大學文學院院長說起。一九三二年，已經是文學大家的聞一多受聘於青島大學，那時候的大文人們，很難找到一個順心的學校教書，這時突然出現一個能掌實權的，大家都趕緊向他靠攏，因此，先後追隨聞一多到青島的有楊振聲、沈從文、梁實秋等人。小小一個青島大學，一時收容了這麼多大家，可謂奇蹟。

但是，一切都被沈從文的一篇小說打破了。沈從文本來是寫純情小說的行家，但不知為何開始寫「意識流」了。他創作了一篇以青島大學為背景的《八駿圖》。這篇小說自然不是講八匹馬的故事，而是講述「甲乙丙丁戊己庚辛」八位教授的故事，這八位教授都和「性」字沾上了一點邊，像是開篇提到的教授「甲」：

教授甲把達士先生請到他房裡去喝茶談天，房中布置在達士先生腦中留下那麼一些印象：房中小桌上放了張全家福的照片，六個胖孩子圍繞了夫婦兩人。太太似乎很肥胖。白麻布蚊帳裡有個白布枕頭，上面繡著一點藍花。枕旁放了一個舊式扣花抱兜。一部《疑雨集》，一部《五百家香艷詩》。大白麻布蚊帳裡掛一幅半裸體的香菸廣告美女畫。窗台上放了個紅色保腎丸小瓶子，一個魚肝油瓶子，一點頭痛膏。

這段描寫十分傳神，但最引人注意的有那本「香艷詩」、裸體美女廣告畫，還有最要命的那瓶「保腎丸」。會讀小說的人自然會在心中猜想這個教授甲到底是哪一位。其實這位教授甲還算是好的，「八駿」中另一位性欲表現得更明顯，他連泳裝美女赤腳踩過的石子都要拿起來把玩一下：

那一隊青年女子，恰好又從浴場南端走回來。其中一個穿著件紅色浴衣，身材豐滿高長，風度異常動人。赤著兩只腳，經過處，濕沙上便留下一列美麗的腳印。教授乙低下頭去，從女人一個腳印上拾起一枚閃放真珠光澤的小小蚌螺殼，用手指輕輕的很情欲的拂拭著殼上粘附的砂子。

「達士先生，你瞧，海邊這個東西真美麗。」

達士先生不說什麼，只是微笑著，把頭掉向海天一方，眺望著天際白帆與煙霧。

《八駿圖》說得這麼露骨，經常和沈從文往來的青島大學教授人人自危，首先就是聞一多，他認為小說裡的「教授甲」就是自己，因為裡面提到教授甲所有日常用具都有些鄉下風味，而聞一多的夫人正好是「鄉下人」，二者連結起來，不是影射自己又是誰呢？於是一怒之下和沈從文斷交，沒過多久就離開青島大學而去。

這樁小小的恩怨持續了很長一段時間，據說到了抗戰時兩人才冰釋前嫌。其實，教授甲那段敘述即便真是影射聞一多，一瓶紅色「保腎丸」也不過說明性欲旺盛罷了，需要生那麼大的氣嗎？

郁達夫——性的苦悶

民國名人裡面公開宣布自己去過妓院的有三人：胡適、郁達夫和曹禺。不過，胡適聲稱，自己年輕時雖然去了妓院，但「幸虧那時沒錢」，只是和妓女們喝了幾頓花酒而已，沒有嫖妓的事實。而曹禺則更正大光明：他是為了寫《日出》而故意去體驗妓院生活的，為此他還差點被打瞎了眼。那麼，唯一承認有嫖妓事實的只有郁達夫了。也因為如此，他稱得上是最坦率的人。

郁達夫是去日本的妓院，那時他剛到日本留學。正值青春少年的他，在日本女子的旖旎風光誘惑下，內心不可遏制地驛動，這些日本女子比他熟悉的中國女子要健康多了：

日本的女子一向柔和又可愛；她們歷代所受的教育從開國至今，都是要順從男子。並且因為人口向來不繁，衣飾起居簡陋的結果，一般女子對於守身的觀念也不像中國那麼的僵化。又加以全無纏足深居等習慣，操勞工作，出入里巷行動都和男子無異；所以身體大抵總長得肥碩完美，絕無臨風弱柳，瘦似黃花等病貌。更兼以島上火山礦泉眾多，水分富含異質，關東西靠山一帶女子，皮色滑膩通明，細白得像似磁體；至如東北內地雪國的嬌娘，就算在日本也有雪美人之稱，肥白柔美更不在話下。

郁達夫愛那些女子，也懂得怎麼欣賞她們，甚至把她們為什麼那麼美都想得十分透徹，看來頗費一番心思。不過，眼前這片美景不僅不屬於他，還經常深深地刺激到他。因為他是中國人，一個弱國來的弱男人。中國人最忌恨日本人用「支那」稱呼中國，偏偏郁達夫經常聽到：

這些無邪的少女，這些絕對服從男子的麗質，她們原都是受過父兄的熏陶的，一聽到了弱國的支那兩字，哪裡還能夠維持她們的常態，保留她們對人的好感呢？支那或支那人的這一個名詞，在東鄰的日本民族，尤其是妙年少女的口裡被說出的時候，聽取者的腦裡心裡，會起怎麼樣的一種被侮辱，絕望，悲憤，隱痛的混合作用，是沒有到過日本的中國同胞，絕對地想像不出來的。

郁達夫愛這些女子，但又深深地恨她們。那種原始的性欲和被侮辱的自尊混雜在一起，讓他的身體和心靈都極度苦悶。他想不出究竟有什麼辦法來排解。在萬般無奈之中，他想到了一個最無能的主意：去妓院。

名古屋的高等學校，在距離市中心兩三里遠的東鄉區域。到了這一區中國留學生比較少的鄉下地方，日本國民的輕視虐待雖減少了些，但因為二十歲的青春，正在我的體內發育伸張，所以性的苦悶，也昂進到了不可抑止的地步。是在這一年的寒假考之後，關西的一帶，接連下了兩天大雪。我一個人住在被厚雪封鎖住的鄉間，覺得怎麼也忍耐不住了，就在一天雪片還在飛舞著的午後，踏上了東海道線開往東京去的客車。在孤冷的客車裡喝了幾瓶熱酒，看看四面並沒有認識我的面目的旅人，膽子忽然放大了，於到了夜半停車的一個小驛的時候，我竟同被惡魔纏附著的人一樣，飄飄然跳下了車廂。日本的妓館，本來是到處都有的；但一則因為怕被熟人看見，再則慮有病毒的糾纏，所以我一直到這時候為止，終於只在想像裡冒險，不敢輕易的上場去試一試過。這時候可不同了，人地既極生疏，時間又到了夜半；幾陣寒風和一天雪片，把我那已經喝了幾瓶酒後的熱血，更激高了許多度數。

踏出車站，跳上人力車座，我把圍巾向臉上一包，就放大了喉嚨叫車夫直拉我到妓廓的高樓上去。

受了龜兒鴇母的一陣歡迎，選定了一個肥白高壯的花魁賣婦，這一晚坐到深更，於狂歌大飲之餘，我竟把我的童貞破了。第二天中午醒來，在錦被裡伸手觸著了那一個溫軟的肉體，更模糊想起了前一晚的痴亂的狂態，我正如在大熱的伏天，當頭被潑上了一身冰水。那個無智的少女，還是袒露著全身，朝天酣睡在那裡；窗外面的大雪晴了，陽光返射的結果，照得那一間八席大的房間，分外的晶明爽朗。我看看玻璃窗外的半角晴天，看看枕頭邊上那些散亂著的粉紅櫻紙，竟不由自主地流出來了兩條眼淚。

「太不值得了！太不值得了！我的理想，我的遠志，我的對國家所抱負的熱情，現在還有些什麼？還有些什麼呢？」

心裡一陣悔恨，眼睛裡就更是一陣熱淚；披上了妓館裡的組袍，斜靠起了上半身的身體，這樣的悔著呆著，一邊也不斷的暗泣著，我真不知坐盡了多少的時間；直到那位女郎醒來，陪我去洗了澡回來，又喝了幾杯熱酒之後，方才回復了平時的心狀。三個鐘頭之後，皺著長眉，靠著車窗，在向御殿場一帶的高原雪地裡行車的時候，我的腦裡已經起了一種從前所絕不曾有過的波浪，似乎在昨天的短短一夜之中，有誰來把我全身的骨肉都完全換了。「索性沉到底罷！不入地獄，哪見佛性，人生原是一個複雜的迷宮。」這就是我當時混亂的一團思想的翻譯。

郁達夫大概是嫖客裡最「文藝」的一位。在享受了畸形的歡娛後，他得到的不是預期中的滿足，而是更加的落寞。因為這種精神勝利畢竟太無能也太無力了。但是，他是最終的勝利者，因為他後來終於可以平心靜氣地道出這一切，當一個人坦率說出內心的苦悶和罪孽感時，他的心靈也就昇華了。

郁達夫一生都沒和日本脫離關係，就連他的死也與日本有關。一九四五年，在南洋從事抗日宣傳的他，在日軍控制下的森林裡失蹤，再也沒有回來。

裸模風波

在中國，如果一個人要合法地在陌生人面前裸體，那他必須是個十歲以下的男孩。所以，當民國初年的畫家劉海粟要找裸體模特兒時，他發現除了找男孩之外沒有其他選擇。

一九一二年，上海圖畫藝術學院的學生們對著一個裸體男孩畫了又畫。學生們當中有男也有女。我們不知道那個可憐的男孩是否知道這些大人究竟在做什麼——老實說，許多中國人總想不透，為什麼臨摹的對象一定得脫光衣服才行。

大人們漸漸厭倦了畫男孩。對西洋繪畫來說，成年女性那優美的曲線才是畫家最好的題材，男孩確實差強人意。學院的校長劉海粟已經把人體寫生設為「必修課」，必修課沒有必要的「教具」，學生要如何修習呢？

劉海粟急了。他想一步步來挑戰社會的容忍度，首先把裸體模特兒從男孩換成了男人——一位壯漢。這位壯漢半裸著出現在模特兒台上，他享受著自己身體被描繪的喜悅。中國男人向來不忌諱裸著上身，這樣做絕對沒人會提出意見。劉海粟見這位壯漢已經熟悉了畫院的氣氛，趁機向他提出了全裸的要求。壯漢強硬地拒絕這個要求。他穿上衣服，氣呼呼地離開畫院，對他來說，全裸是個極大的侮辱。

劉海粟無奈之下，只好採用「重賞之下必有勇夫」的策略，到報紙上登廣告徵求裸模。應徵的人倒是不少，但一聽到「全裸」二字，就全都臉紅心跳，轉身告退了。後來，終於有一個答應了，瀏海粟為了「穩住」這一位，讓她簽了「軍令狀」，如果反悔必須受罰。但當這位模特兒站到台前準備脫衣時，她又猶豫了，扭捏半天後說了一句：「我願受罰。」

為了裸體模特兒一事，劉海粟和西洋畫的學生們簡直都急瘋了。其中一位學生想了一個好主意：不就是裸體嗎？裸體最多的地方就是澡堂，到了那裡要多少裸體沒有？

這位學生叫做潘玉良，她的身份是藝術學校學生兼海關監督潘贊化的「妾」。

潘玉良潛伏在澡堂裡，拿著畫布如飢似渴地畫著美妙的女人裸體，一開始人家還沒反應過來，等到發現自己已經被「實錄」之後，不禁大怒，眾人一擁而上，將這位未來的大畫家暴打了一陣。

這位天真的女孩眼裡只有裸體，卻忘了裸體是有主人的，主人如果不同意，裸體再多又有什麼用呢？

天真女孩潘玉良終於想到，其實自己也是有裸體的。要畫自己，只要有一面鏡子就可以了，不需任何費用。於是她開始畫了。

不知道最後用了什麼手段，藝術學院校長劉海粟終於請來了一位裸體模特兒。興奮的劉海粟要學生們趕緊動筆，他要在上海辦展覽，給頑固的中國人們一點顏色瞧瞧。

一九一七年，在上海張園安屺府，上海圖畫美術學校的「成績展覽會」大張旗鼓地開始了。學生的裸體模特兒寫生高調地掛在明顯之處。

賓客們絡繹而來，大部分人是衝著劉海粟的名頭來的，劉海粟善於結交名人，名人帶名人，讓他有了自己強大的人脈，但是，當人們看到裸體模特兒寫生時，都被驚呆了，在民國五年的中國，這樣做簡直是「太刺激了」。

一位上海女校的校長看了人體畫之後怒不可遏，大罵劉海粟是「藝術叛徒」，這一聲罵是守舊勢力向劉海粟開的第一槍，緊接著，有人在報紙刊文，把劉海粟和提倡性學的張競生、寫愛情歌曲的黎錦暉封為「三大文妖」。劉海粟除了是一個畫家之外，還是個行銷能手，面對鋪天蓋地的責罵，他沒有被嚇倒，反倒覺得機會來了。他本來只是一個沒沒無名的畫家，這下就能借力使力，大舉提升自己和西方藝術的聲勢。

劉海粟本人直接迎戰，接連刊文，把一切罵他的話都反罵回去。那些罵人的人本來都是一些老道學家，罵起人來也沒多少功夫，況且天下大勢已經心向變革，很快就敗下陣來。這些人認為文的不行，乾脆來武的，動員當時的上海實力派軍閥孫傳芳出面禁止劉海粟畫裸體。

劉海粟沒想到官司能越打越大，但他不僅不害怕，反倒大喜，敵人的力道越大，他的反擊就越大，名聲就會越來越大。對方動員孫傳芳，他乾脆直接寫信給孫傳芳，要孫傳芳申斥那些反對者。

孫傳芳雖然是粗人，但也知道這種跟裸體有關的官司實在不好動用武力，只寫了一封綿裡藏針的信恫嚇：

海粟先生文席：

展誦來書，備承雅意。黻飾過情，撫循慚荷。貴校研究美術，稱誦泰西古藝，源本洞晰，如數家珍，甚佩博達。

生人模型，東西洋固有此式，惟中國則素重禮教，四千年前，軒轅垂衣裳而治，即以裸裎袒裼為鄙野；道家天地為廬，尚見笑於儒者。禮教賴此僅存，正不得議前賢為拘泥。凡事當以適國情為本，不必循人捨己，依樣葫蘆。東西各國達者，亦必不以保存衣冠禮教為非是。模特兒止為西洋畫之一端，是西洋畫之範圍，必不以缺此一端而有所不足。美亦多術矣，去此模特兒，人必不議貴校美術之不完善，亦何必求全召毀，俾淫畫淫劇易於附會，累牘窮辯，不憚繁勞，而不能見諒於全國。業已有令禁止，為維持禮教、防微杜漸計，實有不得不然者。高明寧不見及，望即撤去，於貴校名譽有增無減。如必怙過強辯，竊為賢者不取也。復頌日祉。

孫傳芳啟

六月三日

孫傳芳這番話也不是完全沒有道理，而且意思十分明確：你劉海粟的學校不畫裸體會死啊？多一事不如少一事，乾脆算了。

就劉海粟來說，算了也不是不可以，但已經拉滿的弓就這麼撤了也不好，乾脆一不做二不休，連孫傳芳一起罵。他先說明，這些裸體寫生必修課是當年民國政府總理王寵惠定下的，你孫傳芳算老幾？你孫大帥好歹也是信佛的，你天天拜的佛像就是半裸的，人們拜了幾千年，難道也有錯嗎？況且，我們畫裸體是在室內畫，又不是到大街上招搖，你管得著嗎？

劉海粟這一罵不要緊，孫傳芳自然不肯受這種書生氣，但要動武也不方便，因為劉海粟躲在法國租借地，法國是裸體模特兒藝術的原產地，對這種事司空見慣，聽說有個畫家竟然因為畫裸體而遭人欺負，他們更是主動護持。孫傳芳再三派人找法國領事交涉，法國人再三拒絕，帝國主義出手，就算軍閥也無計可施。

這場風波就這麼一拖再拖，劉海粟不僅沒失敗，反倒因此成了中國最有名的畫家，拖了十年後，法國領事終於受不了上海市不斷的交涉，出面要劉海粟繳交五十元罰款了事。

裸模風波雖然炒紅了一位大畫家，但中國人的觀念並沒有被改變多少。尤其是政客，一看到那裸體畫面，就擔心它像原子彈一樣把國家給毀了，這當然只是庸人自擾。

中國的裸體模特兒問題直到一九四九年後才徹底解決。一九六四年時，主導文化政策的康生堅決反對模特兒，還突發奇想，認為模特兒是「資產階級美術界玩弄女性的藉口」。這種論調自然是「淫者見淫」的典範，比當年的孫傳芳大帥還要保守一千倍，康生一聲令下，全國美術學校都不敢用裸體模特兒了，劉海粟等人幾十年打開的局面毀於一旦。一些美術教師不甘心，直接去信中央，要求恢復模特兒寫生，因為之前提出模特兒是資產階級的產物，這些教師只好說這種資產階級的產物，無產階級也可以「批判繼承」的：

> 無產階級在建立和完備自身藝術教育體系時，可以批判繼承舊傳統中的某些合理因素，模特兒寫生作為解決藝術基本功的初步訓練方法，是可以批判繼承的。

這封申訴信來到了毛澤東面前。他大概也沒想到康生居然倒退至孫大帥時期的水準，堅決替模特兒平反：

> 此事應當改變。男女老少裸體model，是繪畫和雕塑必須的基本功，不要不行。封建思想，

加以禁止，是不妥的。即使有些壞事出現，也不要緊。為了藝術學科，不惜小有犧牲。請酌定。

中國畫家，就我見過的，只有一個徐悲鴻留下了人體素描，徐悲鴻學過西洋畫法。此外還有一個劉海粟。

這是中國政府對人體模特兒最明確的表態，也是最美好的表態，從劉海粟時代就開始的裸模風波，至此才算是有了最圓滿的結果。

《性史》——一本人人喊打又人人愛看的書

中華民國有兩個人的名字是從「物競天擇、適者生存」這句話來的。一個是「胡適」，一個是「張競生」。巧合的是，這兩個人都是博士，一個是美國哲學博士，一個法國哲學博士，而且先後被請到北京大學當教授。但是，兩個人之後的命運卻大不相同，這倒是跟他們的名字互相呼應，胡適一路成功，成為民國頭號大學者，正像他的名字「適」一樣，處處適應社會的變化。張競生卻處處不順，一直走下坡，後來竟淪落到整個中國只有《魯迅全集》裡的一條注釋出現他的名字，還是罵他「宣傳色情」，「競生」二字可理解為「競爭生存權力」，張競生競爭了，但成了一個著名的失敗者。

一九二〇年，當胡適等人在北京大學成名的時候，張競生剛從法國留學歸國。他的博士論文題目是《關於盧梭古代教育起源理論之探討》，這是一個相當中規中矩的研究，由此獲得的法國里昂大學博士學位也是貨真價實。當時，整個中國也沒有幾個洋博士，甚至根本就沒有博士。無論誰當北大校長，大概都願意請這樣的超級人才來當教授，更何況當時的北大校長是蔡元培呢！

張競生在一九二一年接受蔡元培的聘請，擔任北大哲學教授，教授西方哲學史、法國唯美理論、美的人生觀、美的社會組織法、美學和性心理學等。當時的北大有兩種啟蒙，一種是馬克思主義的啟蒙，一種是張競生的性的啟蒙，這兩種啟蒙之間雖然關連不大，但都有驚駭世俗的意味。

如果歷史在此停留，那張競生或許能像胡適等人一樣，成為名垂千古的「大師」，但張競生與出版界的一次「觸電」，徹底改變了他的人生。

這次「觸電」和性有關。張競生作為在法國生活了八年的翩翩公子，風流韻事積攢了一籮筐，徹底解放了他的性觀念，同時也深感中國人保守的性觀念是萬惡之源，於是想了一個創意極佳的方式，就是由他自己在報上登廣告，收集普通人的性經驗故事，然後由他張教授本人點評出書。

這個點子即使放到現在恐怕都是一個極具商業價值的好點子，但在民國就過於驚世駭俗了，名人學者對此不是嗤之以鼻就是等著看笑話。不過令道學先生們大跌眼鏡的是，應徵寄給張競生的「性經驗」竟然有三百份之多。普通人受夠了性愚昧的惡果，突然有人出來振臂一呼，哪裡顧得上那些封建道德，更沒有名流學者們那些莫名其妙的顧忌。

張競生相當滿意。這些性經驗故事全是樸素純真的真實體驗，對改造中國人的性心理來說，是非常理想的素材，他從三百多份故事中選了七段，加上自己的長長點評，以《性史》為名出版了。

讓我們選取《性史》中的一段，看看究竟是怎樣一本書吧。《性史》的第一個故事的作者是「一舸女士」，她記錄了從少女的情竇初開到成婚之後的性經驗，且看她上中學時所記錄的女生宿舍情境：

同學裡面，有很多人一對對地配了「好朋友」，行也雙雙，坐也兩兩，我我卿卿大有一刻不見如三秋兮之慨。我其時還是黃毛丫頭，不解修飾，雖無她們那樣的福分，卻與兩三個年長些的外縣人締了君子交。也有互相談心和研究學問的時候，卻不學她們輕薄的樣子，一時號我等為

「品」字聖人。提起那些好朋友，有名蝴蝶派者，真是活膩！

比我們低一班中，有三個很標致的小學生，一個輕如飛燕淡似西施的，與我們班出名的「獅子頭」某甲，結了同性愛。某乙則佔據豐若有餘柔若無骨的佳人。最出色而年紀最少的，則被某某兩人包圍了。我們與她們的寢室只隔一號。晚上打了睡覺鈴，學監點過名以後，乃紛紛並床，三對鴛鴦各不相混地鑽進了她們的繡被去了。

有一晚九點半鐘，學監還沒來，照例過了十點，就不再來了。然而大家為準備萬一起見，預先把各人的鞋放在床面前，鋪開被蓋，把枕頭塞在當中，像一個人睡在裡面的樣子，再放帳子，叮囑連床的人，倘學監來點名時，替她答應。於是帳中人遂遠尋配偶去了。

少時學監果然上來，但見帳幅垂垂，人聲悄悄，按名呼喚，其應如響，放心而去。去遠，我等始大笑。有淘氣者特地爬起來，學她顛頂的狀態，維妙維肖，眾又大笑。我那時身體很矮小，性器官尚未發達，有時看見她們的床，動搖的特別厲害，也莫明此中的奧妙。

一日某某的好朋友，忽然刺破指尖，大寫其血書，還要自殺。全校驚駭不知其故，再三打聽，才知道因為對手方又新交了一位好朋友，妒情激惱，竟至厭世。我既憐其痴，復憐其愚，糾合許多人勸解了半天，她的醋意才平靜了些。而那個情敵則也羞慚，而與其新朋友表示了絕交。但是那位薄倖人，竟沒有看血書的面上，而恢復了舊愛，一場悲劇，就是這樣以不了了之了。

這些文字在現在的讀者看來，大概只能登在《讀者文摘》之類的刊物上了，要說「淫亂」還差了十萬八千里呢。但在一九二六年的中華民國，不啻是一聲驚雷。這部書經過報紙前期宣傳，早就聲名遠著，書一出來，馬上就掀起了搶購狂潮，這在中國暢銷書史上大概是空前絕後的奇蹟，那些正經作家們看到熱銷的場面，心裡不免有些酸酸的，像是林語堂就曾記述：

出版之初，光華書局兩個夥計，專事顧客購買《性史》，收錢、找錢、包書，忙個不停。第一、二日，日銷千餘本，書局鋪面不大，擠滿了人，馬路上看熱鬧的人尤多。巡捕（租界警察）用皮帶灌水衝散人群，以維交通。

還有一位出版界內部人士透露了這本書的發行量：五萬冊。這在民國時候是個天文數字，大概有直追《聖經》發行量的趨勢了：

封面刊著「北京優種社」出版，書底不刊版權，連頭帶尾共只十篇文字，用三十二開紙印刷，不過六十張而已，定價一元，實售八角。出版不多時，竟能轟動一時，購書人不以為價昂。疊次再版，共印了五萬多冊，一概賣完。後來要買《性史》的人，居然有錢沒處買，竟至輾轉訪求，或者登報徵覓的也很多，其吸引力的偉大，可想而知了。……

廣州市內的《性史》，統計已有五千餘本（國光售出二千本，光東一千本，丁卜一千五百本，民智五百本。）現聞昌興街丁卜書店更由上海訂購了五千本。每本定價四角，不日書到。決定每本以八角為代價，書尚未到，已為各校學生訂盡。計此項《性史》訂購者以城北及城東某兩女校學生為最多。統共為若輩，訂去者已達三千本。此後正可實地研究性的問題呢！」而自從看了性欲博士所編的《性史》後，「一班青年男女，弄得好像飲了狂藥一般」。

「城北的某女校，在市內是數一數二的學校，有一位密斯A，在那裡肄業，她有一位妹妹，總得十二歲，這天，她在人家那裡拿了一本書回來。她本來還沒有看出的程度，但是她看見封面那一雙裸體人兒，卻喜歡異常，就多了一件像鈎似的物事，尤覺奇怪，所以就帶回家去。想請教姐姐密斯A，密斯A看了，歡喜得如同豬八戒吃了人參果一般，立刻精神上就覺得有點異感，沒半個鐘頭就全本看完了。」

「到了第二天，密斯A來了幾個同事，看見案頭有這樣寶貝的書，就你攘我奪地爭著來看，後來經密斯A的調停，還是以抓鬮來判決，結果是二年紀時常佔首座的那位密斯抓著第一了，自然很歡喜，落選的就很懊喪。」

這本書帶給青年人十足的驚人震撼。其「藥效」大概比魯迅、胡適等人的思想啟蒙要來得快多了。張競生應當藉由這本《性史》賺了不少錢，但讓他始料未及的是，書雖然受到讀者歡迎，卻遭到了名流們的白眼，連魯迅、周作人等人都出來說風涼話，南開大學校長張伯苓甚至直接到警察局報案，要求禁止出售這本「淫書」。教育界向來十分尊重張伯苓，他這樣一做，許多人便跟進，全國各地、各大學校都貼出禁止出售和閱讀《性史》的告示。張競生的名聲也一落千丈。正當此時，北京大學校長蔡元培辭職南下，張競生也在這臭名的重壓下離職，一代大教授就這樣越來越沉寂。

極具諷刺意味的是，各地的禁書告示在客觀上反倒是在替《性史》打廣告，很多原本不知道這本書的人也想盡辦法要讀一讀。很多不良書商見有利可圖，自行編造了許多《性史》續集，其內容則是真正的「淫書」了，但書籍作者都寫上「張競生」，這讓本來就已聲名狼藉的張競生變得更加臭不可聞了。

到了一九四九年後，張競生的名字竟只出現在《魯迅全集》其中一條注釋中。那是魯迅一篇叫《書籍與財色》的文章，大肆批判當時上海的書店裡女店員、打折扣和出售裸體畫卷招攬顧客的手段，其中就舉了張競生做例子，說「最露骨的是張競生博士所開的美的書店，曾經對面呆站著兩個年輕臉白的女店員……」此版本《魯迅全集》在此注釋中說張競生是宣揚「色情」之人。從此，張競生徹底成了反面人物。而歷史的真相直到現在才算勉強顯露出來。

第七章

愛。在民國（二）：

那些年，民國人談過的戀愛

※民國美女有多美——林徽因、張愛玲與蕭紅
※七十年前的一場選美
※胡蝶——非典型美女的典型生活
※民國「四大美男」情史
※孫中山不為人知的日本妻子
※「姨太太」是一種文化
※「集體婚禮」上的伴娘大戰
※徐志摩究竟為誰而死？
※胡適——民國頭號證婚人
※吳宓——一場永遠談不完的戀愛
※錢鍾書和楊絳——戀愛可以這麼精緻

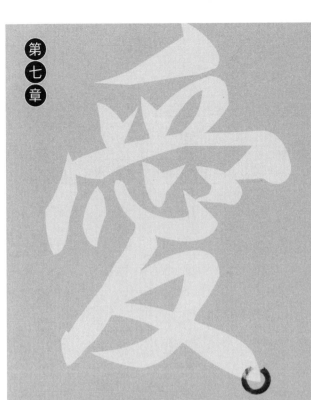

民國美女有多美——林徽因、張愛玲與蕭紅

美女向來有兩種，一種是美女，一種是傳說中的美女。所以，如果要舉行民國美女選美，一定也要有兩種，一種是實際舉行的，一種是從文字中選出來。事實上，我們往往是對文字中的美女感興趣，有時甚至因此不願面對她們真實的照片，就怕打破了心目中的美好想像。

衡量美女最佳標準就是男人的讚美。獲得最多男性讚美才算是真正的美女。從這個角度出發，民國頭號美女非林徽因莫屬——自從她進入人們的視線，就生活在男人們的圍繞和讚美中，而且一直持續至今。

是的，幾乎所有民國時期男性都曾被她的魅力所折服，這也促成了「我們太太的客廳」的誕生。在林徽因儉樸的居所裡，每到週末聚集了從各個領域來的人，胡適、徐志摩、金岳霖、張奚若、陳岱孫、李濟……當然也少不了他的丈夫梁思成。這些各領域的大師們到了這個民國最高級的友人聚會，都只能是不停微笑的聽眾，因為只要有林徽因出現的場合，談話就會被她壟斷——這既出於大家對林徽因的尊重，更出於林徽因本人的卓越才華。

慢慢地，許多學生、晚輩也慕名來參加這個週末聚會，他們可以利用這個機會學到在課堂上很難學到的思想交鋒，更重要的是可以近距離欣賞民國頭號美女。每一個到過這個聚會的人都曾經眼睛放光地回憶林徽因的風采——她實在太動人了。

林徽因的美是很難用文字來描述的，甚至也很難用照片來描述。但即使看照片，我們也能感受到她眉宇間那種無可替代的婉約，這是知識與修養賦予的一種低調奢華，是娛樂明星永遠學不來的。第一次見到她的人，總是被她那強大而溫柔的氣場所震懾，不敢直視，卻又想偷偷地看著她。

少女時代的林徽因（左）、梁思成與林徽因（右）

林徽因是個幸運的美女，她接受了那個時代最好的教育：中國的傳統文化、歐洲的社交和遊歷、美國的大學教育，即使用世界級的標準來看，這都是頂級的「裝備」。林徽因也將她的才華用在該用的地方：寫詩，並和丈夫一起辦中國大學裡最好的建築系。她是幸運的，因為她在為新中國設計了國徽和紀念碑之後就去世了，沒活到會讓她非常尷尬的文革，我們相信，是命運也喜愛她，不忍心讓她活到那個年代。

林徽因慢慢地也老了，但是沒人發覺她在變老，即使她病得骨瘦如柴，只能躺在床上聽朋友們交談，人們依然覺得她很美麗。還有哪一個美女能有這樣的魔力呢？

真美女和一般美女的最大的差別在於：一般美女如果發生緋聞，人們往往懷著看熱鬧似的好奇心大肆談論，而真美女發生了緋聞，人們卻總是將這件事看做一段感情佳話。

林徽因的感情生活就是一部書，但並非一部緋聞手冊，而是一部情感教科書。

第一個跨入林徽因生活之中的男人是徐志摩。那是林徽因十六歲的時候，她跟隨父親林長民在英國生活，很多重要的外交場合中，她都要扮演女主人的角色，在禮儀繁瑣的英國，這個角色成為林徽因最早的社交訓練經驗，也是後來著名的「客廳女主人」預先彩排。林長民的朋友徐志摩經常來她家作客，這一年徐志摩二十三歲。

徐志摩愛上了林徽因。這是一個男人的本能，當然也是因為林徽因實在太過耀眼了。在當時的中國，找一個美女可能很容易，但要找一個有知識而大方的美女就太難了。但是林徽因嚇壞了，這個她曾經稱作「叔叔」的人感情太過奔放，對於一個十六歲少女來說畢竟太過猛烈了。她拒絕了他。這讓徐志摩相當失落，為了追求林徽因，他甚至將自己懷孕的妻子拋在一邊不管。

徐志摩從感情的前線上敗下陣來，但他的出現喚醒了林徽因心中的多情種子，這顆種子後來在徐志摩開啟的文學啟蒙中生根發芽，開出一朵朵美麗的花。

當林徽因成為一個詩人的時候，大部分詩都曾令人懷疑是寫給徐志摩的。這份猜疑不算空穴來風，誰叫他們之間的關係如同謎一般複雜呢？

第二個闖入林徽因生活的男人是梁思成，也就是她的丈夫。

很多人不知道梁思成與林徽因是在家長的介紹下走到一起的，這很像時下許多成熟卻未婚的男女會發展成的模式。但是，他們雙方的家長——梁啟超和林長民，和任何時代主導兒女婚姻家長的不同之處在於：他們看人太準了，他們很早就看出來，世界上最適合與林徽因一起生活的，非梁思成莫屬。後來的事實證明了這一點。林洙女士曾講述梁思成和林徽因第一次約會時的情景：

林先生給我們講起她和梁思成第一次約會的情景時說：「那時我才十七、八歲，第一次和思成出去玩，我擺出一副少女的矜持。想不到剛進太廟一會兒，他就不見了。忽然聽到有人叫我，抬頭一看原來他爬到樹上去了，把我一個人丟在下面，真把我氣壞了。」我回頭看看梁先生，他正挑起眉毛，調皮地一笑說：「可是妳還是嫁給了那個傻小子。」他們都笑了，我也早已笑得前仰後合。梁先生深情地望著她，握著她的一隻手輕輕地撫弄著。他們是多麼恩愛的一對！林先生那蒼白得幾乎透明的臉，在興奮中泛起一點紅暈。我呆呆地看著他們，想起醫生對林先生病情的診斷，心中不免一陣酸楚。

林徽因之所以在民國美女中顯得格外耀眼，在於她最懂得控制感情和理智，讓它們永遠處於美妙的平衡——一方面，她心裡有愛，有情，她將這些情放到她的詩歌裡面，另一方面她理性、幹練，懂得用知識和思想提升自己。她不像普通世俗美女那樣倚靠自己的青春和家庭享受人生，而是和梁思成一起，在美國學了當時還沒有幾個中國人能懂的建築學。這讓她回國時不是以一個教授夫人出場，而是以教授本人的身份出現在精英的舞台上。

有一天，林徽因的愛人梁思成從遠方調查古建築歸來，林徽因很沮喪地告訴他：「思成，我苦惱極了，因為我同時愛上了兩個人，不知道怎麼辦才好。」梁思成聽了以後非常震驚，一種無法形容的痛苦籠罩著他。我們能夠想像任何一個傳統中國男人聽到這句話之後的反應，即使不大發雷霆，也會懷恨在心，但是梁思成也不是普通人，他並未立刻回答，而是回到房間認真思考這件事。即使天塌下來，他也要用理性面對。她同時愛上的兩人即使不說，他也已經了然於心，一個當然是自己，一個是他們共同的密友金岳霖。

經過一夜思索，雖然仍感痛苦，但他的愛和理性戰勝了一切，他毅然告訴林徽因：「妳是自由的，如果妳選擇了金岳霖，我祝你們永遠幸福。」林徽因將這句話告訴金岳霖。我們無法推測金岳霖當時的感受，但是，金岳霖也不是一般人，同樣給了一個最經典的回答：「看來，梁思成是真正愛妳的，我不能傷害他的感情。」

這件事就這樣過去了，梁林依舊，老金仍如同家人一般與之相處。這種特殊的「梁─金體制」一直維持了很多年，直到林徽因走了，梁思成走了，還在延續，梁和林的兒子梁從誡和年老的金岳霖住在一起，稱呼他為「金爸」，並養老送終。

整個民國如果只留下一個最經典的情感故事，必定是這一個。每個人的生命中都免不了面對感情、道德和理智的糾纏，但大多數人都處理得糟糕而世俗，唯有梁思成、林徽因和金岳霖用最真誠的方式解決問題。最真誠的方式才是最健康的，所以沒有人將這段「婚外情」用「婚外情」這個詞來描述，因為他們的高尚遠遠超出了世俗的理解。

真正的美女不僅要有「女性」，還要有「母性」。後者往往是風塵女子和娛樂明星們所缺乏的。林徽因的「母性」可以用她最有名的《你是人間的四月天》來概括。

四月是個屬於詩歌的月份，花開花落，樂景寓哀，惹人傷情。獻給四月的詩中，有一首詩，曾經感動了很多人，那就是林徽因的《你是人間的四月天》：

《你是人間的四月天——一句愛的贊頌》

我說你是人間的四月天；
笑響點亮了四面風；
輕靈在春的光艷中交舞著變。

你是四月早天裡的雲煙，
黃昏吹著風的軟，
星子在無意中閃，
細雨點灑在花前。

那輕，那娉婷你是，
鮮妍
百花的冠冕你戴著，
你是天真，莊嚴，
你是夜夜的月圓。

雪化後那篇鵝黃，你像；
新鮮初放芽的綠，你是；
柔嫩喜悅，
水光浮動著你夢期待中白蓮。

林徽因與子女合照

你是一樹一樹的花開，
是燕在梁間呢喃，
——你是愛，是暖，是希望，
你是人間的四月天！

讀林徽因的詩，會感覺她是一個讓你似懂非懂的人。就像這首名詩，看似簡單，各人卻有迥然不同的解讀方式，很長一段時間，人們都靠自己的臆想，認為那是寫給徐志摩的，直到林徽因去世三十年後，她的兒子梁從誡才給出最權威的解釋：父親梁思成曾經告訴他，這首《你是人間的四月天》是梁從誡出生時，母親林徽因那為人母的喜悅到達頂峰時寫下的，和那些臆想的愛情無涉。雖然如此，人們還是執拗地按照自己想法去解讀這首詩。對詩人來說，誤讀是一生的宿命，林徽因自然也是。但是，如果讀者能從詩本身得到快樂，誤讀又有何錯呢？我相信作為詩人的林徽因，也會對這些誤讀一笑置之。事實上，她自己從未對這首詩發表過任何引導性的意見，或許對她來說，詩的意思是想當然耳，又或許，她根本就不在乎常人的臆想。

「人間四月天」後來成了林徽因的一個符號，想到林徽因就不由自主地想到這個題目。而最終將她蓋棺論定的，也是這個題目。一九五五年四月一日，臥病多年的林徽因以五十一歲的中年之齡離世，她的朋友，應該說是最好的朋友——金岳霖先生給她送的輓聯就寫著：

一生詩意千尋瀑；
萬古人間四月天。

梁思成、林徽因與泰戈爾合照。

是的，林徽因的一生，很多時間都在生病，而她留給世人的形象卻永遠是那個健康的小女孩、健談的女主人、游走在文學和科學之間的聰慧女性。《你是人間的四月天》副標題——「一句愛的贊頌」，正好可以反過來用來贊頌詩人本人：只有內心如四月天的人，才能寫出如同四月天的句子。

與林徽因形成絕佳對照的是另一個美女——張愛玲。張愛玲在很多方面都和林徽因極為相似。她們都出身名門，張愛玲的出身甚至更加顯赫——她的外曾祖父是李鴻章——這讓她的容貌和做派都顯出幾分貴族氣質，因為貴族氣質往往是在三、四代之後才能夠真正養育出來。張愛玲的父輩也和林徽因的父輩一樣，有出國留學工作的經歷，這讓她有十分充足的人生視野來撰寫小說。

一九四〇年代，因為抗戰，林徽因的客廳搬到了位於大後方的重慶李莊。這是林徽因最困頓的時刻，但是「我們太太的客廳」並沒有絲毫減少它的魅力。與此同時，另一位美女作家張愛玲卻在上海享受與漢奸胡蘭成的婚姻。這成了張愛玲一生的污點，此污點並非來自於胡蘭成的漢奸身份，也不是來自於胡蘭成拋棄妻子而與張愛玲結婚，而是來自於這個並不怎麼純潔的愛情本身。張愛玲識人不明，胡蘭成很快就和另外幾個女性同居。胡蘭成和張愛玲的「愛情」在淫亂的氛圍中顯得太過無趣了。而一個有了污跡的愛情也相應減少了「美女」的地位。

張愛玲總是顯得沒有林徽因那麼純潔，這並不是與生俱來的。與林徽因相比，張愛玲沒有來自丈夫教職的收入，沒有文學以外的職業做為生計，她只能寫，甚至到了什麼賺錢就寫什麼，無形中稀釋了她在文學上的底蘊。

即使從照片上看，我們也能比較出張愛玲和林徽因的高低。張愛玲是著名的奇裝異服愛好者，她是一個總是下意識希望別人注意到她的人——這是出入名利場所之人必然會帶有的氣質。總之，張愛玲身上是一種「明星風範」，缺少林徽因身上散發出的那種自信。

與林徽因形成絕佳對照的還有一個美女作家——蕭紅。

蕭紅和張愛玲是兩個極端：張愛玲出身顯赫貴族，而蕭紅不過是黑龍江呼蘭縣一個平民家的女兒。大多時候，蕭紅都生活在死亡的邊緣，主要原因是飢餓和男人的拋棄。她幾乎沒受過正統教育，單憑天生的觀察能力寫作，這讓她的作品比張愛玲、林徽因更純真，沒有大家閨秀們寫作裡常見的遮遮掩掩。

但是，正因為蕭紅一生太過悲慘——兩次和愛人痛苦分手，兩次懷著前男友的骨肉與新男友結婚，最後又在香港貧病交加而死。這讓她的形象永遠地留在了中華民國——林徽因和張愛玲都活到了新中國成立。所以，如果要嚴格評選「中華民國美女」，只能是蕭紅，而不是那些幸運的人。

與蕭紅的悲慘比起來，林徽因雖然一生有三分之一的時間都在生病，但總是幸運的，她沒有因過度的悲慘而變得像蕭紅那般神經質，她是健康的，即使在病中，她也顯出極為明亮的快樂：

一天

今天十二個鐘頭，

張愛玲

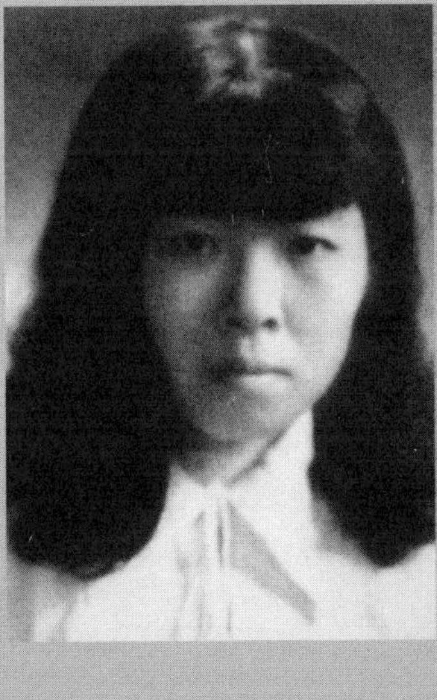

去日本逃避感情危機時的蕭紅

是我十二個客人，
每一個來了，又走了，
最後夕陽拖著影子也走了！
我沒有時間盤問我自己胸懷，
黃昏卻躡著腳，
好奇地偷著進來！
我說，朋友，
這次我可不對你訴說啊，
每次說了，傷我一點驕傲。
黃昏黯然，無言地走開，
孤單的，沉默的，
我投入夜的懷抱。

《一天》這首詩是抗戰時病中的林徽因，在小鄉村李莊完成的。結核病菌不僅佔領了她的肺，還破壞了一個腎，那時醫生才剛宣布她只能再活五年（實際上是又活了十年）。她躺在病床上教育一對兒女，經營著忙碌的丈夫所無法顧及的一切家庭事務。在這樣的困阨中，她仍然寫詩。

這首詩很簡單，語言上沒有民國人物那種常有的不文不白韻調，只有在面對純粹的痛苦，忘掉一切文體、歷史的雜念，直指內心時才能寫出來。任何詩，無論格律詩或白話詩，能夠直指本心時才會成為真正的詩。

這首詩寫的是孤獨。將時間的刻度比作客人，將黃昏看做安慰自己的朋友，都是直入人心的比喻。可以這樣說，這首詩裡沒有徐志摩的華麗、沒有胡適的平白、沒有周作人的瑣細、沒有戴望舒的朦朧，有的是一個獨立於新詩歷史中，專屬林徽因的寧靜，以及隱藏其中的悲傷。

新中國成立後，林徽因又活了好幾年，在這些年裡她除了設計國徽和人民英雄紀念碑（其中一個設計圖樣後來成為她的墓碑）之外，所有的工作都不盡人意，包括她盡了最大努力也沒能保住的北京城牆。

林徽因是屬於民國的，她的笑臉永遠定格在「太太的客廳」裡，只有那個時代才最適合她。

七十年前的一場選美

一九七五年，剛喪妻不久的文學家梁實秋做了一個出乎所有親友預料的決定——結婚。要知道，這時梁實秋雖然是名滿天下的大師級文人，《莎士比亞全集》的譯者，但畢竟已是七十二歲高齡，而他的這任妻子是前歌星和選美冠軍，年方四十四歲的韓菁清。這件事怎麼看都像是一場兒戲，所以親友、學生們幾乎是一致反對這門親事。

當然，後來的事實證明，這是一次美滿的婚姻，也是一次十分具有文學效果的婚姻，讓已經「老朽」的梁實秋又寫下許多熱情洋溢的情書，讀者們又一次大飽眼福。

媒體將這場婚姻炒作得相當熱鬧，因此也勾起上了年歲的人記憶裡那場中國歷史上第一次選美比賽，因為梁實秋夫人韓菁清就是這場比賽的冠軍。

那場選美比賽發生在一九四六年八月，距離現在已有七十年，地點毫無疑問，只能在上海。

「選美」是外國人想出來的新鮮玩意，除了妓女，中國人向來不好意思公開討論女性美貌，事實上中國也不乏以妓女為主角的選美——但公開選美就是另一回事了。「美式選美」有個重要環節是泳裝，民國時期雖然民風開化，但要以泳裝出現在公眾面前，還是需要莫大的勇氣。

正如同現在的選美總是與商業活動掛勾一般，七十年前這場選美初衷也不是為了「美」，而是為了「款」。選美活動發起人是「蘇北難民救濟協會上海市籌募委員會」，這一年蘇北淹大水，又爆發傳染病，需要大筆救濟款，但國家正處於內戰邊緣，紛爭不斷，根本拿不出錢，於是民間人士想出這個方法，希望能藉由公民選美大投票募捐到足夠的錢。

如果發生在現代，選美啟事一刊出，不知道有多少青春少女們會搶著報名，但當籌募會滿懷希望登出啟事時，竟無一個正經女士報名，這讓策劃者大跌眼鏡。原因很簡單：此前舉辦的選美活動總是和「青樓女子」脫不了關係，因而無論「大家閨秀」還是「小家碧玉」，雖然心癢難忍但大多不願參加。再加上需要展示身穿泳裝的姿態，更是讓女子們望而卻步，要知道，當年電影大明星阮玲玉就是因為一句「人言可畏」而自殺的。

策劃者坐不住了，到處開茶話會，透過各種關係，尤其是呼籲新聞界「熱心協助」，到處宣講「人類互助精神」之類的大道理，催促上海女子們快快參加。這些宣傳後來終於有了一點效果，當時在上海灘紅極一時的影劇界名流周璇、王丹鳳、白楊、李芳菲等人公開表態願意參加，但可惜的是，沒過多久，可畏的「人言」又逐漸在上海翻騰，無奈之下，各紅星只好相繼宣布退出。

梁實秋與韓菁清的結婚照

韓菁清選美照片

時間一天一天地過去，眼看這場史無前例的大型選美就要流產了，但就在這些可畏的人言之中，一名女高中生大膽地報名了！策劃者大喜，趕緊通知媒體。女高中生名叫高清漪，來自上海一所私立中學。沒過一天，上海灘媒體便大肆報導，高清漪還沒參賽就成為知名人士，過足了明星癮。

媒體這次的「造星運動」大大刺激了上海少女們的心，與世俗偏見相比，明星的光環似乎更有吸引力，一時間大學生、中學生紛紛出來報名，後來連上海民政局的女公務員都按捺不住報名了。

先前那些電影明星們一看風頭轉向，在名利的誘惑下也接連報名，其中有當時才十四歲，但已經是名歌星的韓菁清，還有梅蘭芳的弟子、京劇名旦言慧珠。中國歷史上第一次選美比賽就這樣在困境中突然出現轉機，並迅速走向高潮。

媒體開始對熱門報名者進行追蹤報導，八卦新聞滿天飛，這無形中又增加了選美比賽的知名度。報名者中，最被看好的是年方十九歲的謝家驊。謝家驊祖籍廣東梅縣，父親是上海灘有名的富豪謝葆生，畢業於復旦大學商科，不僅清純漂亮，氣質脫俗，而且口才好、擅交際。歌星韓菁清當然也是熱門人選，她畢業於大同附中，父親是漢口鹽業公會理事長、漢口市參議員。

按照西方人的習慣，這場選美被命名為「上海小姐」選拔賽。根據資料記載，比賽規章完全按照標準，初選重點放在參選者的相貌、體重、身高；複選重點則是唱歌、游泳。從右頁圖韓菁清的泳裝照可以看出，當時泳裝還是真正的「泳裝」，和現在越來越省布料的「比基尼」不可同日而語，但在七十年前，這已足夠讓道學先生們氣得暈過去了。

報名者越來越多，如果最後只選出前三名似乎太少了，也有負少女們的熱情，所以籌募會想了一個好主意：將參賽選手分成幾個組別，分別是閨閣名媛、平劇（即京劇）坤伶、歌星、舞星四組。名媛組設冠軍、亞軍、季軍三個獎，其餘各組均選兩名勝出者，分為「皇后」和「亞后」。這樣一來就增加了不少得獎名額，不失為一個高明的創舉。

最終，報名參選者總計三千多人，最大的二十八歲，最小的十七歲，包括學生、公務員、舞女、交際花、電影明星、體育明星、戲劇明星等，普通女子則是參賽主力。

籌募會在民眾期望最熱烈的時候宣布：「上海小姐」競選將於八月二十日在新仙林花園舞廳（即現在的靜安體育館）揭曉，同時舉行大型遊園會。遊園會入場券公開發售，每張法幣二萬元，收入將全數捐給蘇北災民。

一九四六年八月二十日晚上七點，花園舞廳內彩燈齊放；草坪上、舞池內人山人海。購票入場的觀眾達三千多人，僅此項收入就達六千萬元法幣。此時貨幣雖已貶值，但六千萬仍不是一個小數目，籌募會的策劃者簡直快樂瘋了。

比賽分眼觀、問答、表演等，由來賓現場投票。活動除預先贊助、當場捐款外，還對外售出彩色選票一萬張，分藍色（捐法幣一萬元，視為十票）、黃色（五萬元，視為五十票）、粉紅色（十萬元，視為一百票）三種，競選者以獲選票數排出「上海小姐」前三名。這些五花八門的「促銷方式」讓上海市民感到十分新鮮，不但乖乖掏錢，還感到非常光榮。

到了深夜十一點，主席台上出現紮著朱紅、粉紅、青、綠四色綢緞的票櫃，當場開票。半小時後，「上海小姐」冠、亞、季軍及各組皇后、亞后誕生。著名京劇表演藝術家梅蘭芳應邀擔任頒獎嘉賓。以上場面在現在的電視選秀節目十分常見，但在當時可說是開天闢地以來的第一次。嘉賓也是超重量級的。

結果出來，此前被看好的奪冠熱門謝家驊竟然意外地屈居亞軍，得票兩萬五千四百三十，她不禁當場失聲痛哭，這是第一次舉辦這類選舉，這位失敗者顯然沒經驗，如果到了現在，她一定會在鏡頭前強裝出自然的笑顏來面對這個結果。曾在上海仙樂舞宮當過舞女的王韻梅，以六萬五千五百票絕對優勢獲得「上海小姐」冠軍，她的選票價值法幣六千五百餘萬元。季軍劉德明得選票八千五百張。著名京劇明星言慧珠以三萬七千七百票獲平劇皇后，曹慧麟以一萬〇六百票獲亞后；韓菁清眾望所歸捧得歌星皇后桂冠，得票兩萬張，亞后張伊雯獲一千票；舞星皇后為管敏莉，得票兩萬三千五百張，亞后顧麗華只有五百票。

選舉結果不禁讓人感到疑惑：首先是當選者，其次是當選者之間的票數差距。人們紛紛猜測這其中是不是存在著「潛規則」。其實不是，這個結果完全是商業勢力大比拚的結果。首先，原本有三十八人進入決賽，後來不少人陸續退出。其他三界中，京劇名角童芷苓、歌星吳鶯音、舞星李珍珍等人，也先後放棄決賽，退出原因也很簡單，她們都已經是「角兒」，背後有完整的經營團隊，如果幸運奪冠還好，若是沒奪下冠軍，原有身價就會下跌，還不如佔完版面後見好就收，直接退出。但退出也要有退出的「風範」。決賽前一天，有記者採訪童芷苓，她低調的說，選票難拉，已退出比賽，為表示愛心，買下價值兩百萬元的選票，各投五十萬元給言慧珠、曹慧麟、謝家驊和管敏莉。因此，不得不說，「上海小姐」、歌唱和舞蹈亞后選舉結果既出人意料，又在情理之中。

「上海小姐」選美圓滿結束。主辦方賺得口袋滿滿，最後一共募得四億元巨款，但可惜的是，救濟災民的初衷差不多被忘得一乾二淨了。在當時腐敗的政治環境下，見錢眼開的人頓生歹念，對外宣布這次活動「入不敷出」，善款竟分毫未用在災民身上。

和每個選美比賽最後的結局相同。光鮮亮麗的選美冠軍們，若是沒跟其他事件有關連，大家很快就將她們忘記了。

首屆「上海小姐」王韻梅原本就是一名舞女，本名「王國花」，祖籍浙江紹興，是四川軍閥范紹增的二房姨太太，她是以上海灘知名高級交際花身份參賽的。對此，有報紙挖苦說這次選出來的是「上海太太」。這裡面大概多多少少有「潛規則」存在，不過就算有潛規則，最終還是靠選票見真章，參賽者沒什麼好抗議的。一九四九年後，王韻梅不知所終。「上海小姐」亞軍謝家驊後來步入影壇，但發展不順，之後也嫁入豪門了事，但因為與丈夫性情不合，最後竟自殺而死。

這場比賽大家唯一還記得的就是「歌唱皇后」韓菁清。或許她也想到了，讓自己的名字長久留在歷史上最簡單的辦法，就是嫁給一個名人。她也做到了。

胡蝶——非典型美女的典型生活

媒體報導娛樂明星時，向來會將他們描寫得與實際情況大相逕庭，以致於謠言時常完全掩蓋了真相，這大概是明星們最難以避免的職業災害吧。以民國時期頭號大明星胡蝶為例，現代人會知道這個名字，竟然十有八九是從她和張學良的緋聞得知，完全不清楚她在戲劇上的表現，更不要說她的個人生活究竟如何。而史家往往也上了小報記者的當，顛倒黑白，為謠言背書，讓它更像是真實事件。

胡蝶曾被上海小報評為民國第一美女。現在同意這個說法的人大概不多了。她在照相時習慣微低著頭，好讓臉的下半部顯瘦——這是一個相貌上明顯的瑕疵，美女總是善於掩蓋自身瑕疵。左臉頰上的酒窩也自然地削減了臉型缺憾，讓她顯得比第一眼看到時更俏皮，要知道，一個高明的酒窩會在表演中展露出多少演不出來的風情啊！

胡蝶是命中注定要當明星的人。她從小和父母輾轉於大江南北，到哪裡就學哪裡的方言，尤其是跟旗人「姥姥」（庶母的母親）學會了一口京片子，跟廣東老家人學會了廣東話，跟同事學會了上海話，這份語言能力讓她想不出名都難。

胡蝶演過很多電影，直到五十多歲時還在演，但大部分電影都

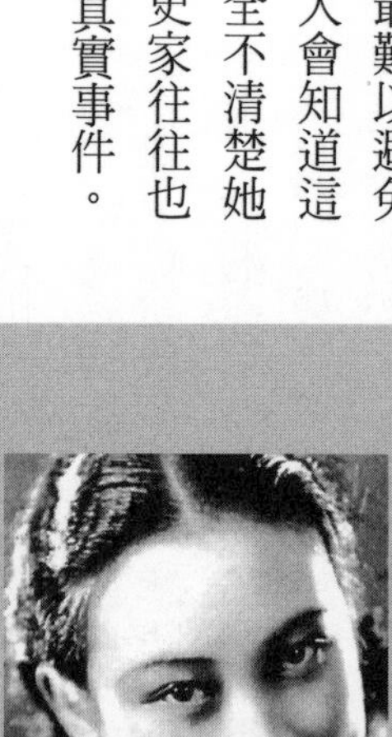

風華正茂的電影明星胡蝶。

淹沒在歷史的洪流之中。她之所以仍留在民國的史冊中，完全是因為她身為一個民國時期電影明星經歷過的典型美女生活。

胡蝶一生中有兩個重大緋聞，這兩個緋聞恰巧都影響了整個中國歷史的發展，稱作史上最強緋聞也不為過。

第一個緋聞是和張學良。

一九三一年九月十八日，日本人的槍聲響起在瀋陽北大營。雄極一時的東北軍在「不抵抗政策」（不管是蔣介石不抵抗還是張學良不抵抗，歸根究柢還是東北軍沒抵抗）指揮下大舉潰敗。這時張學良正在北平養病，全國的輿論都群起指責他。

這是國家大事，本應和胡蝶無關，但陰差陽錯，胡蝶正和她的三個電影劇組在北平取景，北平的戲迷們在媒體炒作下趨之若鶩。精明的日本特務想到了一個打擊張學良的絕佳辦法——製造緋聞。對日本人來說，當時東北軍對日軍仍然有直接威脅，必須想盡一切辦法除掉張學良。

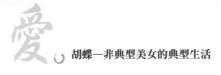

偏偏中國人有個老毛病，一到國難當頭就想抓出導致國難的紅顏禍水，好像沒有女人就亡不了國似的。日本特務放出的風聲正好迎合了中國人的心理需要，於是謠言迅速傳播，不久就傳到了民國元老馬君武耳朵裡。馬君武大怒，寫了一首著名的諷刺詩：

> 趙四風流朱五狂，翩翩胡蝶最當行。
> 溫柔鄉是英雄冢，哪管東師入瀋陽。
> 告急軍書夜半來，開場弦管又相催。
> 瀋陽已陷休回顧，更抱阿嬌舞幾回。

緋聞總是傳的比任何謠言都快，當然比國家大事傳播得更快。況且緋聞主角一個是當時最引人注目的政治人物張學良，一個是觀眾最喜歡的電影明星呢？詩中的趙四即後來的張學良夫人趙一荻，她和張學良已是鐵錚錚的男女朋友關係，不算緋聞，而「朱五」指的是民國名人朱啟鈐的五女兒朱湄筠，與胡蝶兩人則是「躺著中槍」了。

當北平傳說九一八晚上，張學良竟然不知廉恥地和胡蝶翩翩起舞時，胡蝶完全不知道這回事，因為劇組為了安全，根本不讓演員出去，等到胡蝶回到上海時才知道自己成了緋聞女主角，這種空穴來風的事情怎麼能默認呢？她當時就發了一篇聲明澄清：

> 蝶於上月為攝演影劇曾赴北平，抵平之日，適逢國難，明星同仁乃開會集議公決，抵制日貨，並規定罰規，禁止男女演員私自出外遊戲及酬酢，所有私人宴會一概予以謝絕。留平五十餘日，未嘗一涉舞場。

這個聲明說得十分清楚，但是一般老百姓在盛怒之下怎麼可能買帳呢？所以聲明雖發，但完全無法制止謠言繼續流傳。胡蝶也只好用時下也很流行的「謠言止於智者」來安慰自己和自己的粉絲。不過這個謠言跟了胡蝶一輩子。

一切當然都有塵埃落定的一天。一九六四年六月，胡蝶赴台灣出席第十一屆亞洲影展時，曾有記者問她要不要見張學良，要見的話記者可以安排，但胡蝶這輩子被這個謠言折磨得夠慘了，縱然想見，出於不讓娛樂記者們再次妙筆生花多加著墨的想法，她說了句：「專程拜訪就不必了，既未相識就不必相識了。」胡蝶這番言論很快就登上了台灣的報紙，張學良也得知此一消息。這個謠言也跟了張學良一輩子，並讓他咬牙切齒地恨了一輩子，如今終於可以說一聲：「到底有水落石出的一天了」。

胡蝶的第二個緋聞是和軍統頭子戴笠。

抗戰期間，胡蝶流落香港，日本人想請她出演一部《胡蝶遊東京》電影，利用她來宣傳「大東亞共榮圈」。胡蝶當然不會答應，她的京劇老師梅蘭芳正在蓄鬚明志，她作為「民國第一美女」當然會珍惜自己在歷史上的評價。所以，胡蝶和丈夫潘有聲很快就逃回重慶。在重慶的幾年，胡蝶沉寂了。坊間都猜測她被戴笠「包養」了。當時戴笠身為軍統特務頭子，權傾一時，當然有這個能力這樣做。胡蝶晚年所寫的回憶錄中，問心無愧地大談特談自己和張學良的緋聞，但對和戴笠的這一段，她只是欲言又止地說了幾句：

有聲繼續經營，往來昆明、重慶間，除了日用品，醫藥用品，也兼做木材生意。隨著他也有很多社會應酬，關於這一段生活，也有很多傳言，而且以訛傳訛，成了有確鑿之據的事實，現在我已年近八十，心如止水，以我的年齡也算得高壽了，但仍然感到人的一生其實是很短暫的，對於個人生活瑣事，雖有以訛傳訛，也不必過於計較，緊要的是在民族大義的問題上不要含糊就可以了。

這段話說得有些莫名其妙，雖然指外界所傳的為「以訛傳訛」，但又以「民族大義」做結，讓人更加懷疑此中確有蹊蹺。胡蝶自己也認為這件事「有確鑿之據」，所以不便強力辯駁，這個「確鑿之據」當然就是當年她和戴笠這段私情的見證者，戴笠的親信、大特務沈醉。在喜歡胡蝶電影的粉絲們看來，胡蝶被「包養」完全是在戴笠淫威下不得已的結果，但沈醉的回憶錄中，清清楚楚寫著這位民國第一美女與戴笠深情流露的那一刻，這段情節單靠想像是無法編造出來的：

戴笠很會討女人的歡喜。當他和女秘書余淑衡打得火熱時，便連自己的化名也改為「余龍」，以示他是余家的乘龍快婿。但自從把余送去美國深造而得到胡蝶之後，胡了解他這個化名的由來，很有醋意。一次，戴在寫信給特務們仍用「余龍」兩字署名時，胡便在旁邊撒嬌地「嗯」上一聲，只說出一個「又——」，戴便馬上在寫好的「余」字下面添上一橫，把化名改為「金龍」。戴笠得了一個滿意的胡蝶後，行為稍好一點。

這件事再明白不過了，這次可不是謠言，而是連胡蝶自己也無法辯駁的「確鑿之據」。而且，胡蝶和戴笠之間情深意濃，讓戴笠這個民國頭號淫魔也收了心。無論世間道德眼光如何評價他們，無論胡蝶後來是否感到後悔，毫無疑問的，她和戴笠之間曾經有過一段幸福的時光。

不幸的是，或許，對於歷史來說有幸的是，胡蝶和戴笠的生活太過幸福了，這份幸福竟然間接導致了戴笠的死亡。戴笠死於一場空難，飛機是從山東飛上海，他本來沒有前往上海的計畫，飛向上海只是為了看看自己的祕密情人胡蝶，結果飛機遇上雷雨而墜毀。事情經過還是沈醉公布的：

他原先計畫先將華北的工作布置完畢後再離開，三月底以前趕回重慶主持抗戰勝利後第一次大規模的「四一大會」。另外，他還想先到上海，請杜月笙、唐生明幫他替胡蝶辦理與潘有聲離婚的手續，好無牽無掛地與胡蝶過下半輩子。所以他於三月十七日由青島動身，不直接飛重慶而先去上海，便是想和胡蝶見一面，住上一兩天再走。

戴笠死了。他的死直接導致了軍統系統解散，這對中國政治來說影響至深，而一切起因只不過是想去見見胡蝶。用張學良的話來說，這段緋聞隨著沈醉的回憶錄出版而終於「水落石出」，但這個「水落石出」可不是胡蝶願意看到的。她強調「民族大義不含糊就行了」，恐怕就是想強調她拒絕日本人要求，堅決回到重慶的往事吧。

胡蝶並不是典型的美女，但性情溫和可愛，得到了眾多男人的愛慕，在這一點上我們沒必要以私德責備。不過她作為民國時期的美女，終究沒逃過民國時代的美女生存方式——嫁入豪門，沾惹一身是非，然後在海外老去。

一九八七年，胡蝶以八十一歲高齡在加拿大去世。據說，她臨終前說的最後一句話是「蝴蝶飛走了」。胡蝶真的飛走了，她的一切本應就此煙消雲散，但是，命運彷彿纏上了她，在她去世多年後又為她追加了一條超級大「緋聞」——「私生女」胡友松事件。

胡友松又名胡若梅、王曦，是中華民國前總統李宗仁的最後一任妻子，他們結婚的時候，李宗仁已經七十六歲，胡友松卻只有二十七歲。（這個年齡差紀錄後來被諾貝爾獎獲獎者楊振寧打破。）兩人共同生活三年後李宗仁就去世了。客觀來說，這場婚姻是一場明顯的「政治婚姻」。年輕漂亮的胡友松和李宗仁結婚，無非是為了能更自然地照顧他，這和末代皇帝溥儀最後一次婚姻的情況十分相似。李宗仁與胡友松結婚其中一個重要考量是胡友松沒有父母，是一個完全無牽掛的苦命人，這對於盡可能減少李宗仁的政治困擾是個絕佳條件。

李宗仁去世後，胡友松隱姓埋名，度過了艱苦的日子。到了二十世紀九〇年代，胡蝶去世多年後，胡友松本人透過記者爆出了自己是胡蝶親生女兒這個天大祕密：

袁衮翔：《過去未來共斟酌——李宗仁夫人胡友松訪問記》

我姓胡是因為我的生母是胡蝶，就是三〇年代著名的電影演員胡蝶。她和誰好我不清楚，只記得母親再三叮囑我：「只有母親，沒有父親。」後來，許多傳媒說我的父親是一位名叫胡某某的國民黨黨政要員，這都是無根據的猜測。我最初的名字叫胡若梅，是我母親給起的。只是望我像梅花一樣能禁得起風霜的考驗。當時我母親忙於拍片，忙於應酬，無暇顧我，將我托付給張宗昌的一位姨太太撫養，並留下許多財產。後來，這位養母把錢花光了，我上學時非常艱難。但我想，人窮志不短。便自取姓名叫胡友松，勉勵自己能像蒼松翠柏一樣意志堅強。我和李宗仁先生的結合，既是李先生對我的鍾愛，也是我對李先生的仰慕，我無怨無悔。

這個祕密確實勁爆，如果屬實，這件事便將胡蝶、李宗仁這兩個民國時期大人物便以一種奇妙的方式連接起來。從長相看，胡友松和胡蝶確實有相像之處，但這種相像似乎無法說明什麼，因為中國式美女總有著共同特徵——大眼睛，鵝蛋臉，等等。

正因為這個祕密太過勁爆，各界人士千方百計想要弄清楚這件事的來龍去脈，因為，僅憑胡友松本人的描述尚且不足——她所描述的大多數情節都和胡蝶的經歷不符。在胡友松自述身世前，從沒有任何關於這個祕密的記載，包括主要當事人胡蝶本人、李宗仁，以及胡蝶與戴笠兩人關係的主要見證者沈醉等等，都沒有提過關於此事的隻字片語。尤為可疑的是，胡友松是在一九九六年提出這份自述，最主要的當事人胡蝶已經去世，死無對證，如果胡蝶與胡友松真是母女關係，在一九八九年胡蝶去世之前，她們為何沒有往來呢？

這個驚天祕密大概是世界上最後一個有關胡蝶的祕密了，它是真是假或許也永遠是個難解之謎。不過，胡蝶作為一個著名的緋聞女主角，再加上這樣一個有趣的緋聞，也是命中注定的因緣吧？

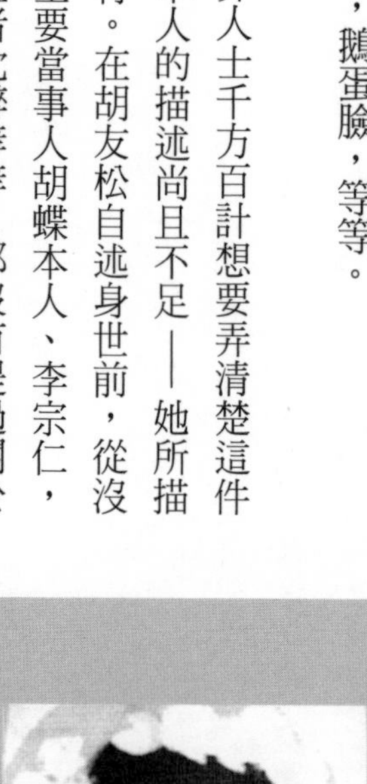

李宗仁最後一任夫人胡友松

民國「四大美男」情史

中國人凡事都講究「對稱」，既然有「美女」，就也要選「美男」，並且總喜歡雙數，例如「四大美女」或「十大傑出青年」。民國向來有「四大美男」的傳說，但版本眾說紛紜，一種版本是「蔣介石、汪精衛、周恩來、張學良」，另一種版本是「汪精衛、周恩來、張學良、梅蘭芳」，如果一定要統計，大概能找出十幾種版本。版本多，說明人們的審美標準並不一致。其實，用哪一種版本都無傷大雅，「帥」就是帥，不需要講太多理由。

將蔣介石列入美男俱樂部，有很多人不以為然，因為對現在大多數人來說，更熟悉的是他那副雖然可以說「慈祥」，但畢竟已是禿頭且老邁的模樣。但是，蔣介石當年的確可說是一名帥哥，甚至有些現代明星的風範呢！

熟悉港台明星的人會覺得這張蔣介石玉照很像港星任達華。確實如此，蔣介石若是生在香港，一定會成為星探追逐的對象。他也擁有演員天生具備的表演才能——其實表演往往也是政客的必修課。他的身材高大——這一點學術界尚有爭議，因為即使從多張合影交叉比對，也很難確定蔣介石實際身高，不過，無論如何，他確實比一般中國男人要高。即使在前美國總統尼克森等美國大個面前，年老時的蔣介石也不會顯得特別矮小。他的身材修長——這點則是毫無爭議，他一輩子都很瘦，除了遺傳外，飲食較為儉樸是很重要的原因。

如果計算民國名人的平均妻子數，得出的結果大約超過二，蔣介石當然高於平均，這與黨派無關，而是和人的性格有關。也許是天意的安排，蔣介石的第一個老婆姓毛，叫「毛福梅」，這是一個比蔣介石大五歲的鄉下女子。遠遠地看，她有點像胡適的妻子江冬秀——差不多就是當時中國南方老太太平常的相貌，但她完全沒有江冬秀的好運。在為蔣介石生了兒子後，她就被自然而然地犧牲掉了，最後竟死於日軍的轟炸。

蔣介石後來又先後有了姚怡誠和陳潔如兩任妻子，但都因為政治和感情的雙重原因最終讓位於宋美齡。為了娶到宋美齡，蔣介石做到了宋家要求的一切，包括改變信仰、改變服飾、改變一切讓他看起來太過土氣和匪氣的地方。當然，他成功了。

與蔣介石相比，汪精衛在個人道德上簡直稱得上「完人」。在各個版本的「四大美男」中，都少不了汪精衛，這正說明了他是一個真正的「美男」。汪精衛的「美男」之名並非憑空而來，他是「血性男兒」兼「頂級文藝青年」，這是有很多證據可以證明的。

汪精衛做過屬於「血性男兒」範疇的事情便是刺殺攝政王。這是一九一〇年發生的事。那一年中國最高統治者是載灃，也就是末代皇帝溥儀的親生父親。汪精衛那時還叫「汪兆銘」，是一名熱情洋溢的青年詩人，並且極有可能成為中國最好的詩人，且看他寫的詩：

海山蒼蒼自千古，我於其間歌且舞。
醒來倚枕尚茫然，不識此身在何處。

那時候，能寫詩，並且能寫出好詩是在情場上凱旋而歸的必要條件，何況汪精衛長得實在太帥，有很多美女公開或私下追求他。

汪精衛是公認的帥哥——他比蔣介石強太多，如果同演一部電

青年時期的蔣介石

蔣介石元配妻子毛福梅和兒子、兒媳在一起。

影，汪精衛必定是演正派的男主角，蔣介石則是飾演反派。

那一年，汪兆銘雖然只有二十七歲，但已跟隨孫中山參與革命多年。當時，他們這些自命不凡的革命派正在和梁啟超這樣的立憲派爭論一個問題：中國到底應該革命還是實行君主立憲。梁啟超擅長一針見血，他提出了一個無法反駁的論點：你們這些革命派實際上是「遠距離革命派」！為什麼呢？因為你們光顧著煽動老百姓去革命，自己卻退得遠遠的，等著收割革命果實，這樣的革命派還好意思爭論嗎？

梁啟超的話深深刺激了革命派人士。汪兆銘作為革命黨的核心人物，哪受得了這種奚落？他很快就組織了一組敢死隊來到北京，要幹點驚天動地的大事來振奮革命黨的士氣，無論動機是否魯莽，卻是抱著必死的決心而來。

從清政府的立場看，他是典型的「恐怖分子」，從革命陣營的角度來看，他是個革命家，不過是一個頭腦極度狂熱的革命家，他的老師兼領導者孫中山連發急電，要他停止這個冒險計畫，但他以詩人的語言回答說：

弟雖流血於菜市街頭，猶張目以望革命軍之入都門也！

汪兆銘帶著敢死隊祕密潛入北京，在北京的舊貨市場——琉璃廠附近開了一間照相館掩人耳目，然後伺機找大人物做為目標。為什麼要以照相館為掩飾呢？因為照相館可以名正言順地擁有「暗室」，也可以名正言順地散發出化學藥劑的味道，這是製造炸彈的必要條件。

炸彈終於造好了，機會也來了。

當時，清朝皇族中兩個實權人物——載洵和載濤（攝政王載灃的兩個弟弟）出洋歸來，汪兆銘和敢死隊興高采烈地帶著炸藥混進了前門火車站的歡迎人群，可是，當火車停穩，達官貴人魚貫而出的時候，他們才想起自己犯了一個重大的錯誤：他們根本不認識載洵和載濤！

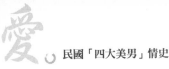

到處人頭攢動，到處是清朝官員的紅頂子和白頂子，敢死隊員們暈頭轉向，分不清到底哪個才是自己的目標。就在這一陣徬徨中，機會溜走了，敢死隊悻悻地撤退。革命新手汪兆銘第一次革命行動就這樣以啼笑皆非地結果告終。

第一次行動失敗肯定深深打擊了汪兆銘的自尊，但這更激發了他的血性，他心一狠，決定要炸就炸最大的，直接找攝政王下手，那樣豈不快哉！

他們雖然也同樣不認識攝政王載灃，但載灃循規蹈矩的性格卻為他們提供了再好不過的機會，因為載灃每天都要上朝，上朝路線每天都一樣，只要在他上朝的路線以炸彈埋伏，載灃必死無疑。打定主意後，暗殺隊說做就做，很快就將目標選定為什剎海邊的銀錠橋。

銀錠橋是座很小很小的橋。站在橋上，人的目光可以越過什剎海的寬闊水面，遠遠地看到青灰色的西山，因此很早之前，這裡就成了「燕京十六景」之一，名叫「銀錠觀山」。汪兆銘和他的暗殺隊當然毫無觀山的興致，他們選擇這裡完全是因為這是載灃上朝的必經之路，而且是必經之路上唯一可以埋炸彈的地方。

一九一〇年三月三十一日晚間，北京城依然春寒料峭，大街上早就沒有行人。一個黑影正悄悄地躲在銀錠橋下，把裝滿炸藥的鐵罐子埋在橋下的泥土中，他叫喻培倫（後來的黃花崗七十二烈士之一）。按照分工，炸藥埋好後，暗殺隊的領袖汪兆銘就要隻身藏在橋下，等到天亮載灃上朝時引爆火藥，與其同歸於盡。

當喻培倫正在埋藏炸藥時，銀錠橋不遠處一座道觀中，汪兆銘正和暗戀他多年的女友陳璧君最後訣別，也是這位詩人兼革命家首次表露自己的愛意，因為這時不說就再也沒機會了。

所有見過陳璧君的人大概都不會將她與「美女」這個詞連在一起。她的相貌實在太普通了，甚至低於一般女學生的平均水準，但是她用「革命」這個武器吃定了大帥哥汪精衛。為了跟隨汪精衛革命，她把自己的身家性命都搭了進去，這讓汪兆銘十分感動。汪兆銘也在這次表白後就死心塌地和陳璧君在一起，一直到死。

如果歷史停在汪精衛向陳璧君道別的那一刻，或者稍稍往前走一步，讓汪兆銘和載灃真的同歸於盡，那中國近代史會不會就此改寫呢？我們不知道。不過歷史和命運總是不肯讓人間缺少巧合和意外。這次精心準備的暗殺就像世界上大部分的暗殺行動一樣，因為莫名其妙的原因而失敗了。

喻培倫剛把炸藥埋好，興奮地走出橋洞，但是剛才還空無一人的衚衕裡忽然閃出一個黑影，讓他大驚失色。這個黑影顯然看到了他。喻培倫撒腿就跑，他腦袋裡只有一件事，就是通知汪兆銘儘快逃跑。

喻培倫的反常舉動自然讓這個意外走過來的人起了疑心，我們已無法考證這個人到底為什麼來到了銀錠橋邊，但他一定是大清朝的好臣民，因為他馬上就向警察報告此事。那罐特意從日本買來的炸藥很快就被發現了。

暗殺計畫徹底失敗，沒當成英雄的汪兆銘也很快便遭到逮捕。但是，他的人生高潮也迅速到來，暗殺行動雖然失敗，但這個事件讓本來就已經十分脆弱的政局陷入更深的混亂之中。輿論的聲音如同漩渦般，迅速裹緊了汪兆銘，讓他得到可能比暗殺成功更難以企及的名氣。在這個事件刺激下，老百姓和統治者緊繃的神經像一根被拉緊的琴弦，越繃越緊，這股深具壓迫的革命氛圍開始聚集擴張。

汪精衛年輕時的樣貌

中年時的汪精衛和陳璧君

按照大清律法，汪兆銘犯下了「謀大逆」之罪，這個罪名是所謂「十惡不赦」的「十惡」之一，一定要施以凌遲處死之刑。但是，在這個風雨飄搖的時代，攝政王和清朝皇室深知處死汪兆銘背後的意義，加之日本人趁機插手，更讓他不敢輕舉妄動。

可以想像，獄中的汪兆銘心中那種英雄般的滿足感，因為他恢復了詩人的本性，喊出了他生命中最燦爛的句子：

慷慨歌燕市，從容作楚囚；
引刀成一快，不負少年頭。

這首詩很快就在北京城的士人學子、販夫走卒中傳遍了。詩歌本是世界上最柔弱無力的東西，但當他擊中人們的心事時，其力量卻勝過千軍萬馬。

汪精衛靠著這個傳奇的刺殺經歷一躍而成為「老革命家」。這成為他一生中主要的政治資本。但可惜的是，他一直沒能像蔣介石那樣擁有足夠的軍事手腕，所以在國民黨內雖然資格最老，但一直屈居蔣介石之下，甚至自己也在一次暗殺事件中替蔣介石挨了一槍。

一九三五年十一月一日，國民黨四屆六中全會召開的第一天，一百多名國民黨中央委員到中山陵謁陵，然後回到中央黨部舉行「開幕式」。開幕式結束後，中央委員們走出大禮堂，到中央政治會議廳門前，分五排站立，進行集體合影。這時，中央委員前面的記者群中有一個人已經做好了刺殺蔣介石的準備，但蔣介石見現場秩序太亂，雖經汪精衛多次催促，就是不肯出來照相。汪精衛無奈，只好坐在第一排正中，在第一排就座的還有林森、張靜江、孫科、戴季陶、閻錫山、張學良、張繼等國民黨大員。記者們對著第一排站成一個半圓形。九點三十五分，攝影師攝影完畢。正當委員們轉身陸續走上台階，準備繼續開會時，刺客從記者群中閃出，自大衣口袋中拔出手槍，高呼「打倒賣國賊」，向站在第一排正在轉身的汪精衛連開三槍，這三槍可不是當年汪精衛那樣落空，而是槍槍命中，汪精衛應聲倒地。人群中只有張學良反應最快，馬上奔到刺客身旁，一腳將其踢倒，汪精衛的衛士又向刺客連開兩槍，刺客應聲倒地。這位襲擊者就是晨光通訊社的記者、愛國志士孫鳳鳴，他後來傷重不治。刺客孫鳳鳴本來是要刺殺蔣介石，但狡猾的蔣介石逃過了一劫，卻讓汪精衛當了替罪羊。汪精衛雖然中了三槍，但幸運地保住性命。

遇刺之後，汪精衛雖然沒死，但從此走了下坡，後來，他感到自己若以正常途徑永遠不能戰勝蔣介石，乾脆投降日本，擔任偽「中華民國主席」，他的老婆兼當年的革命同志陳璧君也和他同進退，當了「第一夫人」。

陳璧君這名非美女最對得起她那帥哥老公汪精衛的，就是她到死之前，抗日成功後，無論是在蔣介石或中國共產黨治下，她都寧願死在監獄，也不承認她和汪精衛當年做錯了。最終她確實死在監獄裡，這對後來落得墳墓遭炸毀下場的汪精衛來說，也算是最高層次的「從一而終」了。

拋開一切政治觀點不論，從私德上來說，汪精衛與「四大美男」的另一個必要成員周恩來有幾分相像，最大的共同點是他們都只結過一次婚，雖然不能因此就說比結過很多次婚的人高尚，但總比那些一見有政治利益就拋棄上一任妻子的行為高尚多了。

「四大美男」中唯一一個活到了二十一世紀的是張學良。

張學良不僅是「四大美男」之一，還是「民國四公子」之一。「民國四公子」公認的版本是「張伯駒、張學良、溥侗、袁克文」四人，因為他們都是名門之後。從「四大美男」的組成來看，張學良是最稱得上「風流倜儻」四字的，他是標準的公子哥，父親張作霖早已替他鋪好了路，不用像另外幾位美男子還需要自己奮鬥打拚。

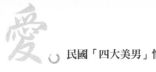

張學良是四大美男中最矮的——這多少有些出乎人們的預料，在一張與蔣介石的合影中，他看起來和蔣介石差不多高，但那絕對是錯覺，因為後來見過他的人都十分詫異他竟然如此矮小。但這並不奇怪，因為張學良的父親張作霖就是有名的矮個子，不僅是矮個子，還是個文弱的小瘦子。

張學良幾乎沾染了紈褲子弟所能染上的所有惡習：吸毒、玩女人、玩各種武器和機器。但他父親張作霖過早去世，讓他不得不在二十多歲就站到了歷史舞台的中央。他的政治智慧使他做了一生中最重要的決定：囚禁蔣介石，發動西安事變。之後六十多年，過著遭到軟禁的生活。

因為政治上的關係，張學良的「情史」一直是人們忌諱的話題，但張學良老年恢復自由後，透過他的「口述歷史」，那些令人瞠目結舌的歷史終於公諸於世。

張學良雖然是個矮個子，長相也算不上帥，但在吸引女人這方面有一種野性的魅力，再加上他的「少帥」身份，女人們更是趨之若鶩。

據張學良自述，他的性啟蒙在十六歲時便開始了，那時他遇到了一個女人，是他表哥的姨太太，這位姨太太外號是「連長」，意思是男朋友多到可以組一個連了，性觀念如此開放的女人見了張學良這個「鑽石王小五」自然是垂涎欲滴，三兩下就將張學良拿下。

青年時期的張學良

張學良的政治頂峰——就任全國陸海空軍副司令時與蔣介石合影。

張學良浪蕩公子的生涯就此展開，不過因為性啟蒙是從那位放蕩姨太太開始的，讓他一開始看待女人就有一種天生的歧視。

張學良雖然放蕩，但向來以仗義著稱，且在對待自己的正式妻子上，他的表現遠勝於其政敵蔣介石。張學良的第一任妻子是于鳳至。雖然是包辦婚姻，但于鳳至可比孫中山、蔣介石的包辦婚姻可靠得多，她年輕，身材修長，面容姣好，善解人意，更重要的是能處理張家裡外無數的矛盾，還能大方地出席各種外交活動，後來的事實證明，她還是一個理財能手，在美國憑一己之力成為「百萬富婆」。這樣的妻子，對張學良來說完全沒有理由可挑剔，張學良也坦然接受了。可惜的是，張學良已經是一個花花公子，于鳳至縱然再好，也改變不了張學良。

張學良的第二任妻子是著名的「趙四小姐」趙一荻。趙一荻本來只是張學良眾多女友中的一個，和于鳳至的「大姐」形象相比，趙一荻更現代、更時髦，還當過《北洋畫報》的封面女郎，更像是一個小鳥依人的妹妹。趙一荻的出現自然為已經登上政治舞台的「張少帥」出了一個難題，因為趙一荻的家世來頭可不小，父親是北洋政府的交通部次長，如果公然同意二人的關係，不僅私底下面子不好看，在政治上也有負面影響，無奈之下，趙家想了一個驚世駭俗的主意：先送趙一荻上火車趕往奉天，隨即在天津的報紙上刊登一則聲明，宣布和女兒解除關係：

四女綺霞，近日為自由平等所惑，竟自私奔，不知去向。查照家祠規條第十九條及第二十二條，應行削除其名，本堂為祠任之一，自應依遵家法，呈報祠長執行。嗣後，因此發生任何情事，概不負責，此啟。

「綺霞」是趙一荻的本名。父親這份聲明看起來十分絕情，但其實不過是為了掩人耳目，這樣一來既將事實挑明，讓張學良無法再抵賴，又解除了趙家在政治上可能遇到的壓力，可謂一舉兩得。

當張學良得意風發時，家裡維持著「夫人于鳳至，情人趙一荻」的格局，不過等到張學良身陷囹圄，二人地位就幾乎平等了，兩人在蔣介石和宋美齡的安排下輪流陪護張學良，一九四〇年，于鳳至罹患乳腺癌，飛赴美國進行手術，從此張學良就只剩下趙一荻。

張學良夫婦三人是驚人的長壽（張學良一百〇二歲、于鳳至九十三歲、趙一荻八十八歲），這讓他們生命中大部分的時光是以民國活化石的性質存在著，他們的生命不結束，民國的歷史就不會結束，人們茶餘飯後的話題也就不會結束。其實，正當人們快要忘掉他們這段感情大戲時，一樁大事又讓他們登上了娛樂版頭條：張學良和趙一荻結婚了。

一九六四年，六十三歲的張學良和五十二歲的趙一荻結婚了，在此之前，張學良和六十六歲的于鳳至先辦好了離婚手續。這可能創下了同居最久才結婚的紀錄。其實，他們本來沒必要履行這些手續，只是因為兩人要皈依基督教才不得不如此。

花花公子張學良因為後半生遭受囚禁而創下了一段婚姻佳話，其實他們都明白，如果不是遭到囚禁，這段婚姻大概很難維持這麼久……。

孫中山不為人知的日本妻子

孫中山的妻子是宋慶齡，這是人盡皆知之事，但是孫中山當然不止有過宋慶齡一個妻子，出於政治原因，以及中國人為尊者諱的心理，其他妻子都在史書上刻意遭到抹除，直到這些人為的濃霧散去，真相才赤裸裸地擺在我們面前。

孫中山本來有元配妻子盧慕貞，她是個面容溫婉的商人之女，比孫中山小兩歲，是在父母指示下嫁給孫中山的，但與其他領袖人物受父母指配而娶的妻子不同之處在於，她賢惠到連孫中山都不忍心離棄她，尤其是為孫中山生下孫科、孫娫及孫琬三個子女後，夫妻之間感情仍然維繫得相當好。一九一二年中華民國成立時，盧慕貞享受了一陣短暫的「國母」待遇，但不久之後，孫中山發現並愛上了宋慶齡，於是盧慕貞不得不面臨離婚的命運。與蔣介石和宋美齡的婚姻不同，孫中山和小自己二十七歲的宋慶齡的婚姻並非「政治婚姻」。但是，這段婚姻同樣要以元配妻子作為代價。盧慕貞十分知趣地同意了離婚的請求，我們不知道她內心是否隱含著苦澀，但孫中山的獨子孫科是她生的，就憑這件事，她的餘生也不算太過失意了。

也許是對自己的離婚做法感到有些愧疚，孫中山曾經向師友解釋過離婚的原因：「我原來的妻子不喜歡外出，因而在我流亡的日子裡，她沒有在國外陪伴過我。她需要和我的老母親定居在一起，並老是勸說我按照中國舊風俗再娶一個側室。但我所愛的女子（宋慶齡）不願意接受這樣的地位，而我自己又離不開她（宋慶齡）。這樣一來，除了同我的前妻協議離婚之外，再沒有別的任何辦法了。」這是一個很巧妙的解釋：盡可能的將自己的責任推得一乾二淨，還將理由和「革命」扯在一起。

孫中山的這個離婚解釋是虛偽的，因為他刻意隱瞞了他還有另外一個夫人的事實。在他為革命四處奔波的時候，元配無法待在自己身邊，他也沒讓自己有空檔，而是一直和一名南洋女子——陳粹芬一起生活。陳粹芬潑辣能幹，做為革命伴侶是最合適不過，孫中山也十分滿意。但是，當宋慶齡出現時，這個他從未跟人提起的陳粹芬也得做出犧牲了。她主動離開孫中山，並在香港終老。有趣的是，孫中山家族是承認這段婚姻的，他們給了陳粹芬一個「妾」的身份，這多少削減了一些孫中山的薄情寡義。

從盧慕貞到陳粹芬，再到最後的宋慶齡，孫中山「官方」感情生活大抵上就是如此，但令人大跌眼鏡的是，到了一九八四年，民國時期一切恩恩怨怨差不多已完全告一段落時，日本突然又出現一位孫中山夫人，她的名字叫「大月薰」。這個消息來得太過突然，一下子讓人反應不及。出於對偉人避諱的需要，海峽兩岸的官方都不大願意相信這個消息，但事實確鑿，讓人想不相信也難。

那還是一八九八年秋天的時候，在日本橫濱，一個日本家庭因為遭受火災而被迫離家。他們租住在橫濱山下町一百二十一番號的寓所二樓，一樓住著一批人，是從中國前來避難的，以孫中山為首。這個日本家庭有個十一歲的女孩大月薰。一天，大月薰不慎在自己房間打碎了一個花瓶，花瓶裡的水順勢流到一樓孫中山的房間裡。孫中山不知原因為何，要自己的粉絲兼翻譯溫炳臣上樓了解情況。女孩的父親大月素堂出於歉意讓大月薰下樓親自道歉，於是，女孩大月薰與當時三十二歲的孫中山見面了。我們無從得知他們相見的那一刻究竟發生了什麼事，但是很顯然孫中山一見就喜歡上了這個小女孩。

轉眼到了一九〇二年，孫中山透過溫炳臣向女孩的父親大月素堂提親，當時男方三十七歲，女方十六歲，是橫濱高等女子學校三年生。雙方實在不搭，大月素堂自然以女兒尚還年幼為由拒絕了，但是，或許是大月素堂當時經濟狀況非常差的因素，後來竟然還是答應了孫中山。兩人一年後在橫濱「淺間神社」成婚。孫中山應該不是很認真的看待這段婚姻，因為有充分的證據表明，同一時期，孫中山還在橫濱與一位名叫淺田春的少女談戀愛。

一九〇六年五月十二日，孫中山這樁離奇婚姻出現一個鐵證：大月薰生了一個女兒，名為「富美子」。孫中山在女兒出生前就因事離開日本，從此再也沒有回來見過兩母女。官方說法是「大月薰在多年聯繫不上孫中山以及失去經濟援助的困境下，只能將五歲的富美子託在橫濱保士谷區做酒業生意的宮川梅吉家當養女，並迫於生計賣掉孫文送給她的訂婚戒指。隨後又經人勸說，嫁給靜岡銀行總裁三輪新五郎之弟三輪秀司。卻因大月薰私藏著孫中山書信被發現而離婚。」之後，據說大月薰便完全隱瞞往事，遠嫁到栃木縣足利市的東光寺，與該寺院住持實方元心結婚。一九二九年十一月生下獨子實方元信。孫中山作為當世名人，與他聯繫應該不難，尤其是在中華民國成立之後，大月薰不和孫中山聯繫的理由或許是她知道孫中山已經貴為中華民國的「國父」，而「國母」早就另有其人。

大月薰的女兒宮川富美子在一九五一年時才從外祖父大月素堂口中得知生母為大月薰，生父就是孫文。她的兒子宮川東一則寫了一本書向外界公布了這件事。

一九五六年，宮川東一親自陪富美子到東光寺拜會大月薰。大月薰對女兒吐露了她的名字和孫中山之間的關連：「富美的讀音就是漢字的『文』，取名富美子，就是表明妳是孫文的女兒。」

真相公諸於世時，孫中山在人們心目中那高大的道德形象多少出現了一些裂痕。台灣學者李敖在《孫中山研究》一書中，曾公布了孫中山在台灣祕密活動時要日本旅店老闆代為找尋「花姑娘」的一張紙條，這件事十分驚世駭俗，但是如果我們得知孫中山那段並未認真看待的日本婚姻後，這張紙條的存在也就沒有什麼邏輯上的問題了。

「姨太太」是一種文化

「娶姨太太」是「納妾」的一種漂亮的說法。民國時期，姨太太確實算得上是一種「文化」，以致於想要表現民國氣息的文藝作品，如果不出現幾個姨太太，總讓人覺得少了些「民國味」。

「姨太太」制度的理論大師是辜鴻銘，他專門討論「納妾」如何有理：

余欲盡力答此疑問：曰：中國之納妾，非常人想像之不道德，其何故也？

若於納妾一事，首先，余欲曰：蓋因中國婦女之無私，中國之納妾，非但可行，且並非不道德。詳述之前，余欲告之汝，曰：中國之納妾，非指可多妻也。按中國律法，男娶妻只可一人。女若欣悅，男可有侍女或妾多人。於日本，侍女或妾，稱手靠（te-kaki），或眼靠（me-kaki），意即人累，而眼有所依，手有所靠也。余嘗曰：中國之理想女性，無須夫君畢生撫之寵之。中國之理想女性，實乃為夫而活之妻，無私之妻也。是故，夫若病，或操勞過度，或身心疲憊，則需侍女，亦即手靠眼靠，而恢復其身，以應生活及工作之需。於中國，妻則足其夫之需求。於歐美，夫病或急需之時，妻可為夫移椅，為夫呈上山羊奶。二者實乃理同而無二致焉。於中國，男可享有多侍多妾之福，其故也，蓋其妻之無私、責任感，亦即自我犧牲之責任感是也。然或問曰：婦女可無私、可自我犧牲，其故何也？男豈不可自我犧牲乎？至此，余答曰：男人非不可自我犧牲矣。於中國，夫辛苦撐持家庭，如若為士人，夫非但有撐家之責，亦須盡其責於君於國，甚或獻其生矣，豈非自我犧牲乎？

辜鴻銘這番議論在現代人看來簡直是振振有詞的惡搞，他的話可以簡化為：男人累，貢獻又大，所以應該以納妾來補償，女人支持男人納妾，能獲得「無私」的美名，何樂而不為呢？這完全是從一個娶了姨太太的男人角度出發所做的辯護，漏洞百出到可愛的地步。

辜鴻銘雖然花了很大的力氣為姨太太制度辯護，但自己在納妾「事業」上的成就並不突出，只有一個日本姨太太。這和動輒姨太太成群的民國「成功人士」比起來相差太遠了。

其實，在當時的社會環境下，與其為姨太太制度辯護，還不如提高姨太太實際的地位要來得更實際一些，在這方面張作霖是當之無愧的「先進人物」。

張作霖一生娶了七位夫人，每個夫人的命運雖然不盡相同，但在名分上並無太太和姨太太之分，只是按照進門先後次序稱大太太、二太太、三太太等。張作霖成為「國家元首」——陸海空三軍大元帥之後，在其中最開明的「五太太」壽夫人提議下，將所有太太改叫「夫人」，並加上娘家的姓氏，於是就有了「盧夫人、許夫人、壽夫人、馬夫人」。這在驕橫的軍閥家庭裡面已經稱得上革命事件了。

和張作霖相比，奉系軍閥其他將領在姨太太問題上可要荒唐多了，最有名的當屬「三不知將軍」張宗昌。「三不知」的意思是「不知道自己有多少槍，不知道自己有多少錢，不知道自己有多少姨太太」。

張宗昌娶姨太太的第一大特點是「隨意」，沒有程序，沒有儀式。只要看上了哪家姑娘，租個房子放進去就算是姨太太了，門口再掛個「張公館」的牌子，派個衛兵擺擺門面。不過，往往沒過幾天，張宗昌就把這位姨太太忘得一乾二淨。這時衛兵就尷尬了，只好悄悄取下牌子，讓姨太太想做什麼就去做。這種事情一多，山東當地人也就知道了，甚至有人因此相互開玩笑說：「走，跟張宗昌的老婆睡覺去！」

張宗昌娶姨太太的第二大特點是來源廣泛，當其他軍閥還處於在國內胡搞的層次時，張宗昌就已經在海參崴弄到了一支白俄雇傭軍，軍中的白俄美女們自然成了他的囊中物。這也為他的姨太太團帶來了一個新的外號「八國聯軍」。

這位張宗昌將軍將「姨太太」文化的底線徹底戳破了。不過，張宗昌的文化水準無比低落，他的姨太太也以青樓女子為多，所以當張宗昌在濟南車站被仇人槍殺之後，姨太太團就馬上解散了。這和張作霖的姨太太團比起來差得實在太遠了。

事實上，姨太太制度讓很多的女子成為權力和金錢下的犧牲品，最大的犧牲品是民國時期游泳名將楊秀瓊。她是最不應該當姨太太的人，結果卻成了軍閥姨太太中最悲慘的一個。

民國游泳名將楊秀瓊

楊秀瓊是廣東游泳名將，十二歲在香港出道後，就獲得了此後幾乎全國所有項目的游泳冠軍。她的長相甜美，身材出眾，作為運動員又落落大方，是當時全國人都喜歡的「美人魚」，連蔣介石和宋美齡都認她做乾女兒。如果放到現在，楊秀瓊一定會成為姚明、劉翔式的超級偶像，但在那個時代，商業價值遠比不上權力的力量，她被四川軍閥范紹增看中了。這位川軍司令比楊秀瓊大二十四歲，且擁有一共四十名姨太太。在權力大棒的揮舞下，范紹增逼迫楊秀瓊和丈夫離婚，做了他的「十七姨太」。楊秀瓊這個史上最美的運動天才，就這樣埋沒於姨太太制度中。

堂堂一個中華民國，被姨太太制度搞得越來越不像話，於是有識之士開始想辦法解決此事。曾當過「國民政府主席」的林森就出了一個好主意，他花錢在廬山山路上修了很多石凳供人休息，這些石凳是天然的「廣告版面」，林森派人在石凳上寫了他的激勵話語，像是「努力前進」、「不忘國恥」等等，最有意思的是，很多石凳上寫的是「有姨太太的不許坐」！

林森的辦法雖然高明，但畢竟只能博得達官貴人一笑，主要還是得從法律層面徹底根除「姨太太制度」。中華民國國民政府很早就立法「禁止納妾」，但在當時的社會環境，法律就像世界紀錄，不過是一種用來打破的東西罷了，尤其是黨國大員們，大都擁有自己的「姨太太團」，為了維護這些人不被法律所困，立法院又提出許多有利於大官們的司法解釋，例如：

《二十年院字第七三五號解釋》：「妾雖為現民法所不規定，惟妾與家長既以永久公共生活為目的，同居一家，依民法第一一二三第三項之規定，應視為家屬」。

《二十二年上字第六三六號判例》：「民法親屬編無妾之規定。至民法親屬編施行後……如有類似行為，即屬與人通姦，其妻自得請求離婚……得妻之明認或默認而為納妾之行為，其妻即不得據為離婚之請求」。

說穿了，這些解釋就是「男人可以納妾，妻子不同意可以離婚」，從婦女角度看來，真可稱得上是「流氓條款」了。

「集體婚禮」上的伴娘大戰

一九三五年的四月，中華民國的年輕公民們正做著兩件截然相反事：一部分人正在貴州和四川的雪山草地上進行著名的二萬五千里長征，另一部分人則在上海市的政府大禮堂前舉行中國史上第一次集體婚禮。這兩件事都和國民政府主席蔣介石有關，第一件事裡，他是「剿匪」總司令，第二件事裡，他是集體婚禮的「創意總監」。

蔣介石這麼忙，怎麼還顧得上為老百姓舉辦集體婚禮呢？事情還得從一個吸菸的小男孩說起。

蔣介石在一次視察時，赫然發現南昌的大街上竟然有一個三、四歲的孩子正叼著菸捲，洋洋自得地噴雲吐霧。蔣介石大怒，此時的他已經實現了全國的「統一」，而國民素質竟然和他期望的局面大相逕庭！蔣介石派人找來男孩的父母，大加訓斥。此事雖然了結，但蔣介石覺得中國人的臭毛病和壞習慣實在該改一改了，一拍腦袋，乾脆來一個「新生活運動」，好好改一改風氣。

「新生活運動」這個詞顯然是有意模仿「新文化運動」，屬於廣告學上「搭便車」的行為，但「新生活運動」一施行起來就不得了，涉及到社會生活各個層面，包括不許隨地吐痰、消滅蒼蠅老鼠等等，開了後來「除四害」運動的先河。打了幾隻蒼蠅後雖然變衛生了，但成績也太過微小，於是國民政府又創意迭出，決定舉行一場集體婚禮。

集體婚禮這種驚世駭俗的活動必然要在上海這樣的時髦城市來進行。上海市政府登報宣布將要舉辦集體婚禮，市長吳鐵城親自證婚，當即就有六十多對新人報名。不出預料地，報名的人都是與當年的「新文化運動」有關的人：教師、演員、公務員等等。

似乎一定要和舊習慣做個決裂，這場集體婚禮故意選在四月三日，一查民國舊曆便知，婚禮過後馬上就是清明節，以舊習慣來看極不適合結婚，婚禮正式舉行的時間也設在了下午三點。通常來說，中國的婚禮都安排在上午到中午這段時間，下午結婚也是一個大挑戰。

既然是向舊習慣挑戰的新人新事，自然要辦得像樣才行，所以婚禮進行了認真的彩排，連市長吳鐵城也參加。但是真到了四月三號這一天，婚禮還是出了許多令人啼笑皆非的小狀況：

首先是「伴娘大戰」。新娘子們雖然思想已經開明到可以接受集體婚禮，但中國人特有的小心眼還是不時跑出來作怪。整個儀式預定是所有人早上十點到達指定旅館準備，但每個新娘子都想比別人早來一步，一是搶個好「彩頭」，二是佔據有利的化妝位置。事實證明，新娘子們都是這麼想的，結果還不到八點，旅館的門口就堵車了：有錢人坐汽車，沒錢人租汽車，還有黃包車，最好笑的是，一對夫婦的家長覺得結婚總要有點結婚的基本「規格」，竟然雇了一頂老式花轎到了現場，結果現場一片大亂。好不容易等新娘子們都到了化妝間，為爭搶化妝位置又吵了起來，新娘子這時候再剽悍也要顯得矜持些，於是伴娘們成了吵架主力，叫罵聲、打翻化妝盒的叮噹聲、窮人家新娘不知道怎麼用化妝盒的嘆息聲混雜一片。好在這個活動是政府主持的，一陣忙亂後總算都衣著光鮮地出現在幾千名賓客面前。

婚禮上，新郎穿長袍馬褂，新娘穿白色婚紗或旗袍，這都是蔣介石親自指定的民國「標準禮服」。為了體現新生活運動的「樸素」原則，市政府要求所有新娘子都穿中跟皮鞋，但既然是集體婚禮，個子矮的新娘子就覺得有些不平衡了，很多伴娘的包包裡都偷偷放了高跟鞋，等到衣服檢查官「驗收」合格後，再偷偷替新娘子換上，這樣一來，又為整個婚禮隊伍帶來了一陣陣混亂。

國民政府的大員們向來習慣了開會時的肅穆氣氛，突然要他們主持婚禮竟然也一時轉不過來，證婚時都一臉嚴肅，新郎新娘經過一陣混亂，心情也大受影響，看看他們當時的表情就知道，簡直比出席葬禮還嚴肅！

嚴肅歸嚴肅，畢竟還有「莊嚴」的一面，這令上海市政當局十分滿意。當五十多對新人列隊出現在圍觀的幾千個市民面前時，市長、局長們滿意極了。但就在這時候，狀況又來了！

一個中年婦女嗚嗚哭著衝進了新人隊伍，手裡還領著一個四、五歲的小女孩，也眼淚汪汪的，還沒等人們反應過來，中年婦女已經一把抓住了一個新郎的衣服，新郎十分慌張，中年婦女一邊哭一邊數落：「你們不能拋棄我們啊，不能結婚！」看這個狀況，這個婦女應該是個當代「秦香蓮」。市長被這突發的狀況鬧蒙了，好在下面的人有的是辦法，好端端一個集體婚禮，不能弄成「鍘美案」吧？三兩下就把中年婦女和孩子拉走了。當然，那位疑似「陳世美」的新郎官也灰溜溜地退場了。

民國第一次集體婚禮就這樣既嚴肅又混亂地結束了。外界並不知道此中的諸多狀況，所以一時間全國大舉推廣，成為「新生活運動」的標準內容。

諷刺的是，參加完集體婚禮的家長們幾乎都覺得這個婚禮辦得太過嚴肅，不夠喜慶，所以有好幾家的家長在婚禮後又重新按照老

民國時期第一次集體婚禮現場。

集體婚禮上嚴肅的新娘子。

習慣辦了一回——這就像革命之後必然會有的幾次復辟一樣，是永遠無法避免的。

徐志摩究竟為誰而死？

在婚戀態度上，比胡適、趙元任小六歲的徐志摩更為激進，他是個激進至極的浪漫派，激進到可以完全不管舊時代道德觀念在內的所有限制。

徐志摩為了追求小女孩林徽因，不惜和自己懷孕的妻子離婚，又為了和朋友的妻子陸小曼結婚，不惜得罪自己的朋友，就在他和陸小曼的婚禮上，徐志摩的老師，同時也是證婚人梁啟超竟對兩人大加申斥，成為一時街頭巷議的焦點，梁啟超雖是舊時代的人物，但思想一直與時俱進，不過他顯然認為徐志摩和陸小曼的結合已經突破了道德底線，當時的婚禮「證詞」據說是這樣：

我來是為了講幾句不中聽的話，好讓社會上知道這樣的惡例不足取法，更不值得鼓勵——徐志摩，你這個人性情浮躁，以至於學無所成，做學問不成，做人更是失敗，你離婚再娶就是用情不專的證明！陸小曼，妳和徐志摩都是過來人，我希望從今以後妳能恪遵婦道，檢討自己的個性和行為，離婚再婚都是你們性格的過失所造成的，希望你們不要一錯再錯自誤誤人！不要以自私自利作為行事的準則，不要以荒唐和享樂作為人生追求的目的，不要再把婚姻當作是兒戲，以為高興可以結婚，不高興可以離婚，讓父母汗顏，讓朋友不齒，讓社會看笑話——

徐志摩和陸小曼完全沒想到梁啟超會在眾人面前來這麼一段，頓時尷尬得熱汗直流，陸小曼甚至驚得昏了過去，最後徐志摩只好硬著頭皮把老師的話打斷，給自己保存一點面子。

徐志摩是一個徹底的浪漫派，浪漫到可以為了討女人歡心而痛罵全世界所有的人，請看這位大詩人寫給當時還是情人的陸小曼的信：

咳！我真不知道妳申冤的日子在哪一天！實在是沒有一個人能明白妳，不明白也算了，一班人還來絕對的冤妳。阿呸！狗屁的禮教，狗屁的家庭，狗屁的社會，去你們的。青天裡白白的出太陽；這群兩腳，血管的水全是冰涼的。我現在可以放懷的對你說：我腔子裡一天還有熱血，妳就一天有我的同情與幫助。

連「啊呸」「狗屁」之類的語言都出來了，真是把詩人的心肝都氣壞了吧？徐志摩式的浪漫派，熱情高漲起來有如疾風暴雨，但正像真正的疾風暴雨一般，過去的也快，當相愛的兩個人從可望而不可及終於進入可望又可即時，愛就幻滅了。這段人人都不看好的戀情、人人都反對的婚姻很快就變得平淡無比，平淡到讓他們得壓抑內心的地步。

婚後的陸小曼將這一切都看透了，她向朋友抱怨以前那個徐志摩消失了：

照理講，婚後生活應過得比過去甜蜜而幸福，實則不然，結婚成了愛情的墳墓。徐志摩是浪漫主義詩人，他所憧憬的愛，最好處於可望而不可即的境地，一種虛無縹緲的愛。一旦與心愛的女友結了婚，幻想泯滅了，熱情沒有了，生活便成了白開水，淡而無味。

這段婚姻曾經甜蜜到肉麻的地步，但越來越淡而無味，再發展下去就是大打出手，相互傷害，嚴重程度甚至超過了兩人之前各自的婚姻。

比自然平淡的愛情還要煩人的是錢。

徐志摩家很有錢，但為了這段婚姻，他幾乎和家人決裂，直接後果就是他再也無法從父親那裡拿到錢了。為了賺錢滿足陸小曼的標準交際花生活水準，他不得不「下海」——對他來說，正常情況下，應該要過著悠閒的游吟詩人生活，和胡適一樣到大學教書是「下海」。他再也不能一派輕鬆地四處雲遊，而是成為「兼課達人」，最多的時候在北京和上海的十幾所學校都有兼課，為了省錢，他經常搭便機坐——那時候還沒有客機，憑著自己和張學良等人的交情，他經常可以「搭便機」，大概只有詩人徐志摩才能想出這麼有創意的交通方式吧。

歷史沒有如果，如果再給徐志摩十年，他是不是就會想明白應該如何與妻子相處呢？他會不會成為一個真正滿腹學問的大教授呢？這些難題永遠沒有解答。但命運之神大概是太憐愛徐志摩的詩才了，他用突然終止徐志摩生命的方式——一場空難結束了這場情感大戲，讓徐志摩永遠停留在詩人徐志摩這個身份，而非感情失敗者。

令人驚嘆的是，徐志摩的死同時與他所愛的兩個女人有關：他急著搭乘那架本不應該起飛的飛機，為的是能趕上晚上在北京舉行

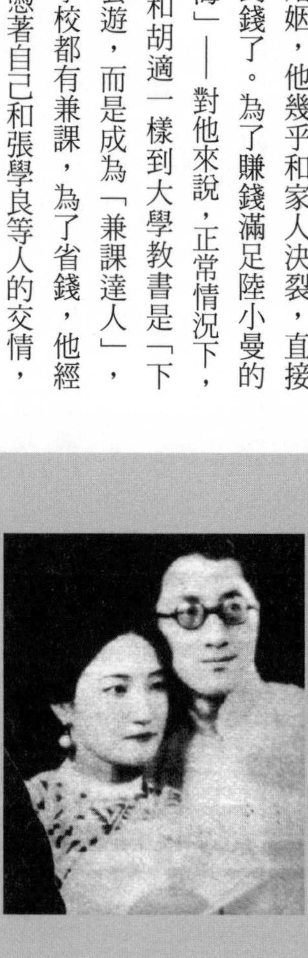

徐志摩和陸小曼

的一場演講，主講人是他一直沒能得到過的女人——林徽因；即使如此匆忙，他也沒忘了帶著他妻子的畫作，那張畫寫滿了當代名人的簽名，他帶著它就是想在演講上請更多的人替妻子簽名。這是一個驚人的巧合，似乎故意要讓徐志摩死得更浪漫些。

徐志摩的死徹底改變了陸小曼：作為交際花，她徹底失去了交際圈和朋友；作為悲痛的遺孀，她用餘生來思念自己本來情感已然淡漠的丈夫。

她活到了一九六五年。在她活著的時候，只有徐志摩不會拒絕她，全世界都在拒絕和冷視她，沒有了徐志摩，她得到的只有拒絕，最後一個拒絕是不許她和徐志摩合葬，雖然這是她唯一的遺願。

胡適——民國頭號證婚人

胡適的戀愛史可以寫成一部書——這部書雖然會比郭沫若、徐志摩等人的薄一些，但比魯迅和周作人的厚一些。不過，如果要替胡適寫一部婚姻史，那就沒必要寫成書了，因為實在太過簡單了。和大部分民國大人物不同的是，胡適以美國博士的身份回國時，並沒有拋棄他的小腳妻子江冬秀——這是他長期通信但從未見過面的「婚配」妻子。而且，胡適用最大的耐心和愛心呵護這段婚姻，並不斷用哲學和文學的方式提高婚姻的「幸福感」。

胡適和江冬秀的婚禮是在家鄉安徽省績溪縣進行的。這是一場他主動推遲十年的婚禮，連婚禮用的鞭炮都是十年前買的。當他歷經了情感的考驗和思想的洗禮後，仍然決定把自己奉獻給這個婚姻。

老家大門前的喜聯是他親手寫的，這個對聯已經開始向他的鄉人展示他「文學革命」的實踐：

三十夜大月亮；
廿七歲老新郎。

「三十夜」是說這一天正好是農曆三十，一輪圓月象徵美滿，不過問題是農曆三十這一天天空根本沒有月亮！這個「三十夜大月亮」無非是想像的產物，正如婚姻的幸福在婚禮上看不出來，只能靠想像一樣。「廿七歲」老新郎是指胡適的虛歲，當時的農村，二十七歲的新郎可算是相當老了。就連自己的喜聯也要施以淡淡的幽默，這正是胡適的生活態度。這場婚禮，人雖是舊人，但處處體現著胡適追求的理想，比如他用一首白話詩為自己賀喜：

十三年沒有見面的相思，
於今完結。
把一樁樁傷心的舊事，
從頭細說。
妳莫說妳對不住我，
我也不說對不住妳，
且牢牢記取這十二月三十夜的中天明月！
記得那年，妳家辦了嫁妝，我家備了新房，只不曾提到我這個新郎！
這十年來，換了幾朝帝王，看了多少興亡。
鏽了妳家嫁奩的刀剪，改了妳多少嫁衣新樣。
更老了妳和我人兒一雙——

只有那十年陳的爆竹，越陳偏越響！

現代讀者看到這稀鬆平常的格式時，大概想不到這樣寫詩要付出多大的勇氣！事實上這是最早用現代白話寫下的中國詩歌之一。

婚禮雖然也在族人親戚的簇擁下完成，但其過程卻是「改良式」的，因為身著西裝的胡適和身著中裝的新娘子江冬秀取消了舊式婚禮中最重要的「拜天地」儀式，而是改為向證婚人三鞠躬。這是一個無神論者胡適向傳統做的一個小小示威。

或許胡適也沒想到，他和江冬秀向證婚人的三鞠躬開啟了他作為民國頭號證婚人的生涯。因為他的名氣越來越大並且熱中交際應酬，也因為他的婚姻傳統而美滿，新郎新娘都想討個吉利。

胡適證婚過最奇特的婚禮是趙元任和楊步偉的婚禮。這個「婚禮」的奇特之處就在於完全沒有「禮」，只有「婚」。

胡適後來愉快地回憶這段經歷說：

> 趙元任常到我家來，長談音韻學和語文羅馬化問題，我們在康奈爾讀書的時候就常如此。以後我注意到他來的沒有那麼勤，我們討論的也沒有那麼徹底。同時我也注意到他和我的同鄉楊步偉（韻卿）小姐時常來往。有一天，元任打電話給我問我明晚是不是有時間來小雅寶衚衕四十九號和他及楊小姐，還有另一位朋友朱春國小姐一塊吃晚飯。城裡那一帶並沒有餐館或俱樂部之類用餐的處所，我猜想是怎麼一回事。為了有備無患，我帶了一本有我註解的紅樓夢，像禮物一樣，精緻的包起來。為防我猜錯，在外面加包一層普通紙張。
>
> 那晚，我們四個人在精緻小巧住宅裡，吃了一頓精緻晚餐，共有四樣適口小菜，是楊小姐自己燒的。茶後，元任取出他手寫的一張文件，說要是朱大夫和我願簽名作證，他和韻卿將極感榮

幸。趙元任和楊步偉便這樣結了婚。我是送給他倆禮物的第一人。

這個「婚禮」太過驚世駭俗了，第二天，北京城的各大報館就「輿論大嘩」，某種程度上這也成了胡適的「證婚」廣告，從此一發不可收拾。找胡適證婚的人越來越多，胡適乾脆做了一份「鴛鴦譜」，凡是請他證婚的都要在譜上留下「證據」。

胡適不僅證婚，而且擴大業務，後來竟有了從做媒開始的「一條龍」服務。大才子沈從文和大美人張兆和整段從戀愛到婚姻的過程，全都是在胡適的幫助下進行的。

一九二九年，二十六歲的沈從文日子過不下去了，不得不找人推薦工作，他夢想中的工作是到大學教書。以現在的角度看來，這簡直是痴心妄想，因為他本人連小學都沒畢業。不過，幸好他認識徐志摩。徐志摩當然知道沈從文的才華，正像後來諾貝爾獎委員會懂得沈從文的才華一樣，如果不是沈從文去世得早，他一定會成為中國第一位諾貝爾獎得主。徐志摩熱心地推薦沈從文去上海中國公學教書，當時中國公學的校長正是胡適。胡適自己雖然貴為博士，但從來不迷信學歷。他大膽地接納了這位瘦弱的小學肄業生，讓他擔任講師。後來沈從文談起此事時說：「適之先生的最大的嘗試並不是他的新詩《嘗試集》，他把我這位沒有上過學的無名小卒聘請到大學裡來教書，這才是他最大膽的嘗試。」

和胡適、徐志摩等人不同，沈從文的成就完全是自己土法煉鋼修煉出來的。他是湖南鳳凰人，十幾歲就隨當地的土著隊伍浪跡湘、鄂、川、黔一帶。當時那裡的軍閥是陳渠珍，這位軍閥先生的理想是成為曾國藩，所以每天除了打仗就是讀書。大頭兵沈從文負責替他管理書籍、古董和書畫，這份工作讓他擁有充裕的讀書和學習時間。後來，他來到北京當「入北者」，靠著寫湘西的風土人情而成為令人矚目的小作家。

沈從文雖然是位已有一定名氣的「作家」，但從未教過書，要怎麼上課他一點概念也沒有。上課前，

沈從文張兆和的結婚請柬。

沈從文與張兆和

沈從文做了充足的準備，光資料就裝了一洋車。中國公學的學生們非常歡迎這位小老師，教室裡連過道上都站滿了人。

走上講台，沈從文抬頭一看，只見黑壓壓一片人頭，大腦一片空白，頓時出了一身汗，那準備得萬無一失的講義內容一下子忘得一乾二淨。一分鐘過去了，他一言未發，五分鐘過去了，依然不知從何說起，眾目睽睽之下，他竟然在那裡呆呆的站了十幾分鐘。最後好不容易開口，也糊裡糊塗不知道自己說了些什麼，原來準備的一小時內容，竟然十幾分鐘就講完了。沈從文窘得不行，拿起粉筆在黑板寫了一行字：「我第一次上課，見你們人多，怕了。」

看著沈從文這一系列「表演」，學生們哄堂大笑。其中包括校花張兆和。有人向胡適告狀，胡適竟一笑置之：「上課講不出話來，學生不轟他，這就是成功。」

度過了最初的尷尬後，他的文學能力本來就足以讓他應付課程內容，於是課上得越來越好。學生之中，校花張兆和聰明可愛，沈從文很快便愛上了她。但凡是校花自然就有很多追求者，張兆和的二姐張允和將妹妹的追求者編號為「青蛙一號」、「青蛙二號」、「青蛙三號」等等，沈從文排在最後，被命名為「癩蛤蟆第十三號」，這些編號的含意自然都出自「癩蛤蟆想吃天鵝肉」這個俗語。

沈從文不敢當面向張兆和表白，只是悄悄地寄給她一封封文字優美的情書。後來消息傳出去，「師生戀」的話題在學校裡鬧得沸沸揚揚。雖然內心懷著喜悅，但情面上，校花還是有些過不去，她一氣之下拿著這些情書找校長胡適告狀，哪知道，胡適看了之後不僅不責備沈從文，還大聲誇獎沈從文寫得不錯，反過來勸她接受沈從文的感情，而且還要親自做媒：「我和妳爸爸是同鄉，是不是讓我跟妳爸爸談談你們的事？」張兆和急了，趕緊說，「不要講。」胡先生鄭重地告訴她：「我知道沈從文很頑固地愛妳！」張兆和脫口說道：「我頑固地不愛他！」胡先生笑了，張兆和也被自己的話逗笑了。

皇天不負苦心人，沈從文終於贏得了少女的心，後來他在寫給張兆和的信中這樣說：「我行過許多地方的橋，看過許多次數的雲，喝過許多種類的酒，卻只愛過一個正當最好年齡的人。」沈從文很感激胡適對自己的信任和提攜，也感激他對年輕人的包容和愛護，在後來的歲月裡，沈從文一直將胡先生視為自己的良師和益友。

胡適的證婚大部分都很成功，但也有失敗到波及友情的情況，最令他感到失落的就是好友蔣夢麟的婚姻。

蔣夢麟與胡適的關係非同一般：他們同是美國大哲學家杜威的得意弟子，又曾先後擔任北京大學校長，交情可謂過命，所以蔣夢麟請胡適證婚實在是再恰當不過了。但是，這次證婚是胡適最感到為難的一次，因為蔣夢麟的新婚妻子陶曾谷，曾經是他們共同朋友高仁山的妻子，而蔣夢麟為了跟她結婚，不惜和自己的元配妻子離婚。在胡適看來，這樣做並不礙於道德，但在胡適夫人江冬秀看來就完全不是一回事了，江冬秀無法忍受蔣夢麟的「行徑」，完全站在「元配夫妻」這個階級立場去看問題，所以嚴厲禁止胡適擔任蔣夢麟的證婚人，胡適怎麼可能不給好友面子？只好苦苦哀求，但江冬秀死也不答應，甚至把門鎖了不讓胡適出去。胡適無奈之下，竟然趁太太不注意翻牆而出，最後還是為蔣夢麟證婚。

但是，後來時間證明了江冬秀是有遠見的。蔣夢麟和陶曾谷共同生活二十五年後，陶曾谷去世，已經七十五歲的蔣夢麟竟然又要再次娶妻，這一次的新婦是四十多歲的徐賢樂。蔣夢麟仍然請胡適當證婚人，這一次胡適怒了，他覺得這樣做太對不起陶曾谷了，於是堅決拒絕證婚，甚至力勸蔣夢麟不要結婚——兩位朋友因此鬧得不愉快。蔣夢麟還是結了第三次婚，不過這段婚姻沒維持多久就結束了，主因是夫婦二人性情實在不合。

胡適雖然以證婚達人著稱於世，但也做過完全相反的事，那就是幫人打離婚官司。這個官司的當事人不是別人，正是民國時期的大詩人梁宗岱。

梁宗岱是留法歸來的新詩人，和胡適本是惺惺相惜，但梁宗岱的詩人思維和胡適的考據家思維實在難以溝通，加上梁宗岱這個人特別爭強好勝，和胡適的關係一直不算很好。不過，胡適仍然接受傅斯年的推薦，讓梁宗岱到北京大學文學院擔任法文系主任。但是，剛當上北大教授不久，一場轟轟烈烈的離婚案就在北京城鬧開了。原告是梁宗岱在廣東老家的「婚配」妻子何瑞瓊，被告是梁宗岱。

當時的新聞媒體是非常善於報導離婚案的，尤其是梁宗岱這樣的大教授，更是吸引了《北京晨報》做了一連串追蹤報導。原告何瑞瓊的訴訟要求十分簡單：要法院確認自己和梁宗岱有婚姻關係後，判二人離婚，然後要梁宗岱給付離婚後的贍養費。胡適作為梁宗岱的「上級長官」，怎麼能眼看著自家教授在報上出這種醜呢？連忙透過各種途徑調解，包括請梁宗岱的好友兼鄰居朱光潛出面。

怎奈梁宗岱是出名的不好惹，一定要跟這個他不承認的前妻爭個高低。訴訟越來越激烈，一再上訴，鬧得全城風雨，不可開交。在這個過程中，胡適作為一個不拋棄元配妻子的典型好丈夫，心理上一直是同情何瑞瓊的，眼見梁宗岱沒有調解的誠意，他乾脆倒向原告，和梁宗岱的中學老師一同到法庭上為何瑞瓊作證。

官司終於結束了，各級法院都判梁宗岱敗訴，梁宗岱仍然不服，但法院是要強制執行的。當梁宗岱看著法院的人拿封條將自己的財產全數查封後，梁宗岱才慌了神，連忙再請當初的調解人出面商量，終於交付贍養費了事。不過這筆錢的數額已遠遠超出胡適等人當初提出的數字。梁宗岱賠了名聲又賠了錢，還被自己的上司胡適解除了北京大學的教授聘書，可謂困窘至極。胡適在日記中直接稱梁宗岱是「小人」：

> 此案我於一九三三年十月十七代何氏致函宗岱，提議離婚，他只要求五千五百元。宗岱無賴，不理此事，就致訴訟。結果是要費七千多元，而宗岱名譽大受損失。小人之小不忍，自累如此！

這個案子是胡適參與的最著名的離婚案，當年為蔣夢麟證婚惹得太太不高興，這次為「元配妻子」出頭，想必一定得到了太太的表揚吧？

吳宓——一場永遠談不完的戀愛

吳宓這個人很奇怪，首先名字就很奇怪，這個「宓」字有人念成「必」，有人念成「伏」，但實際上是「密」。其實，吳宓本來叫做「吳陀曼」，他在一九一〇年參加留美考試時，因為年齡過了規定，自己改了名字假裝是另外一個人參加考試，改名字的邏輯則是按照他一貫的「經典占卜法」，就是找一本書，閉上眼睛隨手翻到一頁，看到哪個字就用。這一次他翻的是《康熙字典》，眼前正好是一個「宓」字，這個字恰好是多音字，讀「密」時意思為「安靜」，讀「伏」時等同於「伏羲」的「伏」。吳宓當然選了「密」這個音。到了考試的時候，主考官看了看這個名字，心想這個人怎麼用了這麼一個生僻字呢？但碰巧考官是個學究，知道這個字的兩個音，為了顯示自己的學問，他故意用了更不常用的「伏」音，大聲叫「吳宓（ㄈㄨˊ）」！吳宓一聽，心裡一震，他剛取的名字，又是作弊，不敢跟考官辯白自己實際是「吳宓（ㄇㄧˋ）」，竟然怯怯地答應了。從此以後人們還以為他默認自己就叫「吳宓（ㄈㄨˊ）」了呢。「吳宓（ㄈㄨˊ）」聽起來像「無福」，實在不太吉利，後來吳宓雖然學有所成，但事業不順，感情傷心，確實算得上是「無福」了。

吳宓的樣貌也很奇怪，讓人一見就忘不了，他的同事溫源寧對此作了精彩的描述：

長著一顆「行將爆炸的炸彈頭」的吳宓。

世上只有一個吳雨生，叫你一見不能忘。常人得介紹一百次，而在第一百次，你還得介紹才認識。這種人面貌太平凡了，沒有怪樣，沒有個性，就是平平無奇一個面龐。但是雨生的臉孔堪稱得天獨厚：奇絕得像一幅諷刺漫畫。腦袋形似一顆炸彈，且使人覺得行將爆炸一般。面是瘦黃，鬍鬚幾有隨時蔓延全局之勢，但是每晨刮得整整齊齊。面容險峻，顴骨高起，兩頰深陷，一對眼睛亮晶晶的像兩粒炙光的煤炭，灼灼逼人——這些都裝在一個太長的脖子上及一副像支銅棍那樣結實的身材上。

「炸彈頭」吳宓更令人稱奇之處在於他的思想，他是哈佛大學的比較文學碩士，比起胡適所受的教育有過之而無不及，但他回國後偏偏辦了一本《學衡》雜誌，和胡適等人的白話文派論戰，成為新文化運動這場大戲中的大反派。

也許「大反派」吳宓還嫌自己不夠怪，他終其一生都在進行一場永無休止的戀愛，這場戀愛他自己戀得無怨無悔，親人和學生看得津津有味，讀者看得拍案嘆息，成為中國戀愛史上一種悲劇的典型。

吳宓的戀愛史要先從吳宓與髮妻陳心一的婚姻說起。

一九一八年十一月，留學哈佛的吳宓接到了清華學校同學陳烈勳來信，想把自己的妹妹陳心一介紹給吳宓。信中介紹說陳心一畢業於杭州的浙江省立女子師範學校，現年二十四歲，在浙江定海縣擔任小學教員。陳烈勳之所以跨洋介紹，是因為妹妹多次聽他談及吳宓，後又閱讀過吳宓的詩文，萌發了愛慕之情，願嫁吳宓，侍奉終身。吳宓一聽大喜，自己作為一個人見人笑的「炸彈頭」，突然有女子願意投懷送抱，能不高興嗎？所以他立刻回信答應，並許諾回國就結婚。

一九二一年八月，吳宓匆匆趕到杭州，探視自己未來的妻子陳心一。此時，吳宓一生的悲劇女主角毛彥文也同時出場了。毛彥文與陳心一本來是好友，當時正要去北京上學，臨行前來與好友告別，不想與吳宓不期而遇。除了毛、陳二女本是同學這層關係外，毛彥文的未婚夫朱君毅還是吳宓清華讀書時的同桌好友。朱君毅長毛彥文四歲，為姑表兄妹，自幼青梅竹馬，感情甚篤，二人早就已經有婚約了。因為朱君毅和吳宓關係太好了，所以每次讀完表妹的情書後，都會讓吳宓過目。吳宓對毛彥文在信中流露出的才情敬佩不已，久而久之便暗生情愫，礙於同學之誼，只能深深隱藏在了心底。

吳宓收到陳烈勳來信時，曾委託朱君毅，請「內部人士」毛彥文打探一下陳心一的情況。毛考察後回信道：「倘吳君想娶一位能治家的賢內助，陳女士似很適當，如果想娶善交際、會英語的時髦女子，則應另行選擇。」這段話充分說明了毛彥文相當有眼光。毛和吳宓的不期而遇，讓吳宓有些尷尬，因為毛彥文活潑有趣，辦事大方得體，一副新時代淑女風範，這讓本就對毛彥文懷有好感的吳宓心中更不是滋味，懊惱毛彥文名花有主，且是摯友之未婚妻，更可氣的是自己馬上就要結婚了！

十三天後，吳宓和陳心一正式完婚。但感情的風暴種子已經埋在了吳宓心裡。可巧的是，不久之後，朱君毅竟然變心了，他以「近親結婚有害下一代」為由提出與毛彥文解除婚約。吳宓作為朋友自然百般勸阻，但還是沒能挽回，於是毛彥文成了自由之身，用客觀的角度來看，這給了吳宓一個機會。

作為性情中人，吳宓哪還顧得上道德問題？在朱、毛二人分手後很快向毛彥文表白了，但遭到毛彥文斷然拒絕。毛彥文根本就不愛吳宓，甚至可說是一點也不愛。

吳宓被毛彥文拒絕後，絲毫不見氣餒。為了表現自己的誠意，他心一狠就和結婚七年並育有三個女兒的陳心一離婚。和其他新派人物總是和婚配妻子離婚不同之處在於，吳宓是和自己「自由戀愛」的妻子離婚，此一「行徑」遭到了親朋好友同聲譴責，吳宓的父親更是公開指斥他「無情無禮無法無天」。對這些指控，吳宓全都認可，但他自有生活理想——完全是美國風格，他也幻想別人都能按照他的生活理想來生活。

吳宓自己對與陳心一的婚姻曾這樣總結道：「生平所遇女子，理想中最完美、最崇拜者，為異國仙姝（美國格布士女士），而愛之最深且久者，則為海倫（毛彥文）。故妻陳心一，忠厚誠樸，人所共譽，然宓於婚前婚後，均不能愛之。余之離婚，只有道德之缺憾，而無情意之悲傷，此惟余自知之。彼當時詆余離婚，及事後勸余復合者，皆未知余者也。」這段總結徹底點名了吳宓的婚姻觀念，那就是完全照感覺走，有感覺就上，沒感覺就散。當然，同時也把自己在美國還有一段戀曲的祕密公諸於世……。

見證吳宓婚姻的毛彥文其實也對吳宓了解甚深，或許正因為這樣吳宓才會深愛著她，毛彥文說：「吳腦中似乎有一幻想的女子，這個女子要像他一樣中英文俱佳，又要有很深的文學造詣，能與他唱和詩詞，還要善於辭令，能在他的朋友、同事間周旋，能在他們當中談古說今，這些都不是陳女士所專長，所以他們的婚姻終於破裂。」這些要求自然不是陳心一能達到的，但恰恰是毛彥文的特長。

吳宓雖然學來了一副美國做派，但心還是一副中國心腸，他離婚後，並未真正與陳心一斷絕關係，只是他住在城外的清華大學，陳心一住在北京城內而已，其他一切照舊，尤其是每月領到薪水後，還是親自回家交與陳心一，然後立即回校。毛彥文對此十分欣賞，中國舊式的薄情郎不會有這份覺悟的——也許因為這樣，她一度答應了吳宓的求婚。毛彥文回憶吳宓這段經歷時說：「吳君是一位文人學者，心地善良，為人拘謹，有正義感，有濃厚的書生氣質而兼有幾分浪漫氣息。他離婚後對於前妻仍備加關切，不僅擔負她及他女兒的生活費及教育費，傳聞有時還去探望陳女士，他絕不是一個薄情者……」

接下來，吳宓就要開始他的戀愛馬拉松了。他的一切都圍繞著這個事情轉，寫了大量情書和情詩，可能他太過欣賞自己的感情了，恨無人能識，於是在上課時都在講自己的情詩，還將情詩的來龍去脈講得一清二楚……這招來了更多的諷刺挖苦，包括他的學生兼同事錢鍾書，錢鍾書專門寫了一篇文章來諷刺他，讓他悲憤不已。錢鍾書稱吳宓的最愛毛彥文為「super-annuated coquette」，翻譯成中文約莫是「賣弄風情的過時女性」，這時候錢鍾書剛和才女楊絳結婚，琴瑟和諧，出此狂言，真是「飽漢不知餓漢飢」了。

毛彥文越是拒絕，吳宓就越是鍥而不捨，最後，毛彥文終於受到感動，答應吳宓求婚。但是，就在這大功告成的當下，吳宓開始踟躕了。他是個充滿矛盾的人，當毛彥文真的答應，一切愛情的懸念都消失時，愛情本身好像就變得沒意思了，而且婚姻到底能否和諧是實難預料，吳宓一時間徬徨無著，患得患失。

一九三一年三月，吳宓正在巴黎進行學術交流。毛彥文應他的要求來到巴黎和他結婚，但沒想到吳宓思考再三，又不想結婚了，改為「訂婚」。滿腔熱情而來的毛彥文大為狼狽，她哀怨地說：「你總該為我想想，我一個三十多歲的老姑娘，如何是好。難道我們出發點即是錯誤？」曾經愛得地老天荒的吳宓這時候竟變得鐵石心腸，冷靜地說：「人時常受時空限制，心情改變，未有自主，無可如何。」自己愛的人終於到手了，他卻發現那人竟然和自己想像的不同，他在當天的日記裡絕情地說：「是晚彥雖哭泣，毫不足以動我心，徒使宓對彥憎厭，而更悔此前知人不明，用情失地耳！」

吳宓變了嗎？看起來是變了，因為在此期間，外界傳出他的敵人魯迅和學生許廣平結婚了，這是一段美滿的婚姻，他見許廣平不僅和魯迅志向相同，還能捨棄自己而全心照顧魯迅，心裡大大羨慕，他曾說：「許廣平夫人，乃一能幹而細心之女子，善窺魯迅之喜怒哀樂，而應付如式，即使魯迅喜悅，亦甘受指揮。云云。嗚呼，宓之所需何以異此？而宓之實際更勝過魯迅多多，乃一生曾無美滿之遇合，安得女子為許廣平哉？念此悲傷。」

可惜的是，世間沒有一個女子是他的許廣平。

吳宓的反覆氣壞了毛彥文，她毅然和吳宓分手，並隨即嫁給已經六十多歲的北洋政府前國務總理熊希齡當續弦。到了這時候，吳宓反倒又後悔了，毛彥文不再屬於他，反倒讓他舊情復發，又重新寫起情詩來。並且依然像以前那樣跟學生講述其中的祕聞。

熊希齡病逝後，吳宓重整旗鼓，再次向毛彥文發起進攻，但毛彥文早已經對他不感興趣了。一九四三年八月二十日，已是知天命之年的吳宓於昆明寫下一首五言長詩《五十自壽》，對毛彥文的感情一如既往。他甚至請人根據毛彥文的照片畫了一幅肖像，掛在臥室牆上，日夜思念。

多年後，毛彥文寫了回憶錄，談到了自己為什麼拒絕吳宓：「自海倫（毛彥文）與朱（君毅）解除婚約後，她想盡方法，避免與朱有關的事或人接觸，這是心理上一種無法解脫的情緒。吳為朱之摯友，如何能令海倫接受他的追求？尤其令海倫不能忍受的，是吳幾乎每次致海倫信中都要敘述自某年起，從朱處讀到她的信及漸萌幻想等等，這不是更令海倫發生反感嗎？」

這些細微之處，痴情的吳宓到底懂還是不懂呢？

錢鍾書和楊絳——戀愛可以這麼精緻

一九三三年，二十三歲的錢鍾書從清華大學畢業，他的老師們紛紛請他留校當研究生，凡是認真做學問的人都很喜歡他。正如當年，他以數學十五分的高考成績出現在清華大學校長羅家倫面前時，這位校長因為錢鍾書的語文和外語成績太優秀了而破格將他錄取。四年時間，他「橫掃清華大學圖書館」，讀完了他能找到的所有書籍——確實是所有書籍，包括好書、禁書和荒唐無聊的一切書，同學們無論想讀哪方面的著作，都能從他那裡得到詳盡的指導。他的同班同學當中有一個人是後來著名的戲劇家曹禺。有一次，曹禺開玩笑，慫恿另一個同學吳組緗去請錢鍾書開個英文的「黃書」書單，錢鍾書笑了笑，拿起紙來就寫，直到把那張紙正反面都寫滿了才罷休，並且主動加了「內容提要」。雖然早知道他的本事，但這仍然讓同學們感到十分驚奇。

上面這個事例說明錢鍾書雖然如讀書機器一般厲害，但可不是傳統的「書呆子」。他是一個胸中充滿學問也充滿智慧的謙謙君子。

不出意外的，錢鍾書拒絕了清華大學老師們的好意。這並不是他急於找工作，而是讀了太多書的他意識到：清華大學已經再也不能給他新東西了。

錢鍾書離開了清華，像他這樣的人，最好是去大學當老師，否則才華一定會就此給埋沒了，事實上他也確實這樣做了。他沒有為尋找教職耗費太大力氣，因為他去了上海光華大學，父親錢基博是這間大學中文系主任。

與他在清華的老師吳宓相比，錢鍾書的學問太大，以致於在看戀愛和婚姻時比吳宓透徹得多，他知道自己需要什麼樣的人——一個也喜歡讀書的女子，並且要和他一樣聰明。在他的一生中，只有一個人符合這些條件，那就是他當時的女友、後來的妻子楊絳。

我們不得不慨嘆命運的安排實在是太有趣了：錢鍾書和楊絳的經歷簡直太相似了。他們都出身於富裕有名的家庭。錢鍾書是江蘇無錫人，父親錢基博是近代著名的古文家，曾先後擔任過聖約翰大學、光華大學、清華大學、浙江大學等校的教授，他的母親姓王，是近代通俗小說家王西神的妹妹。總的來說，他的家庭處處與文學相關。楊絳是錢鍾書的同鄉，也是江蘇無錫人，但後來定居蘇州。她的家世背景絲毫不亞於他，在蘇州，楊家是有名的書香門第。她的父親楊蔭杭是著名律師，曾赴美日兩國留學，獲賓州大學法學碩士學位，曾創辦無錫勵志學社和上海律師公會，擔任過上海申報編輯，歷任江蘇省高等審判廳長，浙江省高等審判廳長等職，楊絳算起來是「官二代」兼「學者二代」。楊絳還有一個著名的姑母，名叫楊蔭榆，曾擔任北京女子師範大學校長，且曾為了學生學潮和魯迅等人鬧得不可開交，成了文化史上的「反派」，但後來，在日軍攻陷上海時，這位「反派」校長卻為了維護學生而被槍殺。楊絳的家庭可謂是純正的書香門第，就社會關係來說，還更勝錢鍾書的家庭一籌。

出身於這樣幸福的家庭，他們怎麼會不把自己的一生妝點得精緻些呢？

兩個人後來上學的經歷也極為相似。錢鍾書就讀於蘇州桃塢中學和無錫輔仁中學，兩所學校都是美國聖公會辦的，注重英文教育，因而打下了堅實的英文基礎，國文則由父親親自教授，也漸漸有了深厚

風華正茂的錢鍾書和楊絳

根基，他的古文造詣遠高出同齡人，還未考入清華前，就已代父親為錢穆《國學概論》一書作序，書出版時就用他的序文，一字未改。楊絳先後就讀於北京女高師附小、上海啟明女校、蘇州振華女中，成績都十分優異。她剛念書時，喜歡在課堂上淘氣，她玩一種吹小絨球的遊戲，吹著吹著就笑起來，老師看到後非常生氣，要她站起來回答課文內容，誰知她竟全能準確無誤的回答，這活脫脫就是女版錢鍾書！

楊絳十七歲時，出了一點和錢鍾書不同的小插曲——她選擇了東吳大學的的政治系，這是一個不得已的選擇，如果楊絳真的從事這個行業，那她和錢鍾書就必定不會在一起了，但彷彿上天注定一般，楊絳的興趣一直停留在文學上，她幾乎也橫掃東吳大學圖書館。推掉了美國衛斯理女子學院的獎學金之後，她報考了清華大學文學院。她和錢鍾書就像一條源自同一座山的小溪，各自奔流過不同大山後又奇蹟般地匯流到一起。

楊絳剛一入學就和錢鍾書一樣出名，因為她的法語老師梁宗岱發現，這個嬌小的女孩雖然沒選修過法語，但法語水準很高，這是她在學校圖書館悄悄自學而成的。

那一年，他們都在清華，理所當然地戀愛了。這件事就好像一顆種子必然要發芽，一朵花必然要開放一樣自然。但是，一個剛入學，一個要畢業，他們在一起的時光太短了，很快他們就分隔兩地，這一分隔帶來的是思念和不知多少首動人的情詩。

人人都知道他們在戀愛。但家人更關心的是他們什麼時候結婚。有一次，著急的老父親錢基博竟然擅自拆了楊絳寫給錢鍾書的一封信，他對楊絳的文采大加讚賞，巧合的是，這封信正好是討論婚姻的。錢基博大喜，直接帶著錢鍾書到楊家求婚去了。這場戀愛突然變成了一場「指配婚姻」，讓兩人都感到有些突然，但又感到很甜蜜，因為這是他們兩人夢想中的「指配婚姻」。

從此開始，他們的生活開始急速地向前發展，一切都在為讀更多的書做準備。一九三五年春天，大學教師錢鍾書參加了教育部公費留學資格考試。當時國民黨教育部將英國退還的庚子賠款做為國內青年去英國留學的獎學金，但這種公開招考錄取名額極為有限，英國文學只有一個名額，錢鍾書以絕對優勢名列榜首，順利拿下這個名額。楊絳也非常高興，她還有一年才畢業，但她等不及了，要和錢鍾書一塊出國，她用論文的方式緊急結束了清華大學的學業，又用緊急的方式和錢鍾書辦了婚禮。

婚禮儀式一共兩場，楊絳娘家那場採用西式，新娘披長紗，有為新娘提花籃的花女、有提著拖地長紗的花童，有伴娘伴郎，還有樂隊奏曲，新郎新娘鞠躬為禮，戴戒指，並在結婚證書上用印。迎娶至無錫後，錢鍾書家那場，拜天地，敬高堂，入洞房，一切禮俗和儀式都按照中國傳統。這種中西合璧，誰也不得罪的方式正好預示了他們未來的學問方向，既是中國的，又是世界的。

他們的婚期正當酷暑，儀式冗長繁瑣，他身穿黑色禮服，漿洗過的挺直領圈已被汗水浸得軟耷，她被白婚紗一層層緊實裹著，早已從頭到腳濕透，彷彿剛從水裡撈出來，他們一起步入席間，向賓客敬酒，在忙亂和喧嘩中，偶爾相顧一笑，天氣炎熱，彼此的眼神卻格外清明。

熱鬧的婚禮結束一個月後，他們提著大包行李雙雙離開了家，離開了中國。

當他們終於獨自過生活的時候，楊絳猛然發現自己的大才子丈夫竟然分不清楚左右手、不會繫鞋帶、不會用筷子……在生活上他完全不是個博學之士，只是個笨手笨腳的小學生。她愛他、心疼他，心甘情願和這個大孩子相依為命。

牛津大學秋季班於十月開學，他們抵達牛津時，學校尚未開學，他已由官方安排妥當，進入埃克塞特（Exeter）學院，攻讀文學學士學位，而她也接洽女子學院，希望能繼續攻讀文學，可是文學的名額已滿，只能修歷史，她又不肯，於是，她成了牛津的旁聽生。

他們靜靜地讀書，這是他們生活的一切，除此之外，世界的一切紛擾都與他們無關。錢鍾書在牛津拿到學位之後，他們又一起前往法國巴黎大學念書。在這裡他們如飢似渴地閱讀法文、德文、義大利文的書籍，為成為這個世界上最博學之人默默努力。

他們有了孩子，是一個漂亮的圓臉女孩，他們叫她「阿圓」，楊絳生阿圓的時候，錢鍾書天天守在她床前，她住醫院，而他在家和醫院兩頭跑，沒有妻子的幫助，錢鍾書又回到了那個笨拙大男孩的樣子，老是「闖禍」，闖了禍之後總是苦著臉到楊絳床前說：「我做壞事了。」他做了什麼壞事呢？陸續打翻墨水瓶，將房東家的桌布弄髒、弄壞門軸、砸碎檯燈……

他們的婚姻就在這片愉悅氣氛中越來越甜蜜。生活中每一個細節都能在他們的文學腦袋中變得更加快樂。楊絳學會了煮飯，犯了幾次將扁豆殼丟了之類的錯誤後，居然也做出了像模像樣的紅燒肉；錢鍾書的進步更大，他劃亮了平生第一根火柴。

他們在巴黎待到了一九三八年，那年秋天，他們帶著一歲的女兒，回到了戰火硝煙的中國。作為中國人，他們再也不能停留在甜美的書本之中，戰爭的洗禮正等著降臨到他們身上。

在戰火紛飛的中國大地，錢鍾書回到了他的母校清華大學——這是真正適合他的地方，此時的清華大學已經和北京大學、南開大學合併，成立了「西南聯合大學」。戰爭帶來的艱苦生活雖然打斷了他們的研究，卻激發了他們的創作潛力，他們先後出名了：先是楊絳的《稱心如意》，後是錢鍾書的《圍城》。這些小試身手的作品就給他們帶來了莫大名氣。

他們帶著最成功的喜悅結束了他們的民國生涯。有了他們，民國人的戀愛史才能顯得那麼典雅、精緻。

地球觀 33

活在民國也不錯（二版）

作　者　林懷青

野人文化股份有限公司		讀書共和國出版集團	
社　長	張瑩瑩	社　長	郭重興
總編輯	蔡麗真	發行人兼出版總監	曾大福
責任編輯	徐子涵	業務平臺總經理	李雪麗
協力編輯	簡欣彥	業務平臺副總經理	李復民
專業校對	魏秋綢	實體通路協理	林詩富
行銷企劃	林麗紅	網路暨海外通路協理	張鑫峰
封面設計	十六設計16design studio	特販通路協理	陳綺瑩
版型設計	洪素貞	印　務	黃禮賢、李孟儒

出　版　野人文化股份有限公司
發　行　遠足文化事業股份有限公司
地址：231新北市新店區民權路108-2號9樓
電話：（02）2218-1417　傳真：（02）8667-1065
電子信箱：service@bookrep.com.tw
網址：www.bookrep.com.tw
郵撥帳號：19504465遠足文化事業股份有限公司
客服專線：0800-221-029
法律顧問　華洋法律事務所　蘇文生律師
印　製　成陽印刷股份有限公司
初版首刷　2016年11月
二版首刷　2019年11月

歡迎團體訂購，另有優惠，請洽業務部（02）22181417分機1124、1135

國家圖書館出版品預行編目資料

活在民國也不錯 : 從庶民到政客,從文人到藝人,從穿衣吃飯,到買房、談戀愛、辦會館......完整重現民初風範百態史(搭配近百幅民初珍貴老照片) / 林懷青著. -- 二版. -- 新北市 : 野人文化出版 : 遠足文化發行, 2019.11
面；　公分. -- (地球觀 ; 33)
ISBN 978-986-384-389-4(平裝)

1.生活史 2.民國史 3.中國

540.92　　108015954

野人文化
官方網頁

野人文化
讀者回函

活在民國也不錯

線上讀者回函專用 QR CODE，你的寶貴意見，將是我們進步的最大動力。

書號：0NEV0033
野人文化
讀者回函卡

書　名

姓　名　　　□女 □男　年齡

地　址

電　話　　　手機

Email

□同意 □不同意　收到野人文化新書電子報

學　歷 □國中(含以下) □高中職 □大專 □研究所以上
職　業 □生產/製造 □金融/商業 □傳播/廣告 □軍警/公務員
□教育/文化 □旅遊/運輸 □醫療/保健 □仲介/服務
□學生 □自由/家管 □其他

◆你從何處知道此書？
□書店：名稱 ______ □網路：名稱 ______
□量販店：名稱 ______ □其他 ______

◆你以何種方式購買本書？
□誠品書店 □誠品網路書店 □金石堂書店 □金石堂網路書店
□博客來網路書店 □其他 ______

◆你的閱讀習慣：
□親子教養 □文學 □翻譯小說 □日文小說 □華文小說 □藝術設計
□人文社科 □自然科學 □商業理財 □宗教哲學 □心理勵志
□休閒生活（旅遊、瘦身、美容、園藝等） □手工藝／DIY □飲食／食譜
□健康養生 □兩性 □圖文書／漫畫 □其他 ______

◆你對本書的評價：（請填代號，1. 非常滿意 2. 滿意 3. 尚可 4. 待改進）
書名 ____ 封面設計 ____ 版面編排 ____ 印刷 ____ 內容 ____
整體評價 ____

◆你對本書的建議：

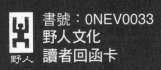

廣 告 回 函
板橋郵政管理局登記證
板 橋 廣 字 第 143 號

郵資已付　免貼郵票

野人

23141
新北市新店區民權路108-2號9樓
野人文化股份有限公司 收

請沿線撕下對折寄回

野人

書號：0NEV0033